ミネルヴァ日本評伝選

古賀謹一郎

万民の為、有益の芸事御開

小野寺龍太著

ミネルヴァ書房

刊行の趣意

「学問は歴史に極まり候ことに候」とは、先哲荻生徂徠のことばである。歴史のなかにこそ人間の智恵は宿されている。人間の愚かさもそこにはあらわだ。この歴史を探り、歴史に学んでこそ、人間はようやくみずからの正体を知り、いくらかは賢くなることができる。新しい勇気を得て未来に向かうことができる。徂徠はそう言いたかったのだろう。

「ミネルヴァ日本評伝選」は、私たちの直接の先人について、この人間知を学びなおそうという試みである。日本列島の過去に生きた人々の言行を、深く、くわしく探って、そこに現代への批判を聴きとろうとする試みである。日本人ばかりではない。列島の歴史にかかわった多くの異国の人々の声にも耳を傾けよう。

先人たちの書き残した文章をそのひだにまで立ち入って読み、彼らの旅した跡をたどりなおし、彼らのなしとげた事業を広い文脈のなかで注意深く観察しなおす――そのとき、はじめて先人たちはいまの私たちのかたわらによみがえってくる。彼らのなまの声で歴史の智恵を、また人間であることのよろこびと苦しみを、私たちに伝えてくれもするだろう。

この「評伝選」のつらなりのなかから、列島の歴史はおのずからその複雑さと奥ゆきの深さをもって浮かび上がってくるはずだ。これを読むとき、私たちのなかに新たな自信と勇気が湧いてきて、その矜持と勇気をもって「グローバリゼーション」の世紀に立ち向かってゆくことができる――そのような「ミネルヴァ日本評伝選」にしたいと、私たちは願っている。

平成十五年（二〇〇三）九月

上横手雅敬
芳賀　徹

古賀謹一郎肖像

下田でのアダムスとの日米和親条約批准（安政２年１月）

謹一郎の墓（大正３年建）

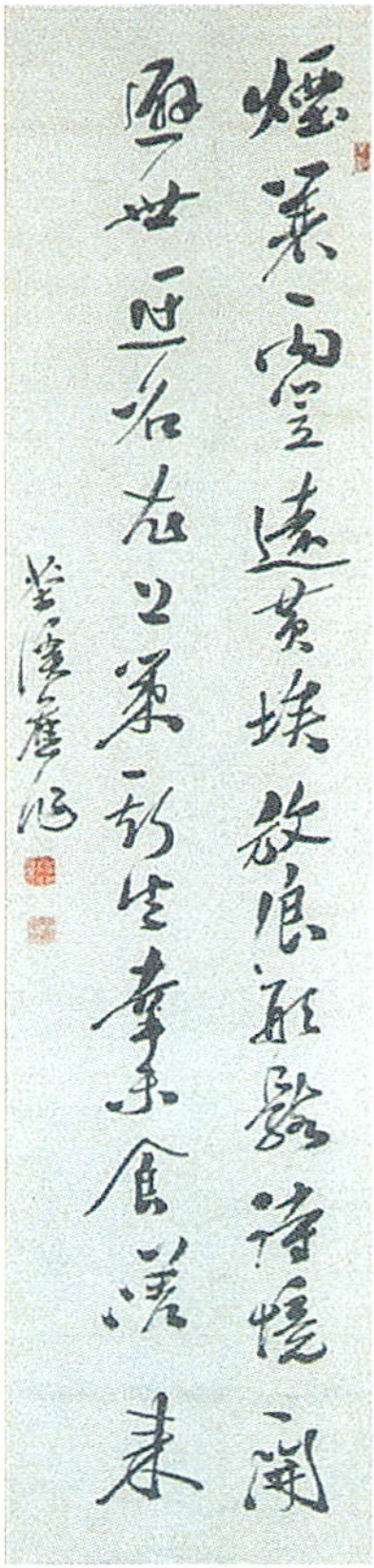

謹一郎の書

はじめに

日本の大学の生みの親

日本の国立大学には数多くの研究者と膨大な数の卒業生がいるが、その人たちの中で我が国の国立大学の発祥とその創始者の名前を知っている人がどのくらいいるだろうか。私立大学の場合は慶應義塾の福澤諭吉、早稲田の大隈重信、同志社の新島襄などの名前を多くの人が知っているが、国立大学の場合はアヤフヤである。聞かれれば発祥は東京帝国大学と答える人が多いだろうが、その創設者は、と聞けば明治政府と答えるくらいであろう。しかし東京帝大にもその前身があって、それは江戸時代の蕃書調所にまで遡ることができるのである。蕃書調所はその名前が示すように、欧米の言葉と学問一般を研究するために、幕末に設立された幕府の学校であった。学校設立はペリー来航の三年後（一八五六）で、阿部正弘による幕政改革の一環であったが、この学校の最初の頭取、即ち今でいう総長は「古賀謹一郎」という人物だった。明治期の施設は、お雇い西洋人によって作られたものが多いが、安政初期の江戸に外国人教師を連れて来るなどはもっての外であったから、蕃書調所は日本人だけの手で作られたものである。そうではあったが蕃書調所は封建時代の施設としては際立った近代的性格を帯びていた。まず第一にその研究内容は、砲術や通訳などの目先の必要性から離れて現代の工学部のような「一般学」を指向し、第二にその教育研究の方法は、幕府の面倒な禁令から解放され、科学技術が「秘伝」から一般化、世俗化の道を辿り、最後にその経営は、身分制度を打破した実力本位によって行われた。そして調所がその時代では革命的ともいえるこのような開明性をもつに至ったのは謹一郎のイニシアティヴが強く働いたからであった。

最善の先覚者

このように古賀謹一郎という人物は日本の大学の生みの親であるとともに、もう一つ彼には、その後の日本の進路を明快に見極めた「先覚者」としての一面があった。ペリー来航によって日本中が鼎の沸くような大騒動に陥った際、開国貿易による「富国強兵」策を空想的大言壮語でなく、実際に行いうる、また行わざるを得ない選択肢としてはっきりした言葉で述べたのは謹一郎ただ一人と言っても過言ではない。現在、江戸末期の先覚者と言うと、島津斉彬、佐久間象山、横井小楠、吉田松陰、勝海舟、高島秋帆、江川太郎左衛門などが人々の口に上り、謹一郎自身もこれらの人たちを個人的に知っていたが、謹一郎の知識は彼等の誰よりも広く、その見識は彼等の誰よりも高かった。謹一郎がくりかえし何度も述べたこと、即ち正々堂々と開国し貿易によって富国の実をあげること、そのためには蒸気船など西洋技術を取り入れるべきこと、砲術を利用して西洋諸国に負けない軍備を整えること、などのいわゆる富国強兵政策は明治政府によって採用され、その後の日本の進路を決めたが、それは維新を遡ること十五年前の安政の初めに謹一郎によって既に述べられていたのである。

しかしながら残念なことに、現在では古賀謹一郎の名前を知る人はほとんどいない。人名事典をみれば、謹一郎は儒学の名家から出て、昌平黌の儒官でありながら洋学にも通じたこと、日本の開国時にロシア使節との交渉に当り、また蕃書調所を創設したこと、などが書かれているが、幕末維新に活躍した人々の中では最も知られていない部類に属する。井伊直弼や維新の三傑のような政治家たちと比べるのは無理としても、前述した佐久間象山などの先覚者たちほどにも知られていない。

負ければ賊軍、伝記もなし

このように日本最初の開国主義者だった謹一郎の名前が明治以後消えてしまった理由は、彼が忠誠を捧げた徳川幕府が負けたからであるのは疑いない。「勝てば官軍」という言葉は個人についても言えることで、幕臣でも勝海舟などは新政府の高官になったから立派な伝記があるが、そのほかの幕府側の人物の伝記は薩長側に比べて非常に少ない。阿部正弘や井伊直弼、安藤信正は時代の中心人物だったからさすがにあるが、その他の幕臣でまとまった伝記や遺稿集が出ているのはほとんど子孫が書いたもので、例えば、川路聖謨、小栗忠順、栗本鋤雲、箕作阮甫などである。子孫が書いてくれなかった場合は、その事蹟は残っても、その人の全体像は忘却の海に沈んでしまった。ただ最近になって幕末の対外経験などに興味がもたれるようになり、幕吏中の傑物、岩瀬忠震の伝記などが書かれたりした。しかし明治維新から百年以上が経過し資料の多くが失われたため、その他の人々、例えば筒井政憲、永井尚志、木村芥舟、山口泉處などは当然書かれるべき、あるいは書かれてもよい人たちであるのに彼等の伝記は謹一郎のそれとともに存在しないというのが実情である。

謹一郎が世に忘れられたもう一つの理由は、彼が明治以後「前朝の遺臣」という立場を貫き、全く世に出なかったためでもある。旧幕臣でも、西周、加藤弘之、中村正直、福澤諭吉などの学者は官民の区別はあれ、いずれも明治時代に活躍した。しかし彼等より一時代前の世代に属し、その上、儒教倫理に忠実だった謹一郎は「逆賊」薩長政府に仕えることを潔しとせず、自ら世に忘れられようと努めた。この態度は三宅雪嶺によって「識見及び学才に至りては、当時第一と称すべく、而して伝統の教訓を守り、克く忠、克く孝、何等他に求めざる所、洋学者に珍とすべきは勿論、漢学者にも珍とすべく、広く俗間に知られざるは、人格の高く秀でたるよりす」と激賞されたが、出処進退は立派であったにしても、それが世に忘れられる一因となったことは疑いない。

変革時における知識人の生き方

この雪嶺の評にもある通り謹一郎は倫理的には純粋の儒者であった。儒学はある面、合理的なところがあるから、洋学と必ずしも衝突しなければならない訳ではないが、実際には幕末の儒者の多くは反洋学であった。しかしその中で儒学の名家古賀氏から出た謹一郎だけが何故に洋学に志したのか、彼の心中で儒学と洋学はどのようなバランスを取っていたのか、彼が江戸時代の身分制度と西洋文明をどう考えていたのか、などは非常に知りたくなることである。すなわち、社会が激変する状況中での知識人の生き方について、謹一郎は一つの興味あるモデルケースを与えてくれる。

さて安政三年（一八五六）に創立された蕃書調所は、百五十周年を迎える。このような節目の年に当って、日本の大学の創始者に思いを馳せるのは、私たちにとっても無用なことではないだろう。鎖国から開国へと急転した時代に比べれば、現代の日本はほとんど変化がないむしろ退屈な時代とも言えるが、世界的規模に立って近代文明全体を考えれば、現代は一つの曲り角にあるのではなかろうか。物質文明の進歩に地球の自然が耐え得ない時代が来ているのは明らかな事実だからである。これからの時代の大学がどうあるべきか、は我々に投げかけられた大きな問である。「進歩がまだ希望であった」頃の謹一郎の解決法が我々の問題に何らかのヒントを与えてくれるというわけではない。謹一郎に「古方豈に今病に適せんや」という言があるように、現代の新しい病気は古い時代の処方箋で治せるものではないだろう。しかしその時代のほとんどの人が信じて疑わなかったこと、即ち「鎖国の良法」がもはや時代に合わないことを覚り、不人気な開国策を進言した謹一郎の勇気は学ぶに足るものである。現代の医学や科学技術の「進歩」を信じる考え方を我々は疑ってみるべきである。

以上述べたように、謹一郎は幕末の最善の先覚者としてもっと世に知られる価値があり、変革期の知識人の生き方としても我々が模範とするに足る人物である。こう考えて筆者は、信頼できる資料に基づいて彼の生涯を辿ってみようと思い立った。幸いなことに謹一郎の自著はかなり残っているので、本書ではできるだけ推定を避け、本人に語らせる形で紹介していく。なお、主要な資料については巻末の附録一に概括したので、本文中での出所の明示は最小限に止めたことをお断りしておく。

古賀謹一郎——万民の為、有益の芸事御開

目次

目　次

目　次

図版一覧

古賀謹一郎肖像（『神田文化史』より）……カバー写真
古賀謹一郎肖像（同右）……口絵1頁右
謹一郎の書（筆者蔵、第八章第4節参照）……口絵2頁右
下田でのアダムスとの日米和親条約批准（安政二年〔一八五五〕一月）
（『阿部正弘事蹟』より）……口絵2頁左上
謹一郎の墓（大正三年、大塚先儒墓所保存会建立）（筆者撮影）……口絵2頁左下
古賀穀堂の書（筆者蔵）……8
古賀侗庵の書（同右）……12
大塚先儒墓所にある古賀侗庵の墓（筆者撮影）……14
現在の湯島の聖堂（筆者撮影）……45
プチャーチン像（『近世日本国民史』日露英蘭條約締結編、民友社、昭和五年より）……62
長崎での拝領物（綿）お渡しの図（『幕末外国関係文書』之三より）……76
出島と蘭館（増田廉吉編『長崎南蛮唐紅毛史蹟』長崎史蹟探究会、昭和二年より）……79
ペリー献納の電信機（『幕末外国関係文書』之十四より）……82
佐賀藩の築地大銃製造所（秀島成忠『佐賀藩銃砲沿革史』肥前史談会、昭和九年より）……87
川路聖謨像（『近世日本国民史』日露英蘭條約締結編、民友社、昭和五年より）……91

嘉永六年の下田（須藤功編『幕末・明治の生活風景（外国人のみたニッポン）』東方総合研究所、一九九五年より）……98
下田の津波の図（同右）……115
露国皇帝寄贈のディアナ号の大砲（『幕末外国関係文書』之十四より）……117
君沢型スクーネル船と水戸斉昭建造の旭日丸（厄介丸）（『阿部正弘事蹟』より）……119
鍋島閑叟像（『鍋島直正公傳』第二巻、侯爵鍋島家編纂所、大正九年より）……161
箕作阮甫像（呉秀三『箕作阮甫』大日本図書、大正三年より）……179
蕃書調所跡（筆者撮影）……179
筑後守古賀増長女阿琴の墓（上部）（同右）……231
『蕈説』初巻の一部（東洋文庫蔵）……247
一関市祥雲寺にある「戦死舊一關藩士碑」（岩手県奥州市前沢区三浦辰郎氏撮影）……250
昔の浅草橋（木下龍也編『明治東京名所絵　井上安治画』角川書店、昭和五十六年より）……269
上野の東照宮廟（筆者撮影）……272

関係地図

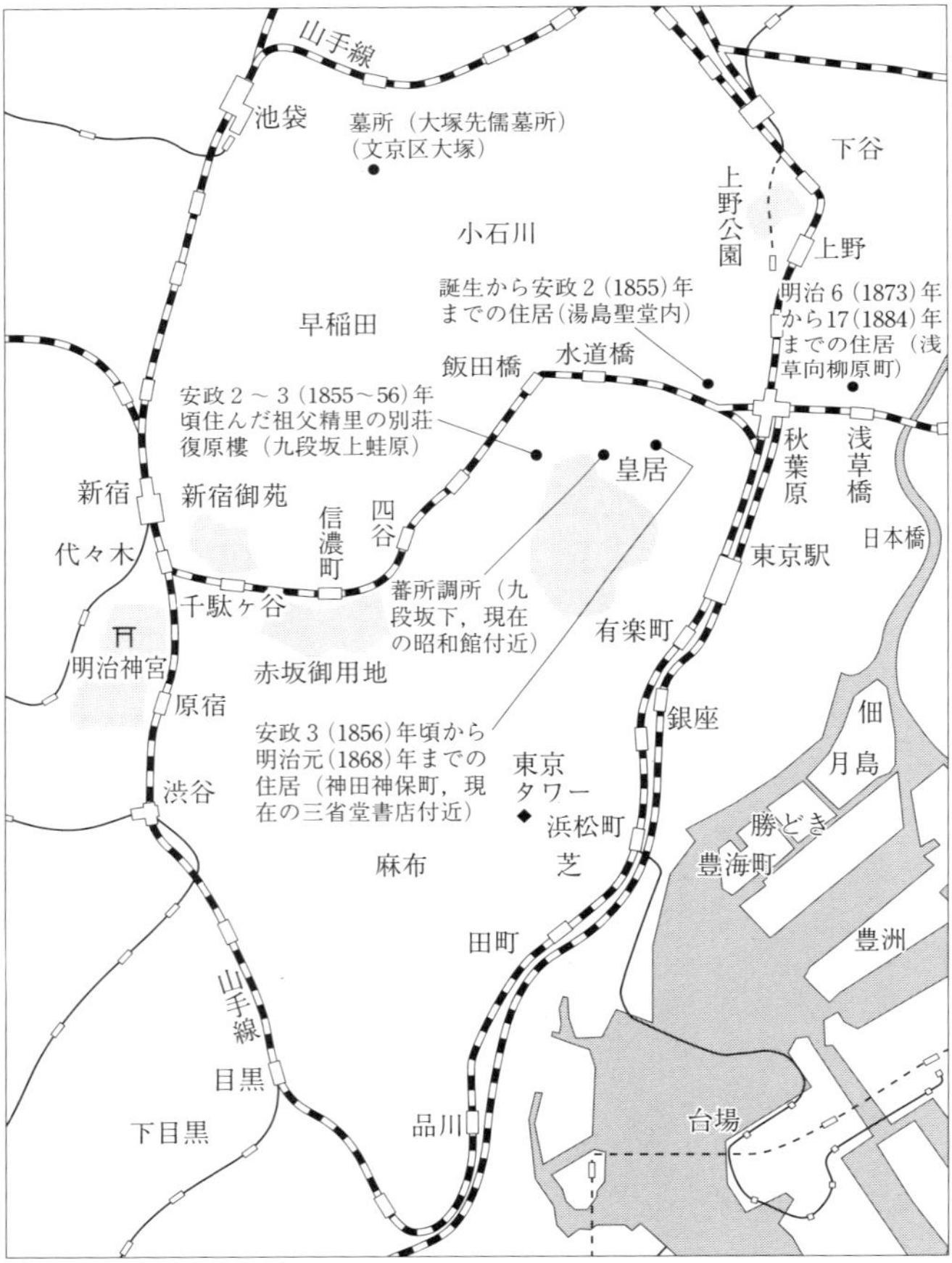

山手線
池袋
墓所（大塚先儒墓所）
（文京区大塚）
下谷
上野公園
上野
小石川
誕生から安政２（1855）年
までの住居（湯島聖堂内）
明治６（1873）年
から17（1884）年
までの住居（浅
草向柳原町）
早稲田
飯田橋
水道橋
安政２～３（1855～56）年
頃住んだ祖父精里の別荘
復原樓（九段坂上蛙原）
秋葉原
浅草橋
皇居
新宿
新宿御苑
信濃町
四谷
日本橋
代々木
東京駅
千駄ヶ谷
蕃所調所（九
段坂下，現在
の昭和館付近）
有楽町
明治神宮
赤坂御用地
原宿
銀座
佃
安政３（1856）年頃から
明治元（1868）年までの
住居（神田神保町，現
在の三省堂書店付近）
東京
タワー
月島
渋谷
浜松町
勝どき
豊海町
麻布
芝
豊洲
田町
山手線
目黒
台場
下目黒
品川

東京都中心部

古賀家系図

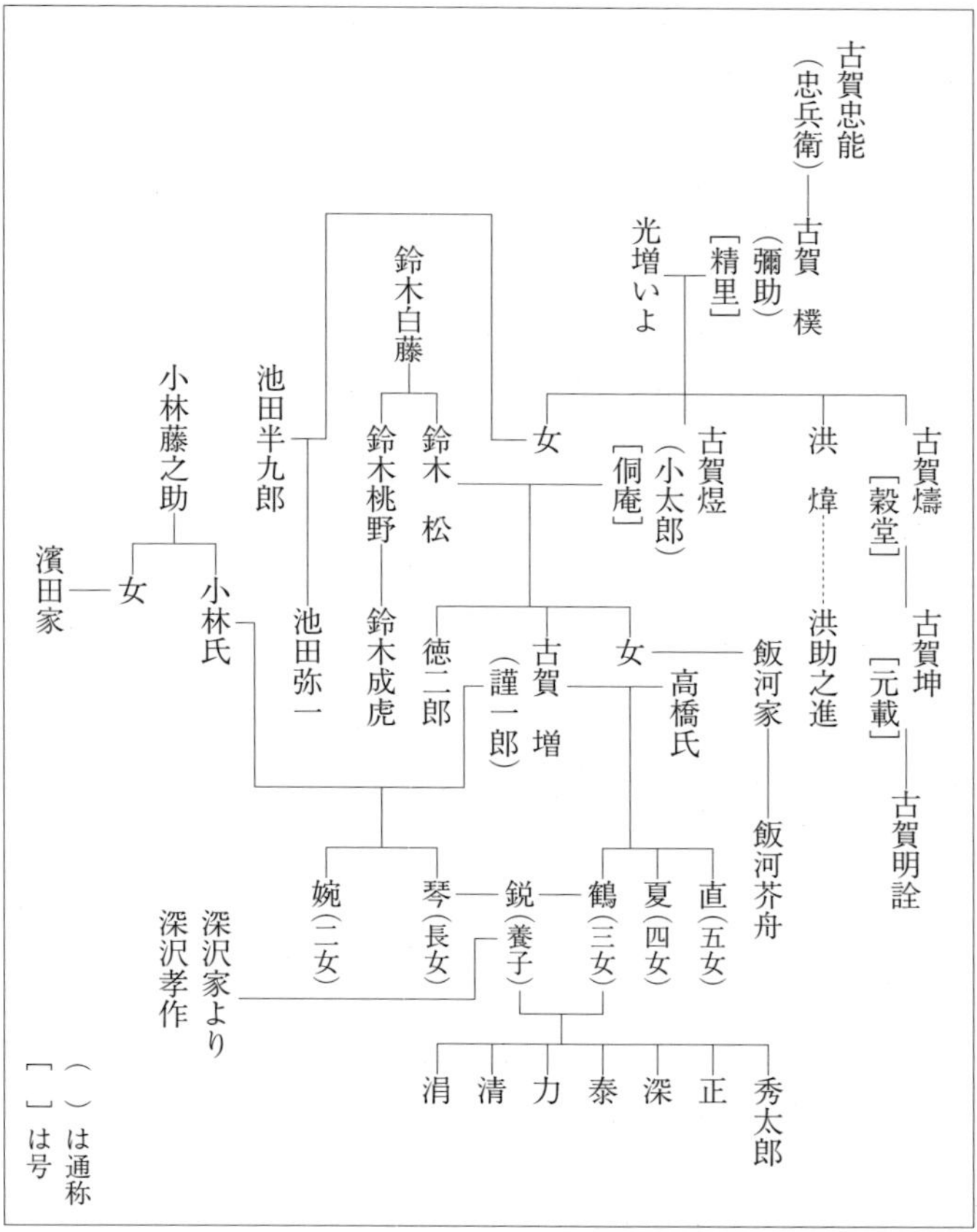
古賀忠能（忠兵衛）
古賀　樸（彌助）［精里］
光増いよ
古賀燾［穀堂］
洪　煒
古賀煜（小太郎）［侗庵］
女
鈴木白藤
鈴木　松
鈴木桃野
池田半九郎
小林藤之助
古賀坤［元載］
古賀明詮
洪助之進
飯河家
飯河芥舟
女
高橋氏
古賀　増（謹一郎）
徳二郎
鈴木成虎
池田弥一
小林氏
女
濱田家
直（五女）
夏（四女）
鶴（三女）
鋭（養子）
琴（長女）
婉（二女）
深沢家より
深沢孝作
秀太郎
正
深
泰
力
清
涓
（　）は通称
［　］は号

第一章　その生涯と家系

1　誕生の地とその一生

誕生

古賀謹一郎の諱《いみな》は増《まさる》、字《あざな》は如川《じょせん》、号は茶渓《さけい》また謹堂といった。諱は本名、字は他人から呼ぶ際に用いるもの、号は自ら漢詩などを書く時使うものである。謹一郎は通称である。

古賀家は漢の高祖、劉邦の子孫という言い伝えがあるので姓は劉であるが、先祖が筑後の三潴《みづま》郡古賀村に住んだので古賀という氏を名乗った。後に佐賀に移って世々鍋島氏に仕えたが、古賀忠能《ただよし》という人の子が樸《すなお》といって出藍《しゅつらん》の誉れがあり、これが寛政の三博士の一人、古賀精里《せいり》である。精里は寛政八年（一七九六）佐賀の藩儒から徳川幕府に召され昌平黌（黌は校と同じ）の儒者となった。佐賀藩士を脱して幕臣になったのである。精里に三男があって、その末子《ばっし》が煜《あきら》、号は侗庵《とうあん》でこれが謹一郎の父である。侗庵もまた昌平黌の儒者になった。侗庵は文化十二年に書物奉行鈴木白藤の娘「松」と結婚し、松は翌文化十三（一八一六）年十一月十一日に、江戸昌平黌官舎で謹一郎を産んだ。

昌平黌は所謂《いわゆる》「湯島の聖堂」で、現在の中央線お茶の水駅から聖橋《ひじりばし》を渡った所にある。昔は今よりもっと広く、現在の東京医科歯科大学のあたりまでが敷地だったようである。儒官の私宅はその東側と西側、則ちお茶の水駅から見ると、神田川を隔てて向こう岸の右と左に分かれてあったが、左側（西側）は佐藤一斎の住居であったから、古賀家は東側、すなわち現在の聖堂敷地の東北角辺りにあったのだろう。神田明神はすぐ裏手に当る。謹一郎は安政二年（一八五五）四十歳で蕃書調所頭取になるまでここに住んだ。『謹堂日誌鈔』には、官舎を出る時の感慨が「十二月廿二日官舎を去って復原楼に遷《うつ》る。我が顕祖《けんそ》（精里）寛政十一年（一七九九）九月廿五日を以って始めてお茶の水の官舎に入る。今、安政二年辛卯十二月廿二日を以って官舎を去る。凡そ三世、五十有七年、官舎と雖も、猶、私構《しこう》（自宅）のごとし。庭間栽《う》うる所の諸樹皆長大す。大半は手沢沁漬《しゅたくしんし》する所（手づから植え、水遣りをしたもの）、尤も惻然《そくぜん》たる（悲しみ）を覚ゆ」と記されている。誕生後、謹一郎はここで育ち、ここに妻を迎え、学問に励み、教官となり、幕府の知恵袋として活躍した。だから昌平黌官舎は、謹一郎にとって幸せな場所だったのであり、その屋敷の植木にも父母の思い出が籠っていて去り難い気がしたのである。

少年時代と青年時代

謹一郎は少年時代、昌平黌の儒官であった増島蘭園に従って句読を受けたらしい。自著『書笏編《しょこつへん》』に蘭園先生と記していることからそう推測される。彼は十七歳で既に二十一史に通じた非常な秀才であった。二十一史とは『史記』以下宋、元、明に至るシナの歴史書で、儒者の学ぶべき書物である。

謹一郎は数え年二十一歳になった天保七年（一八三六）十二月に大番入りし京都に祇役《しえき》（出張勤務）した。次いで書院番に遷り、弘化三年（一八四六）十二月に儒者見習という昌平黌の教授見習の役についた。大番、書院番などは今でいう公務員のようなものである。江戸時代は、長男は親の職業を継ぐのが一般的であったから、謹一郎のように才能があれば儒者の子が儒者になるのは当然の成行きだった。謹一郎が儒者見習となった直後、弘化四年一月に父侗庵が六十歳で死去した。侗庵については次節で詳しく述べるが、彼は昌平黌の儒官として四十年間勤め、漢学に関する膨大な著書以外、洋学にも意を用い、ロシアやイギリスの情勢、我が国の海防に関する著書もある江戸後期の大儒であった。侗庵死去に伴い、謹一郎は同年三月、数え年三十二歳で御儒者に挙げられた。精里、侗庵、謹一郎と三代続いて聖堂の儒者となったのは林家を除けば前代未聞であった。

右に述べた謹一郎の前半生に関する資料はほとんどないので、以上は主に吉田賢輔の『茶渓古賀先生行略』に依った。

後半生の概括

昌平黌の儒者となって以後の謹一郎の生涯はほぼ四期に大別できる。最初は弘化四年（一八四七）から嘉永六年（一八五三）までの六年間で、この間のことを我々は、簡略化された彼の日記から読み取ることができる。それによればこの六年間、謹一郎は平穏な環境の中で儒学と蘭学の研究に勤しんだ。なお、謹一郎のオランダ学（蘭学）勉強は、彼が儒者見習になった三十歳頃から始められたらしい。この時代で特筆すべきことは、漂流してアメリカ船に救われ、その後ハワイやカムチャッカに至った船乗り次郎吉の話を謹一郎が筆記整理した著作『蕃談』の成立である。

第二期は嘉永六年から文久二年（一八六二）まで、すなわち謹一郎が三十八歳から四十七歳までの壮年期の九年間である。この時代は謹一郎の最盛期で、ペリー、プチャーチンの来航から、蕃書調所の創設、発展の時期であり、謹一郎は老中阿部正弘のブレーンとして外交と洋学校（蕃書調所）設立およびその発展に尽瘁した。この間の資料はかなり沢山ある。

第三期は文久二年に蕃書調所を退いてから明治維新までの六年間で謹一郎の失意の時代である。しかしこの失意不満の時代に謹一郎が書いた随筆『卮言日出《しげんにっしゅつ》』によって我々は彼の心の中を垣間見ることができる。明治元年（一八六八）には最愛の娘阿琴《おこと》（阿琴の阿《お》は接頭語である）が死に、徳川幕府は瓦解し、謹一郎は一家を挙げて静岡に移居しなければならなかった。

第四期は静岡在住から東京向柳原に戻り、明治十七年（一八八四）に六十九歳で死ぬまでの十六年間である。この間の謹一郎の動静の幾分かは本人が書いた色々の本の序文から窺うことができ、明治十七年の一年間だけは詳細な日記が残されているので彼の日常生活を知ることができる。また日記には栗本鋤雲などの旧幕臣たちと勝海舟との葛藤などが書かれていて、史料としても興味がある。

第二章以下では謹一郎の生涯をこの四期にわたって順々に紹介するが、本章ではまず先祖と妻の実家について述べる。

2　古賀家（父方）

儒者でありながら洋学を修めたところに謹一郎の特殊性があり、それが彼をその時代の最善の先覚者たらしめたのであるが、それには父侗庵の影響が大きかった。そこでまず古賀家の人々の紹介から始める。

祖父　精里、その妻　いよ

古賀家は謹一郎の祖父精里の代から幕臣となり、全国的に名が知られたが、精里の父忠兵衛忠能は佐賀鍋島の藩士であった。忠兵衛は「倹嗇興家《けんしょくこうか》」、則ち倹約によって家産を増やし、晩年には千両忠兵衛と渾名された。盗難を恐れることは非常なもので、毎晩三回外を見て廻り、その途中も無駄に費やさず、落葉を竹串に挿して集め、翌朝の発火の用に供したという。

この忠兵衛の子の精里は寛延三年（一七五〇）生まれである。幼少の時、両親が病気になるのを恐れて読書を禁じたら、皆が寝静まってから密かに勉学を続けたというような非常な努力家であった。初め陽明学を好んだが、その後山崎闇斎《やまさきあんさい》の流れを引く西依成斎《にしよりせいさい》に学んだ。しかし大阪で尾藤二洲《びとうじしゅう》や頼春水《らいしゅんすい》などと厚く交わり、彼等の影響を受けて遂に朱子学に転じた。精里は博覧強記で、俗に言う「頭の良い」人であったから文義に明るく、山崎門などが聖賢の書を誤って理解して改めないのを見ると腹が立った。崎門学者の本荘生《ほんじょう》に対して「世人が文章を正しく読む訓練をしないのは、勉強するのが面倒で、また自分の誤謬《ごびゅう》を恐れるからである、だが現今のように間違った解釈を沢山読まされる煩雑さは、文章を学ぶ面倒さにまさるだろう」と言って、文章が上手にならなくてもいいが、文理を解して謬《あやま》らないようにすべきだ、と忠告している。崎門学者の「思うて学ばざれば、則ち殆《あや》うし」という態度に頂門の一針を加えたものである。

精里は佐賀に帰って藩主に重く用いられ、また藩校弘道館を興してその校長となった。その後、儒者として令名が高くなり、四十七歳の寛政八年(一七九六)五月に至って幕府に召され、昌平黌の儒者となった。この時代は松平定信の下で寛政の改革が行われた時であり、精里も「寛政の三博士」の一人として朱子学を奉じて儒学振興のために活躍した。

精里は朴訥な人柄で、江戸に出た後も肥前の言葉を強いて直さず、死ぬまで訛《なま》りが抜けなかった。彼は身体が大きい人で槍術を善くし、風邪を引くと、倉に入って米俵を両手に引っさげ汗を出して直すというような気性の持主だった。侗庵も謹一郎も身体が大きかったが、それは古賀家の遺伝だったのだろう。精里は文化十四年(一八一七)五月に六十八歳で死んだ。謹一郎は生まれてはいたが、満一歳に満たない時だから祖父の思い出は全くなかった。

精里夫人光増氏は名を「いよ」と言い、精里より五歳年少で十七歳の時、精里に嫁いだ。いよは落ち着いた、信頼のおける、浮いた所のない婦人であった。いよは子供たちに対して、精里は人に尊敬される人物だから子供たちも人並みではいけない、人に優れて名を挙げるよう心掛けよと諭し、一般論として、家老にまで出世しようと志して漸く着座《ちゃくざ》にまで立身し、着座を志したものは組頭《くみがしら》に止まると言い、志を高くもって平生修業するよう教えたという。

伯父　穀堂

精里には三男あり、長は穀堂《こくどう》、仲は晋城《しんじょう》、季は侗庵である。次男晋城は古賀家から出て、洪《こう》氏の養子となり、佐賀藩の儒吏として活躍した。彼は号を西湟《せいこう》と言い、文学の才があり、母や妹に対する情の籠った漢詩を作っている。

長男穀堂は侗庵より十歳年長であった。穀堂は努力の人ではなく天分の人であり、厳正な人ではなく豪快な人であったらしい。古賀家の中では毛色の変わった人と言えよう。精里は各人の長所を伸ばす方針であったから大抵の事は穀堂の自由に任せたが、次のような時には叱責した。ある時、穀堂は鵬斎《ほうさい》、五山《ござん》、詩佛《しぶつ》など、漢詩の名家たちと隅田川に船を浮かべて酒を飲み詩を作ったことがあった。好事《こうず》者がその時の様子を扇面に描き、中に各人が作った漢詩を書き込んで版行した。ある人がそれを精里に見せて大いに穀堂の才を称揚したところ精里は悦ばず、穀堂を呼んで其絵を指して曰く、「舟中一一鬼怪《きかい》の輩のみ。爾《なんじ》何ぞ曾《かつ》て此徒《このと》と伍せる」。亀田鵬斎、菊池五山、大窪詩佛も精里にかかると、単なる「鬼怪の輩」の一言で片付けられているのが面白い。精里と穀堂の性格、交友の違いを如実に示している。筆者は穀堂の一軸を蔵しているが、それは、

○波間歌吹沸　啣尾舳艫連　月色○燈影　渺然水共天

（波間、歌吹沸く。尾を啣《ふく》んで舳艫《じくろ》連なる。

月色燈影を……、渺然《びょうぜん》として水、天に共《むか》う）

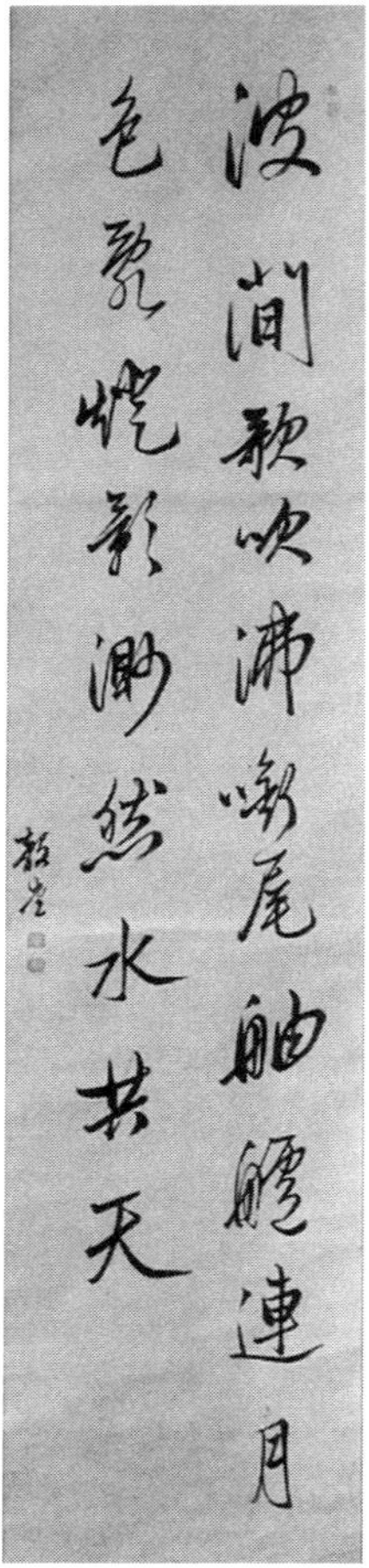

古賀穀堂の書（筆者蔵）

という五言絶句である。灯火を懸けた屋根舟が叢り、絃歌が響き、月光が波に燦めく墨水の夜景が目に浮かぶようである。これは前に述べた扇面に記されたものではないだろうが、穀堂は生涯を通じて隅田川の舟遊を好んだのではなかろうか。

穀堂は学成って後、佐賀に戻って藩校の儒者となったが、文政時代は鍋島家の後嗣、後の鍋島斉正《なりまさ》（明治以後、直正。閑叟公）の傅《ふ》（輔導役）として江戸に住むことが長かった。穀堂は心を尽して十三年間に亘って斉正を輔養し、斉正もこれに応える所があった。安政時代、謹一郎が閑叟公と親しくした（第五章第3節参照）原因の一つは穀堂のせいもあったに違いない。

穀堂は天保には佐賀に帰り、藩の年寄として五百石の禄を頂戴し藩政に寄与したが、天保七年（一八三六）に五十九歳で死んだ。

父　侗庵

謹一郎は父のことを『先考侗庵府君行状』としてまとめたので、以下では主にそれに従って侗庵の一生を紹介する。侗庵は名は煜《あきら》、小太郎と称し、天明八年（一七八八）三月に佐賀で生まれ、九歳の時父精里に従って江戸に出た。幼い時から沈深寡黙、父精里に似て努力を惜しまぬ勉強家で、文化六年（一八〇九）には二十二歳で御儒者見習として父精里と並んで昌平黌の儒官となり、世に罕《まれ》と称せられた。

侗庵は若い時から多病であったが、克己の力で儒官としてまた学者としての義務を果たした。その学識は驚くべきものがあり、諸子百家全般に通じ、極めて知識豊富で経史の疑義などを謹一郎が問えば、立ち所に疑問は氷解した。漢文、漢詩の口に上るもの数万言で、毛詩（今の詩経の古書）、離騒《りそう》（屈原の詩）、杜律（杜甫の律詩）などは終生、一字も忘れなかったという。侗庵は単に記憶しているだけではなく、公正な判断力をもち、尊敬していた朱子の説に対しても批判すべき所は遠慮なく批判した。侗庵は述作を一生の仕事と考え、生涯に詩文以外の著作が百余編、巻数では四百三十巻に上り、重ねると身の丈ほどに達した。ただ刊本にしてしまうと永久に改めることができないと言って、一編も版にしなかったから、死後それらの稿本が山をなした。侗庵も死ぬ頃には、他に何も思い残すことは無いが著書を未定稿のままに残すのは終生の恨事だと言って涙を流したそうである。このようであったから侗庵の文章と漢詩のほとんどは写本の形で現在も図書館に眠っている。

侗庵の性格

侗庵は、父の精里が厳格な人であったのとは違って、「楽易慈祥《らくいじしょう》」すなわちゆったりした人であった。婢僕《ひぼく》にも温顔をもって接し、叱りつけるようなことはなかったから家内は春風駘蕩《たいとう》の趣があった。弟子たちに対しても寛洪で、うるさく言わず、「随材成器」則ち各人の長所を伸ばす方針であった。『卮言日出』巻一にも先人侗庵の言として「鞭扑叱咤《べんぼくしった》の下、良念を生ぜず。蓋《なん》ぞ父子、親を主とせざる」とあるように、侗庵は、儒者がややもすれば子弟に勉強を強いがちであることを批判し、親子は親しむのがよいと言った。栗本鋤雲は次のような侗庵の逸話を紹介している。雪の日に侗庵の家に年始にきた書生たちが雪泥で歩き難い外の道を避けて、「このような時は変通すべし」と侗庵の口真似をしながら下駄のまま廊下に飛び上がって玄関に向かったところ、障子の蔭で侗庵が笑っていた。一同恐怖して匆々《そうそう》に逃げ出したが、侗庵はその後も何も言わず、翌年は庭の道が歩き易いよう蓆《むしろ》などが敷いてあったという。このようであったから圭角の多い昌平黌書生寮の者たちもよく従い、侗庵は後々まで弟子に慕われたのである。

しかし一方侗庵が嫌った人物もあり、彼等とは一切交際を避けた。侗庵が嫌ったのはまず、実事に通じない迂儒、腐儒で「迂儒は通吏（能力のある実務家）に如かず」と言っていた。謹一郎の夫人小林氏の父は通吏であったから、侗庵のこの言葉は本心だったのである。また名を誇り、利を貪る儒者にも会わなかった。例えば佐藤一齋で、荘内の菅孝伯という人物の手紙の中に「佐藤捨藏事、古河小太郎（侗庵のこと）殿などはとんと受取り申されず候。外飾を専らとし、卑劣の俗儒にて、聖堂にても人々信ぜず、精里先生も寄せ附け申されず候者故、子の身として交わり候事如何故、染みじみ対面も致さず、と小太郎殿直話に候。云々」とある。大塩平八郎も別の意味で嫌われていた。彼が侗庵の名声を聞いて、自著の『大学刮目』に序を求めた時、侗庵は拒絶した。大塩平八郎を「名を誇る」儒者と見るのが正しいか否かは別として、侗庵は大塩の文に「眩才虚驕《げんさいきょきょう》」を感じたのである。謹一郎が尊王攘夷家を嫌ったのと似て、合理的で着実聡明な古賀家の人々は奇矯な振舞や非常識な行為を嫌ったのであろう。

侗庵は生来寡欲な人で、来客でもない限り質素なものを食べ、文房具など身の回りの道具も「増一物、添一累（物が一つ増えれば煩わしさも一つ増える）」と称して僅かなもので満足し、それらも古い物ばかりであった。このようであったから出処進退も淡白であった。江戸時代の官吏は六カ月までの病欠を認められていたが、侗庵は病気が月を越えた時直ちに退職を申し出た。家人が止めたら侗庵は「出処進退の際、吾自ら権を操《と》る。この事久しく方寸（心中）に了々乎（明瞭）たり。幺麼《ようま》（小さい）の儒冠、弊屣（破れ草履）を棄てる如きのみ」と言った。決断は自分でする、儒者という身分なぞ何ほどの物か、という意味で、男らしい、気持の好い態度である。後に述べるように侗庵は儒者という職掌を好まなかったのだろう。

侗庵の趣味

侗庵の趣味で、特徴があったのは山野の跋渉であった。郊外の遊は草鞋がけで一日十里を歩き、「儒生は家に座ってばかり居て、怯弱になり易い。だから山野を跋渉して勇気を鼓し、摂生に資するのだ」と言ったという。理屈はともかく、侗庵は武士的で剛毅な事が好きだったのである。このように歩き回ったから侗庵には景色を詠んだ漢詩が多い。筆者が蔵している一首は如来山という山に登った時のものである。

○如来峯聳近天都　海面望開新畫圖　蓊勃煙霞生足下　乗風直欲到蓬壺
（如来峯聳えて天都に近し。海面の望（みはらし）、新畫圖を開く。蓊勃《おうぼつ》たる（盛んな様）

煙霞、足下に生ず。風に乗じて直ちに蓬壺《ほうこ》（仙人がいる所）に至らんと欲す）

（如来峰は高く聳え天の都に近づいた気がする。下方を見れば海面まで見渡せ、さながら画のようだ。山川草木の盛んな有様を下に見つつ、風に乗って大空を飛び仙人の居處まで行ってみたいものだ）

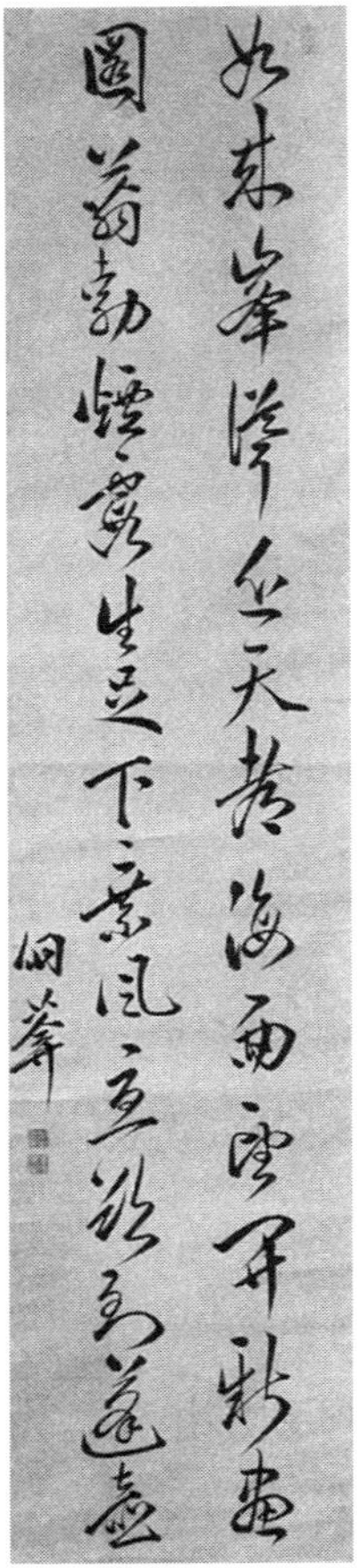
古賀侗庵の書（筆者蔵）

侗庵の妻の弟である鈴木桃野は随筆『桃野随筆』に、詩は侗庵の本領ではないことを書いて、「侗庵が若かりし時詩を作るに、これも気の高きこと甚しかりしよしなり。唐人は学問足らざれば詩に力なしといひしよし。かかることをいふほどなれば、詩の味ひは悟らで、好みも薄く、よくも作らで果てたるなり」と評している。学問の力で詩を作るのは詩心がないとも言えるから、この批評は当っているだろう。古賀家の人は論理的だから詩より文章に向いていた。森銑三氏の評に「侗庵の文は粗率《そそつ》の弊を免れぬにもせよ大河の滔々と流れて行くような趣のあるのがいかにも快い」とあるように侗庵は彫琢された文章で残るのではなく書かれた内容で残ることを志したのである。

侗庵の開国説

侗庵は聖堂の儒者ではあったが海外事情に目を向け、蘭学を排斥しなかった。高野長英の話を聞き、間宮林蔵とは膝を接して語り、その話を『窮髪紀譚《きゅうはつきたん》』として門弟に記録させたりしている。侗庵がこのように海外に目を向けたきっかけは、彼が二十歳の文化四年（一八〇七）に択捉島《えとろふ》で起ったロシアとの軋轢《あつれき》で、以後彼は一貫して北方問題に注目し、また後年には英仏の進出を聞いていよいよ西洋の侵略を警戒するようになった。弘化三年（一八四六）には、収集したロシア関係文書を『俄羅斯情形臆度《おろすじょうけいおくたく》』四十四巻にまとめ、英仏関係の記聞類も八巻に上った。これより前、天保九年（一八三八）に書かれた『海防臆測』は、渡辺華山、高野長英など洋学方面の人々によって著された書物類と並んで最も初期の海防論であり、勝海舟に言わせれば「空谷の跫音《くうこくのきょうおん》」（僅かしかいない同じ考えの人）であった。侗庵は西洋の日本侵略を必然と考え、謹一郎に対し「自分は老病だから幸いに鋒鏑《ほうてき》の死（戦死）を免れたが、お前は壮年だからそういう訳にはいかないだろう」（『巵言日出』巻二）と言った。謹一郎は「今日（元治元年（一八六四））想来すれば亀卜鏡照《きぼくきょうしょう》の如し」と父の先見の明を称えている。『海防臆測』で侗庵は、主に海軍力の増強を主張し、そのためには西洋の学術工芸に依らざるを得ないことを説き、銃砲を備えた大艦を造った暁には南方に進出するよう求め、徳川初期の鎖国の制度を残念がっている。外国ではロシア、イギリスを警戒し、沿岸警備に心すべきことを説いているのは他の人々と同じであるが、弊習を改め国用を豊かにし、外国人を愛護して彼等から西洋事情を詳しく聞くべし、と論じているのは卓見である。あからさまに書いてはいないが、これらの主張は実質的な開国論であり、謹一郎の開国説が侗庵に由来するものであることは疑いを容れない。

予、不幸にして学力に累されず

このように侗庵は儒者を越えた経世家であったが、公職は生涯儒官を越えなかった。このあたりのことを書いた謹一郎の文には古賀父子の無量の思いが籠っているから、やや長いが引用する。「儒員は幕府では不要の官職である。君（侗庵）は国を救う政略もあり、それを行うだけの志もあった。そうであるのに、遂に驥足《きそく》を伸ばすことはできず、わずかに言論をもって世に立つに止まったのは、すこぶる意に反することだった。学を曲げ世に阿《おもね》った小人たちが高官になってわが世の春を謳歌しているのを見ると、（侗庵は）『予、不幸にして学力に累《るい》されず』と言って笑った。しかし、権門に阿諛《あゆ》する（へつらう）行為を卑しんで、決して権力者や富貴の者の家に足を踏み入れようとはしなかった。しばしば増（謹一郎）を戒めて『清白の家風、汝慎みて守り、失う勿《なか》れ』と言った。故に生涯、一介の儒者として終った」。「予、不幸にして学力に累されず」とは「学力が累（災い）をなせば高官に登るべきであったが、累をなさなかったので儒官のままに終り、出世と言う意味では不幸であった」ということである。「不幸にして、……累されず」という、滑稽に託した矛盾の中に侗庵の無念と自負とが込められてい

大塚先儒墓所にある古賀侗庵の墓

る。謹一郎がほとんど傲岸とさえ言える態度を取り、決して上位者の意を迎えることをしなかったのは父の教えに忠実だったからで、明治政府に仕えなかったのも父子相伝の「清白の家風」に従ったためである。父の道に忠実という意味で謹一郎は孝子であった。

侗庵は弘化四年（一八四七）一月晦日《みそか》に昌平黌内の自宅で死に、大塚先儒墓所に儒式で葬られた。享年六十歳であった。

3　鈴木家（母方）

謹一郎の母、松は幕府御書物奉行、鈴木白藤の女《むすめ》で、弟に鈴木桃野がいた。謹一郎は母や母方の人々から強い影響を受けたようには見えないが、鈴木家も独自の性格をもった面白い家系なので、以下にかいつまんで紹介する。

祖父　白藤

鈴木成恭、通称は岩次郎、白藤は号である。鈴木家は源義経の臣鈴木氏から出たと言い、その出身地が紀州藤白村であったので、白藤という号を用いた。明和四年（一七六七）に生まれ、嘉永四年（一八五一）に八十五歳で没した。謹一郎の祖父精里より十七歳若く、父侗庵より二十一歳年長である。

白藤は、学問所（昌平黌）勤番組頭《きんばんくみがしら》から、文化九年（一八一二）に徳川家の図書館である紅葉山文庫《もみじやまぶんこ》の書物奉行になり、文政四年（一八二一）に御役御免、小普請《こぶしん》入りとなった。御役御免には事情があって、森潤三郎氏は、白藤が紅葉山文庫の蔵書を手鈔《しゅしょう》して、誰にでも貸し与えたことが問題化したのだろうと推測しておられる。こうして役所を引退した白藤であったが、その後は読書と抄書に一生を捧げ、幸せに暮らした。

白藤の人物

天明寛政から文化文政にかけて江戸の文化が花開いた時、大田南畝（蜀山人）など多くの文人が現れたが、白藤はそれらの多くの人を知っており、また彼等に重んじられた。白藤の人となりは浅野梅堂が書いた『寒檠璅綴《かんけいそうてい》』に面白く描かれている。

> 白藤、鈴木烘、躯幹魁梧《くかんかいご》、老いて尚健啖、馬将軍（廉将軍か。戦国時代の趙の廉頗のことだろう）の風あり。矯捷《きょうしょう》にして斤斗を能《よ》くせり（強く敏捷で、肉一斤酒一斗を喰う）。和漢の史に精しく、治乱興廃忠臣勇将のことを譚《だん》ずる亹々《びび》（進行するさま）聞くべし。傍ら稗史野乗《はいしやじょう》（小説風の歴史）を好みて、多く古書を蔵す。雑劇院本（芝居の脚本）に至るまで貯へざるところなし。書を鈔する敏速にして、一日数十紙を寫す。嘗て温史《おんし》（資治通鑑）の不足本を得たり。人あって其の中の数冊を乞ひて彼の闕《けつ》を補はんとするものあれば、慳《おし》（惜し）まずして是を予《あた》（与）へて、自ら鈔してその闕を塡《てん》ず（なくなった分を埋め合わせる）。かくすること毎度にして、終に温史全部を自鈔す。
>
> 性倹嗇《けんしょく》、尺牘《せきとく》（書状）の紙は菓子の包紙の類を皺を抒《のば》して用ひ、請取書は明かり障子を切張せし古紙を用ひ、名刺の札をば机の下に挿して、人の蔵書を借りるものあれば札の裏に書目を書いてこれを壁に黏《ねん》し、出入の證とす。人と対話する時は、いつも反古《ほご》の端にてこよりをよりて居る。

『資治通鑑』を全巻手鈔するなど、現在の我々には考えられないことである。昔の人の漢字の知識と筆記の達者なことには驚かされる。その他の書物でも白藤は面白いと思ったものは直ちに手写した。右文末の「こより」はこうして筆写した本を綴じるのに使ったのである。白藤の吝嗇は右に書かれたようであったが、白藤は自分のケチさ加減が世に知られたことが嬉しいと云って、知友を会して宴会を開いたそうである。そういう面白いことをする人であった。

白藤の蔵書は明治になってから火災に逢い烏有《うゆう》に帰した。戊辰戦争の後、白藤の孫、桃野の子の成虎も一時静岡に移り住んだが、明治五年に再び東京に戻った。この時成虎は急遽上京したので、鈴木家の蔵書は一時静岡の学館に預けられた。学館は石造りで火災の恐れがないと考えたためであるがそれが不運だったのである。鈴木氏の蔵書は、諸子百家より和漢の軍記、歴史、随筆、雑劇、院本、義太夫本に渉り、函数五十八、千四百余部に及んだ。冊数はこれに数倍して万巻にも及んだろうから、これらが全滅したのは惜しいことであった。

白藤の談話と交際

白藤は話も面白い人なので、森潤三郎氏の著書から一つだけ談話を引用する。

白藤曰く、「土屋紀伊守（廉直《ただなお》）は真率にて滑稽なる人なり。御目付にて学問所掛の節、予、組頭にて屢《しばし》ば対せり。釈奠《せきてん》の朝、岩次岩次（白藤の名）一寸燗《かん》をして給われといひて、（吾が）持ち行けば一口飲み、天窓《あたま》を叩き、これならでは、ああ寒い所へ座することはならぬなりといはれたり。（中略）又御座敷講釈の節、御席明き居り候、入らせられ候やといへば、手を左右にふりて、あんなものが聞いていられるものか、わしは見廻って帰るから宜しく頼むと云て帰らる（以下略）」。古賀家の人たちは講釈をする側で、土屋は見回り、白藤は幹事役であった。土屋の行動は、現在の学会や講演会の際のある種の学者のそれと似ているのが面白い。

白藤は一時昌平黌に勤務したから、祭酒の林述斎はじめ聖堂の儒者を知っていたのは当然としても、白藤はその蔵書と博識のために、身分的には上下関係にあるこれらの人たちと対等の付き合いをしたように見える。古賀精里が白藤の娘、松を侗庵の嫁にと考えたのも儒者と組頭との身分の違いを越えた交際があったからであろう。

叔父　桃野

鈴木桃野、名は成虁、孫兵衛と称した。寛政十二年（一八〇〇）に生まれ、天保十年に昌平黌の教授となり、嘉永五年に五十三歳で歿した。謹一郎の十六歳年長である。

桃野は無口な人で、書道と詩文に優れ、また絵を善くした。彼は儒者で立ったのであるが、現在の目から見ればその本領は随筆にあった。現在活字本となっているのは、『反古《ほご》の裏書』（『鼠璞《そぼく》十種』第二、国書刊行会の中にある）のみであるが、その他にいくつかの写本が残されており、それらは、食べ物のことや人間の心理などを、すらりとした筆致で、言い過ぎもせず言い足らぬ所もなく、のどやかに書いた随筆である。

随筆『無可有郷《むかうのさと》』には桃野の自伝のようなものがあり、その中で桃野が子供の頃、漢学方面の事には興味が持てず、稗史小説類を好んだこと、絵画が上手で「人物器械、その形を畫くに似ざるものなし」であったことが書かれている。彼が儒学より随筆類に本領があったのも、この三つ子の魂があったからだろう。このように鈴木家は日本文化の教養が深かったが、謹一郎にその方面の趣味は遺伝しなかったように見える。

母　松

　謹一郎の母、松は寛政年間に生まれ、侗庵と婚約が成ったのは文化七年（一八一〇）、結婚したのはその五年後である。桃野の『無可有郷』に、「予が姉は……人物女繪に工にして、今に至りて戯れに筆を執るに稍《やや》見るべきものあり」とあるように、松も絵がうまかった。謹一郎は『先考侗庵府君行状』中に母のことを「配鈴木氏、貞正にして、君（侗庵）に代って家事を勾當《こうとう》（担当）し、井然《せいぜん》として條理あり。君をして内顧の慮なく、一味（一筋に）学に向うを獲せしめしは誠に夫人の力なり」と書いている。このように松は立派な婦人で、謹一郎にとっては慈母であった。第四章で紹介する安政元年下田出張中の日記『西使續記』に、津波で何もかも失った謹一郎の許に、母からの手縫いの衣類が送って来たのを喜んだ漢詩があるから、松は年をとっても自ら縫い物をしたらしい。その一首は次のようである。

〇征鞍飽受風霜苦　倚閭有人憐薄祜　童歳嬉游嘗斷机　別時嘱託唯繩武
　顚運久缺候安書　衣領尚穿長命縷　也為兒寒解臂金　一双行李沾甘雨
（征鞍《せいあん》飽くまで風霜の苦を受く。閭《りょ》に倚《よ》りて人の薄祜《はくこ》を憐れむあり。
童歳の嬉游は嘗って斷机。別時に嘱託するは唯だ繩武。
顚運《てんうん》、久しく候安の書を缺《か》き、衣領は尚お長命の縷《る》を穿《うが》つ。
また兒の寒きが為に臂金を解き、一双の行李、甘雨に沾《うるお》う）

（公務の旅で苦労が多い。母は家にあって子〔謹一郎〕の薄幸を心配しているだろう〔倚閭は母が外にある子を待つこと〕。子供の頃遊び回っていると、母に戒められた〔斷机は斷機、孟子の母が織りかけた機《はた》を断ち切って、学問を中途で廃することを戒めた故事〕。今度の旅行の出立の折には、武士道に恥じないように、とだけ云われた〔縄武は武士の道〕。不運な事〔津波など〕が続いて家に手紙も出さず、着替えの衣類を失ったので着古しのボロを着たままで居る。子供の不幸を心配して臂金を解き、行李に着物を詰めて送って下さった。実に恵みの雨のようだ）

右の第三、四句には武士の母としての松の教育や、心構えが示されている。なお第七句中「解臂金」の意味はよく判らない。松は明治十二年（一八七九）二月六日に八十歳を越えて死んだ。

以上に述べた人物紹介は森銑三氏の諸著作に負うところが大きい。忠兵衛、精里、晉城、穀堂など古賀家の人々、白藤、桃野など鈴木家の人々に関する面白い逸話は他にもあるが、ページ数の都合で割愛せざるを得なかった。興味のある方は『森銑三著作集』を読まれたい。また森潤三郎氏（森鷗外の末弟）の『紅葉山文庫と書物奉行』には白藤の伝記がある。

4　結婚と小林家

謹一郎は、父侗庵がまだ生きていた天保十年（一八三九）頃、二十四、五歳で小林家の娘と結婚した。残念なことに筆者は妻の名前を知らないので、以下では彼女のことを「小林氏」と呼ぶ。小林家は学者の家系ではなく、旗本の武士で、謹一郎の岳父、小林藤之助はその時代では名の通った代官であった。

幕府代官小林藤之助

藤之助のことは『旧事諮問録《きゅうじしもんろく》』下巻第五編に見えている。この第五編は、旧幕府代官手代で八州取締の宮内公美が地方の警察・民政などの事を問われるままに語ったもので、その校注によれば、小林藤之助は天保七年（一八三六）に勘定吟味方改役から甲州代官に遷り、役料百五十俵を頂戴し向柳原に役所を賜った。だから小林氏はこの向柳原の役所兼自宅から謹一郎の所に嫁入りしたのだろう。藤之助は天保十四年には甲府に陣屋を置く甲州代官となって甲州御蔵掛を兼務した。嘉永の頃は下総、下野の代官で、宇都宮の貫目改所《あらためしょ》及び今市御蔵所の管掌、次いで安政年間には武蔵、相模の代官で、本所、深川道敷掛り、千住貫目改め、品川貫目改め、浦賀御蔵、城ケ島灯台、小菅納屋、大森町打場定番、本所牢屋敷取締役、四番御台場詰などを管掌した。安政二年（一八五五）には布衣《ほい》（六位に相当、江戸城の儀式に狩衣をつけて参列できる）となり、文久二年（一八六二）に引退した。

代官というのは幕府直轄地の行政と司法を掌る役目で、大抵五万石位の土地を治めた。下に手附とか手代とかいう者が二十人ほど居たという。主な仕事は年々の検見（収穫量の予測のこと、これによって年貢を決める）、年貢の取立て、治安の維持、その他道路の修理なども役目の内であった。前述の藤之助の職掌のうち「貫目改め」というのは年貢米の量の検査のことである。代官は司法権、行政権を握っていたから地方では幅の利いたものであった。代官の収入は持高（役につかなくても幕府から頂戴する基本給）が百五十俵、これに役料が百五十俵から三百俵あったが、その外に手附などの給料やその他の掛りとして五万石あたり五百五十両に七十人扶持を勘定所から受取ったという。

小林藤之助は後には十三万石を管轄するまでに至ったから、毎年の収入として、四百五十俵の外に千五百両と百八十人扶持を手にしていた訳である。多くの代官は勘定所受け取りの五百五十両七十人扶持を手附たちに全額分配せず私腹を肥やしたが、宮内公美によると、「（手附の給料は）小林藤之助（が代官の時）が大変多かった。たいてい他のは二十五両くらいくれたのですが、小林は少しも事に頓着しませぬから、御勘定所から受取った金を、残らず手附・手代給料その他庁費に遣いきりました。他の御代官は、その中を残す方に注意したのであります」というようであった。宮内は、小林は金も溜まったが、それは「正しい道で溜まった」と断言している。小林の切れ離れの良いことは評判だったから、上司の信頼が厚く十三万石管轄まで出世したし、前述したように「迂儒」嫌いで「通吏」好きだった侗庵は彼の娘を謹一郎の嫁に貰ったのだろう。

第二章　昌平黌の儒官として

1　読書の傾向

謹堂日誌鈔

弘化四年（一八四七）の父侗庵の死後、謹一郎は父の時と同様、昌平黌内の役宅に住み、学問所で講義することを命ぜられた。この頃の謹一郎の日記『謹堂日誌鈔之一』（以下『日誌』）は弘化四年から安政三年（一八五六）まで九年間に亘っているが、これは門下の誰かが抄録したものと思われ、平均すると四、五日に一回位の記述しかなく、嘉永三〜五年はほとんど読書日記の感がある。このように謹一郎の個人的生活や昌平黌儒官としての公務は日記からはかなり省略されたのではないかと思われるが、それでも所々には謹一郎の対人関係や判断、批評などが書かれている。本章では、弘化嘉永年間の謹一郎の読書の傾向と生活、および『蕃談』の内容について見て行くことにする。

弘化から嘉永年間に謹一郎は約四百種ほどの書籍を読んだ。一カ月平均六種の本を読んだ勘定であるから、謹一郎の生活の大半は読書に費やされたと考えてよい。巻末に、『日誌』中に現れる書名を漢籍と翻訳書および和書に大別して五十音順の一覧表として掲げた。全書籍数の半数以上は漢籍で、数割は洋学関係の本である。ただし洋学といっても謹一郎がオランダ書を原文で読み出したのは文久以降であって、『日誌』所載の洋籍のほとんどは原書ではなく、漢文に翻訳された洋書である。謹一郎は翻訳書以外でも日本人やシナ人が書いた欧米の地誌や軍学の本あるいは科学技術書など、事、外国に関するものならあらゆる方面に渉って読んだ。後には料理法の本まで読んでいる。なお漢籍洋籍を問わず、これらの本は昌平黌の教科書ではなく、謹一郎が個人的に読んだものである。

漢籍

謹一郎が読んだ漢籍のほとんどは昌平黌の所蔵本で、それらは明治以後、内閣文庫（現在の国立公文書館内の史料図書館）に移された。一般に漢籍は書名が一つでも膨大な内容をもつ場合が多く、特に正史類は多巻で『唐書《とうしょ》』や『通鑑《つがん》』（資治通鑑）に至っては三百巻くらいあり、叢書類も『学海類編』の三百巻を初め、数十巻くらいのものは沢山ある。だから『日誌』にその書名がある場合でも、謹一郎はその全巻を通読したのではなくその一部を読んだのである。筆者は漢籍原本を調査していないので詳しいことは判らないが、謹一郎が読んだ内閣文庫本百七十一種を経、子、史、集、叢の部に分けると、経が七、子が四十四、史が四十四、集が四十一、叢が三十五で、経が非常に少ない。子の内では雑家類が断然多く、小説家、釈家、兵家類を含めると三十四種に上り、儒家は三種に止まる。要するに謹一郎は、倫理道徳の学問としての儒教、即ち「経学」に興味が薄かったと言える。

子史の部で興味を引くのは、明時代のイタリーの帰化人利瑪竇《りまとう》（マテオ・リッチ）の耶蘇教の書『畸《き》人《じん》十篇』や『天主実義』また艾儒略（アレニ）の『七克《しちこく》』や『職方外記』『西学凡』などの書が含まれていることである。史の部では、正史、別史、紀事本末類などが十七種の外、地理類が多く十五種に達するのが目を引く。その他、子や集、叢の部でも『粤草《えつそう》』『古今説海』『龍威秘書』『釈法顕《しゃくほっけん》佛国記』『西藏記』『大唐西域記』など辺境の歴史地理を取扱ったと思われる本を多く読んでいる。正史や別史にも辺境史を含んでいるから、全書籍を渉猟すれば、異国や辺境に関するものがかなりの量に達すると思われる。謹一郎が安政元年十一月に下田の津波で失った「十五年来抄する所の集、學林代奕二筆記稿」のいずれかは辺境歴史地理の稿本ではなかったろうか。

翻訳書と和書

翻訳書と和書は漢籍に比べれば内容の推定は簡単である。翻訳書の多くは『洋学史事典』にその概要がまとめられており、それ以外の和書は『国書総目録』書名索引から同定することができる。翻訳書と和書に関する巻末の表の中で内容の推定できるものが百三十種ほどあるが、その約半数ははっきりした翻訳書で、残りのかなり多くも『窮理通』や『坤輿圖識《こんよずしき》』のように、種々の蘭書をそれぞれの著者の力量でまとめた半翻訳書、或いは『采覧異言《さいらんいげん》』や『鴃舌或問《げきぜつわくもん》』のようなオランダ人との対話書などである。即ち全体の八割、百種近くは外国関係書籍である。また和書でも漂流記が『環海異聞』を初め八種ほどあり、『俄羅斯情形臆度』のような対外問題関係書を含めれば、三十歳台の謹一郎は、漢籍を除けば、西洋の政治、軍事、外交、科学、地理、歴史などを扱った本ばかり読んでいたと言っても過言ではない。王朝文学、戦記物、和歌、俳句、狂歌、川柳、随筆のような日本文学全般、また日本の歴史一般も中年以後は全く読まなかったのだろう。僅かに『海士の焼藻の記』『一夕話』が随筆で、『室町記略』というのが日本歴史書だろうか。

嘉永の終り頃、日本文或いは漢文に訳されたオランダの書物は精々二百種強だったようで、その中でも医学書がかなりの部分を占めていた。だから、医学書を除くとその数は百種程度に過ぎず、謹一郎が読んだ六十種以上という翻訳書の量はその時代としては非常に多量だった。そしてこの素養があったから蕃書調所の頭取となった時の謹一郎には、洋学全体に対するパースペクティヴが備わっていたのだろう。

2 洋学

洋学に淫する

弘化四年（一八四七）六月の謹一郎の読書は、『クルセンステル』『佐久間修理上書』『三兵活法《さんぺいかっぽう》』『コンパス量地速成』『呂宋《るそん》漂流記』『尺度考』『英人性情志』『ボナバル略記』『和蘭人行作』『紅毛俗話』『実学明験』『各国兵制』である。題目のみを見ても大半が洋学関係のものであることが分る。

このように洋書を耽読していたので謹一郎に対して批難の声があがった。漢学を教える聖堂の儒者であるから当然と言えば当然である。七月六日の日記に次のような一節がある（以下、『日誌』の文の引用は書き下し文とし、一部は現代文に改めた）。「晩、羽倉縣令が立ち寄って次のように言われた、『君は余りに洋学に淫しすぎている（洋書ばかり読み過ぎる）。よく反省して悔い改めるべきである。洋学を主張するのは父君の侗庵先生ならばよいが、君の場合は、学力が乏しいから漢学を棄てるのだと人が思うだろう』。これは自分（謹一郎）の徳望が薄いためである。この言葉は自分の膏肓《こうこう》にあたった。今後、朝夕服膺して失わないようにしよう」。羽倉縣令は名は齋、号は簡堂である。能吏として知られ、漢学にも造詣が深く幕末の著名人であった。侗庵門下であったから謹一郎に直言したのであろう。この時謹一郎は「この言葉は自分の病弊にあたった」と反省して、「徳望」を高くしようと思ったようだが、洋学に淫することについては全く顧慮する所がなかった。前章で述べたように父侗庵も海外事情の研究家であったから、洋学は「家学」と思っていたのであろう。

羽倉簡堂はこの後も長く、謹一郎に文を贈って意見したらしい。安政元年（一八五四）の冬、謹一郎が下田交渉に向かう直前にも簡堂が小文を贈ったことが日誌に見えている。三十二歳の弘化四年には少し反省もしたが、それから七年が経ち、国の命運を担って長崎の対ロシア交渉にも列席した謹一郎は、この簡堂の小文に対して「例の愚論なり」「不形《ふけい》甚し。可厭之至《いとうべきのいたり》とす」のような悪罵を放っている。簡堂は後年『航海金針』なる翻訳書を読み、「余、先に洋学を悪《にく》むこと蛇蝎《だかつ》より甚だし。（ところがこの本を読んで）西人の学殖深厚にして、華人（シナ人）の及ぶ所に非ざるを知る」と言ったという。『日誌』には外にも洋学に淫することについての感想、例えば、嘉永元年（一八四八）九月四日「予の西事《せいじ》を放談するを糸井生忠告す。社中書生憒々《かいかい》（愚昧なこと）可咲可咲（笑うべし）」というのがあるが、結局謹一郎は自ら持する所が高く、他人の忠告や思惑を顧慮せず、洋学に突き進んだ。

キリスト教、英清戦争、実験的自然科学

弘化四年七月に謹一郎はマテオ・リッチの『天主実義』を読んで「妖教浅陋。殆んど噱《ぎゃく》（大笑すること）すべし。其の荒誕《こうたん》、釈氏と侔《ひと》し（等しい）」とキリスト教の奇蹟を嘲笑し、またこの年八月には同人の『畸人十篇』を読み、「キリスト教の浅薄なことは笑うべきだが、俗耳には入り易い。特にその浅薄さの根源は天国地獄の説にある。また（旧約聖書が）秦の始皇帝の焚書にあったなどとは牽強付会も甚だしく、馬鹿げている」という感想を記している。天地創造や天国地獄などを客観的事実として布教したキリスト教聖職者と、額面通りに受け取って合理的立場から批判した儒学者とでは、儒学者側が有利であるのは今の眼から見れば当然である。謹一郎は徹底した合理主義者で、世界を哲学的、宗教的に見ることがなく、ひたすら政治的、科学的に見たから終生仏教を嫌い、また中村正直のようにキリスト教に同情をもつこともなかった。

弘化四年八月二十五日に謹一郎は糸井生から菊池増蔵（後の箕作秋坪）の話として英清戦争の話を聞いた。これは菊池が箕作阮甫から聞いたのであるが、清国は大敗して「過ちを謝して和を乞い、其の（英国の）欲する所に従う」という事になった。「唇歯《しんし》之歎《のたん》少なからず（ある国〔清〕が亡べばその隣国〔日本〕も危ないの意）」と謹一郎は悲しみ、警戒している。この後ペリーやハリスが来た時、日本人が英国を最も恐れた原因は、これら英清戦争に原因があったのである。

嘉永二年（一八四九）四月には『諸蕃往来抄』十冊を読み、日本の開市、貿易について考え、「この書は蕪雑《ぶざつ》であるが、それでも徳川時代初期の海外貿易の隆盛さを考えさせる」と感想を述べている。

謹一郎は、鎖国が所謂「祖法」ではなく、国を富ます所以《ゆえん》でもないことに気がついたのだろう。

弘化嘉永時代の謹一郎は地図もよく見ている。嘉永元年（一八四八）二月に「シュヱスは西紅海の地名の由。ニューヱン（後述）を検するにSUEZ果してあり」という記事がある。嘉永五年閏二月には宇和島邸から一八〇〇年製の天球儀と一八〇二年製の地球儀を借りて柴田生とともに見た。天球儀では南半球の星座を初めて見て喜んだが、星の名前が読み難かった。地球儀は「カピタンコーク（キャプテン・クックだろうか）の補正を相用ゆと見ゆ」とある。謹一郎たちは天球儀で南半球の星の名前まで読もうと苦闘している。地図は謹一郎に広い世界を想像させたに違いない。

弘化四年八月五日に謹一郎は豚を殺して池田太仲に解剖して貰った。「内象（臓）の美なる、真に言いがたし」と感心している。ただ書物上の勉強は別として実験的自然科学はこの他に、安政元年（一八五四）閏七月十三日に司天臺に行って望遠鏡を見た記述があるくらいである。「遠鏡にて房州山を望む。暮烟甚だしけれども、ほぼ山上の樹を望むべし。夜に入り太陰（月）を見る。米鏡（アメリカ製の望遠鏡、ペリーが献納したのだろう）甚だ皎亮《こうりょう》なり。木星は横紋不明晢。壮観なりき」と謹一郎は書いている。別にある意味で科学的と言えるのは、謹一郎の温度や時間などの数値に関する正確さである。これは気質でもあろうが、九月三日に芝口橋の小田原邸（大久保侯だろう）へ赴いた際の日記に、自宅から昌平橋を渡り十八分半で神田橋に到り、三十七分半で道三橋、四十六分半で数寄屋橋、五十八分で芝口橋、一時間と二分半で邸に着いた、と満足気に書き記している。この正確さは死ぬまで続き、明治十七年の日記にも毎日の温度の克明な記録がある。

蘭学の仲間には石川和介や山田愛之助、箕作阮甫などがいて、『ヒスセル』『和蘭《おらんだ》風説』『三兵タクチーキ』『行軍図解』などの本を貸借したが、軍書、科学書、紀聞類などの他、嘉永二年には『ロビンソン日記』と『ヨーセフ傳』を読んだ。両者とも黒田麹盧《きくろ》、通称行次郎の訳で、前者は本邦初訳の『ロビンソン漂流記』である。この本はその後『漂荒紀事』の名で流布したが、謹一郎が読んだのはその名がつけられる以前の草稿であった。後者は、旧約聖書中のヤコブの子ヨゼフの事を書いた本である。訳者の黒田は文久の頃の洋書調所（蕃書調所の後名）の教官であり、謹一郎は黒田をよく知っていたらしい。

嘉永二年に『ロビンソン日記』を読んだ際、謹一郎はこれが小説ではないかと疑った。そしてその後二十年経って慶應の頃に『ロビンソン漂流記』の原話をオランダ書で読んだ謹一郎は次のような感想を書き付けている（『度日閑言《たくにちかんげん》』巻十八「僻島孤栖《へきとうこせい》」の評語）。「小説家は往々、物語を敷衍《ふえん》して真実から離れてしまう。そしてその小説が世に流布して、何が真実か判らないようになってしまうことが多いのは、有識者が常に嘆く所である。思い起こせば二十年前にロビンソン伝を読み、その奇に驚いて、或いはこれは西洋人得意の弄筆《ろうひつ》で、真実ではないのではないかと疑った。今、この「僻島孤栖」を読み、果してロビンソン伝が皆虚妄であることを知った。セルキルク（ロビンソン・クルーソーのモデル）の孤島での四年間の苦労は、偉いものである。それなのにロビンソンという仮名を選んで、セルキルクの美名を覆い隠し、その実情を判らなくしたデフォーの心は怪しからぬものだ」。『ロビンソン漂流記』の成立過程についてはここでは述べないが、謹一郎は「面白い」ことより「真実」に興味があったので、デフォーの「敷衍」「弄筆」を憎み、孤島で辛酸を舐めたスコットランド人水夫セルカークの名前が残らなかったことに同情したのである。

オランダ語の学習

謹一郎のオランダ語の原書を読む勉強はこの日誌を書き出した頃から始められたらしい。弘化四年八月二十三日に五郎川才八（翌年改名して池田才八、洞雲と号した）を呼んで、『ム・ヌール・ショメール』の三頁ほどを読んで貰った。この本は古臭くて無益だと才八が言うので謹一郎たちは数回で読むのを止めたが、池田や杉谷要蔵、山田愛之助とはこの後も時々会って、翌年（嘉永元年）三月以後、『ニューヌン』なる本のアメリカ部（花書人）を読む事を約し、四月十日には「サンドウィクス（ハワイのこと）」や「カリホルニア」などを読んでもらっている。同年三月にはまた奇本『マガセイン』なる本の訳を検討している。

謹一郎たちが読んだ蘭書『ム・ヌール・ショメール』は、フランス人、ノエル・ショメールが十八世紀始めに出した家庭百科事典の蘭語版で、日本では幕府の天文方で文化十一年（一八一四）から弘化二年（一八四五）まで『厚生新編』として断続的に翻訳された日本蘭学史上著名な本である。また『ニューヌン』はオランダ人ニューウェンホイスが一八二二年から四四年にかけて公刊した「技術・学芸一般辞典」のことで、箕作阮甫がよく利用したものと云う。『マガセイン』は弘化二年頃から毎年のように輸入された『ネーデルランツセ・マガセイン』のことで、オランダの啓蒙雑誌である。この本については第七章第7節で述べる。

以上の記述中および次節『蕃談』に登場する人物のうち池田才八は蘭学者という以外その事蹟は明

らかでないが、杉谷要蔵は雍助《ようすけ》で、佐賀藩士である。彼は江戸に出て伊東玄朴の象先堂塾に学び、玄朴や後藤又二郎、池田才八とともに蘭人ヒュゲニン著の大砲鋳造書『鉄熕全書《てっこう》』を訳した。嘉永二年には佐賀に帰り、佐賀藩の大砲鋳造や反射炉建設の主任となり、外国製の銑鉄を用いることによって、日本ではじめて使用に堪える大砲の鋳造に成功した。この功績は日本国中で高く評価され、江川太郎左衛門や多くの藩から反射炉製造や大砲鋳造の指導を乞われたという。

石川和介は後の関藤藤陰である。彼は謹一郎より十歳ほど年長で、若い時に頼山陽に従学し、その後福山藩の儒者となり、幕府の老中となった藩主阿部正弘に仕えた。正弘死後に家老となり、明治以後まで福山藩のために尽した。後に述べるように謹一郎が阿部に重用された陰には、石川との交際が関係したのかもしれない。山田愛之助については未考である。千住大之助は千住健任、号は西亭である。佐賀藩の儒者で、鍋島閑叟の御側役となり、学問、政治の両面で活躍した。佐賀藩ということもあって謹一郎とは親善であったらしく、『日誌』にもまた『西使日記』中にもしばしば名前が出て来る。箕作阮甫については第六章第3節で述べる。

3 『蕃談』

『蕃談』の成立

謹一郎は海外実見談として漂流者の話を聞くことに興味をもった。海外渡航禁止の日本に居て、生きた西洋知識は漂流者以外からは聞けなかったからである。『日誌』の嘉永元年（一八四八）二月十四日に「漂客《ひょうきゃく》を招き快談す。會者左の如し。越中富山産（の）次郎吉（これが漂客である）、石川和介、山田愛之助、千住大之助、後藤又次郎、五郎川才八、池田太仲。新聞（新しい見聞）山の如し。其中ストームボートに駕したると、サンドウィクス又セツカの風俗等殊《こと》に奇なり。カムシャッカ及オーツカ（オホーツク）の談亦た聞くべし。舟子《かこ》（次郎吉のこと）大に口給《こうきゅう》あり（説明が上手い）。且つ記性（記憶力）頗る深く、言、着々信を据《お》くべし。漂人中錚々《そうそう》なる者か」という記事があり、その後「漂談会」というものを組織して何度か会合し次郎吉の話を聞いた。漂談会は日誌では四回であるが、実際はもっと多かったらしく、次郎吉は謹一郎の所に三十回ほども通ったと言ったそうである。漂談会で得られた知識は、謹一郎が記録し、図も添えて本にしたが、江戸時代には版にはならず写本で流通し、現在幾つかの図書館に『蕃談』または『流蕃通書』として保存されている（『蕃談』は昭和四十年に現代語訳され、室賀信夫、矢守一彦両氏の優れた解説を附して平凡社から出版された）。

『蕃談』は「次郎吉口述、憂天生手録」となっており、憂天生が謹一郎である。最初に謹一郎の序文がある。この中で謹一郎は、次郎吉を、晉の時代に桃源郷に迷い込んで五百年前の秦の時代の遺民たちに会って来た漁夫になぞらえている。序文の冒頭では、その平和で長閑な桃源郷の事を漁夫から聞いた時、晉人は驚いて半信半疑の態であったと言い、序文の末尾に至って立場を変えて、桃源郷の人々が漁夫から秦以後五百年の興亡を聞いたときの驚きは晉人の驚きに勝るものがあったろうと論じている。そして海外の治乱興亡が遠からず太平安逸の日本に押し寄せることを予感していた謹一郎は、次郎吉の話を聞いた弘化嘉永の日本人の驚きは、晉人のそれではなくむしろ桃源郷の人々のそれである、と結んでいる。

『蕃談』の内容

「漂談会」開催の十年前、天保九年（一八三八）十一月に次郎吉らの一行は長者丸という船で富山を出港したが奥州沖で遭難、漂流し、十年三月に米国捕鯨船に救助された。その後ハワイ（サンドウィクス）島に暮らして、そこでロシア船に乗せてもらい、カムチャッカ半島のペトロパヴロフスク、次にオホーツク、最後に当時はまだロシア領だったアラスカのシトカ（謹一郎の言うセッカ）を転々として天保十四年に五年ぶりに帰国することができた。この間彼らは、辺境の地とはいえアメリカやロシアの四カ所でその風物、文明、生活に触れた。『蕃談』はその間の見聞記である。次郎吉は頭の良い男だったと見えて、その記憶力と説明の才能で『蕃談』を興味深いものにしている。

しかし『蕃談』を面白くしているのは聞き手謹一郎の卓越した能力にもある。本の構成は、巻一に「流寓帰来略述」と「経歴地方図説」および謹一郎の「聞話詩」があり、巻二に、天地、人物、習俗、政教、武備、屋宇、服裳、飲膳、遊嬉、生類、器財、巻三に舟楫《しゅうしゅう》、技巧に分けて整然と配列されており色刷りの絵を添えて説明が附されている。謹一郎の著作ではないので全体の紹介はしないが、ほんの数例をあげると、習俗の部ではハワイやシトカの土人の服装や髪の結い方、及びロシアの結婚式の様子など、屋宇の部ではロシアのペチカや、ハワイの風車利用の汲み上げ井戸など、飲膳の部ではハワイの製糖場の様子やタロ芋の食べ方、ロシア人の豚の料理法などが書かれており、舟楫の部では船の構造や修理法、航海術或いは蒸気機関の構造などができる限りの正確さで説明されている。食べ物、産物、社会制度、工学技術とあらゆる方面に興味をもった謹一郎の知識欲が次郎吉の記憶を呼び覚ましたと言えるのではないだろうか。

謹一郎の興味の焦点

巻三の後半に襍載《しゅうさい》（雑録のこと）の部があり、ここには次郎吉の話の中で謹一郎が興味をもった外国事情や外国人から見た日本観が記されているので、十項ほど引用する。

○「英語が国際語で、我国に於ける江戸方言のようである」。

○「イギリスは伊勢湾から三百里の所にある島に兵士四、五十人を置いている。米人も居住する。追々日本に迫る勢がある。また日本の南方二百里に二つ島がある。日本が取らなければ西洋人に取られるだろう」。

前者について謹一郎は疑うべしと書いている。室賀氏らによるとこれは小笠原諸島で、後者の二つの島は中ノ鳥島と呼ばれた島で現在の海図にはないそうである（筆者註、沖ノ鳥島ではなかろうか）。天保元年にはハワイ在住の欧米人五人とカナカ土人二十五人が小笠原島に植民し、天保八年にはイギリスは小笠原島の占領を考え、ローレイ号を派遣した。「兵士四、五十人」は次郎吉の間違いであるが小笠原が日本を含めた各国の注意を引いていたのは事実であった。結局小笠原は、水野忠徳らの努力によって文久年間に日本領が確定した。

○「西洋人（ロシア人）は荒蕪地を開墾し、土人を教導するのに費用を惜しまない。悠久の計を重んじ、目前の小損は顧みない」。

この論、破的に属す（急所に当る）、と謹一郎は感心した。

○「日本人は好んで外国人を威嚇したがる。我々（次郎吉ら）がロシア船で護送されてエトロフの日本営所に近づいた時、営所の兵士がロシア船にやってきて、出された食事を食べ終ると突然刀を抜いて船長の面前に呈した。これはその剣の犀利《さいり》を誇り、武威を示した積りであろう。…（中略）…自分（次郎吉）には、兵士が、日本人を送って来てくれた船長に対し謝意も表せず、薪水も問わず、軽薄で無礼な態度を取る理由が分らない」。

○「あるロシア人が言うには、津軽海峡で砲を打ちかけられたのでボートで上陸し砲台に登ったところ、守備兵は皆逃げた。砲を検したら、それは木材に銅色を塗ったものだった」。

右の二項は文政八年（一八二五）の外国船打払い令の馬脚を露呈した証言である。全部がこの通りだった訳ではないが、ある程度真実をついていた。次郎吉は一介の船乗りであるが、常識があった。

攘夷を口にしたのは公家、武士階級や知識階級であったが、彼等の多くは現場の状態を知らなかったし、知る気もなかったのであろう。謹一郎はこれらの事を知っていたとみえ、日本の防備の手薄さや「我邦俗士の陋習」を嘆じている。

○「カムサッカで、土人が米俵を運ぶのを見て、その拙劣さに技癢《きよう》（自分の技を試したい気分）を覚え、十六貫（60kg）の俵を二箇、三箇を担いでみせたら、皆ひどく驚いた。またロシア人と相撲を取ると彼等は大きいばかりで技がないから、左右に投げると易々《やすやす》と勝てる。夷等、喝采して褒めてくれた」。

○「エゲレスのロンドン港に毎日出入りする巨船は四、五千艘なり」。

○「米利堅《めりけん》人曰く、我数十年来日本に貿易を求むれどもならず。今度は強請して志を遂げんと思う。汝（次郎吉のこと）その時は協力してくれ」。また曰く「その時は、漆器をもって来てくれ。外蕃人は日本の漆器を大いに珍重する」。

次郎吉の話は時に誤りはあるものの貴重な情報を与えた。謹一郎はこれらの話を聞いて、西洋人にも普通の人情があること、日本人が道徳的に特に優れている訳ではないことを感じ取っているようである。巻一の「流寓帰来略述」を読んでもアメリカ人やロシア人が親切であることが繰り返し書かれている。このように次郎吉の話は、書物からの知識とは違った実際的な外国知識を謹一郎に与えた。

蕃談巻三には付録のような形で「合衆国誌」がついていて「戊申《ぼしん》（嘉永元年）六月旬八、谷生読、増録焉」となっている。これは前節で述べた『ニューヱン』のアメリカ部で、谷生は杉谷であろう。「合衆国誌」はアメリカ合衆国の概要を日本語三千字ほどにまとめたものであるが、この小論の力点は合衆国の社会および政治形態の説明に置かれている。以下、九州大学所蔵の写本からその一部を現代語訳する。

「現在の政体は、各州の自治で、その上官はコーフルチメント（州知事）である。本州（全国の意）一般の大事たる軍旅、議和、使聘《しへい》、貿易、出師《すいし》、租賦、鋳貨のことには諸州からテード（評議官、すなわち上院議員）を二名、ラード（地方官、下院議員）若干名を出してコングレス（議会）で審議する。これら議員は、衆人の一斉に保挙（選挙）する者を命ず。評議官の任期は七年、地方官は二年。令甲《れいこう》（法案）は地方官が編して、評議官と相談し、これを人民に施すにはコングレスの盟主（上下院の議長）に直属した評議員がこれを料理する。フレシデント（大統領）は水陸両師を統べ、完成した法令を施行させる。フレシデントの直属にミニステレス（各長官）がいて、数多の案件を管理する。副大統領は已むを得ざる時は大統領に代って事を処理する。大会議廳はワスヒングトン（ワシントン）にあり、これが建国の根基である。

訴訟は凡そ、諸州にて一次聴過（下級審）し、上監はワシントンにある。この聞官（司法官）は政官とは別にして相交渉せず。重罪犯も死刑にする事は少ない。教法（教育と宗教のどちらを指すか不明）の盛んなることと政令の均一（法の下の平等）な事が合衆国勃興の原因である。司法官などは朋党を結ぶ事を禁じられている。

国民の信が厚いものは高官に抜擢され、出身の崇卑を問わない。また貴官に上った者も就任期間が終れば故郷に帰って老を養う。ネグルス産の厮養《しよう》（黒人奴隷）はヒルギニー、カロリナ（ヴァージニアとカロライナ）地方のどの家にも居るが、終身その家で面倒を見る」。

以上、やや意を迎えて読んだところもあるが、読みの誤りはないと思う。この小文は奴隷問題などアメリカの短所を回避した部分も見えるが、大体正しい解説であろう。

「合衆国誌」は、嘉永元年の日本でも洋学の教養がある人士は、アメリカ合衆国の政体について右の程度の知識があったことを我々に教えてくれる。その頃の日本人にとって三権分立、選挙、立法および行政官の規則的交代などの政治のやり方の具体的な理解は困難だったかもしれないが、それでもこれらの知識は外国交渉の際に有用であっただろう。

4　交流した人物と海賊版事件

お殿様と洋学の若者たち

謹一郎は儒者たちとの付き合いもあったが、それらは多く父侗庵の関係者であったからここでは省き、まずお殿様のことから述べよう。謹一郎は儒者として大名家にも出入りし、宇和島侯（伊達）、蓮池侯《はすのいけ》（鍋島の支藩）とは正式な師弟関係があり、米沢侯（上杉）とも父の代以来の関係があったが、嘉永元年六月および安政元年四月には宇和島邸で、島津斉彬《なりあきら》と会話した。嘉永元年には斉彬はまだ世子《せいし》であるが、謹一郎は「大いに防海の策を話」し、安政には「琉談及び唐山談」を聞いた。斉彬、伊達宗城《むねなり》、謹一郎は皆、海外事情に明るかったから、沿海の防備や琉球での西洋或いは清国との密貿易の話が出たかもしれない。後に佐賀侯鍋島閑叟と閑談した後、謹一郎は「当今の王公大人中、肥薩両公の外、談ずるに足る者在る無し」という感想を記している。

洋学関係者では、嘉永二年三月には菊池増蔵、後の箕作秋坪が、浪華の緒方洪庵の所に遊学のつもりというので叙別に来、翌年六月に江戸に戻ったと言って挨拶に来ている。秋坪は箕作阮甫の養子で幕府に仕え、明治には教育者として立ち、明六社の社員として日本の代表的知識人となった。秋坪の次男で菊池家を継いだのが、後の東大総長菊池大麓である。嘉永三年四月には仙台藩医員小野寺玄適(丹元)が長崎の帰りに立ち寄った。玄適は『露西亜志(露西亜国史)』の著者で、謹一郎は二年前にこの本を読んでいた。嘉永三年五月と安政元年二月に武田斐三郎《あやさぶろう》が来たことが記されている。武田は緒方洪庵や伊東玄朴に学び、安政以後は幕府の技術官僚として函館で五稜郭の建設などに尽力した。嘉永四年二月に松木弘安が入塾した。松木は明治時代の外務卿寺島宗則である。彼は戸塚静海に蘭学を三年ほど習った後、昌平黌に入学したようである。嘉永五年九月には高畠五郎、嘉永六年五月には津田真一郎、後の真道が来見している。高畠は謹一郎の長崎祗役にも同行し、明治以後も交際が続いた。津田は箕作阮甫の高弟で、後に西周らとオランダに留学し、我が国に西洋哲学や政治学を導入した先達である。津田は明治以後も明六社社員、東京学士院創設委員として活躍している。以上のうち、菊池、小野寺、武田、松木、高畠、津田は後年、蕃書調所の教官になった。

嘉永四年三月十日の項に「久貝《くがい》傳太の迹、岩瀬修理《しゅり》に仕度《した》しの相談あり。予は別に定見なき故首肯《しゅこう》す」とある。これは昌平黌教授の席である。この時岩瀬忠震《ただなり》(修理)は甲府徽典館《きてんかん》学頭(幕府直轄の学校の一つ)から、久貝の後任教授として呼び戻されたのである。岩瀬は謹一郎より三歳年少で、安政期に日本の開国を積極的に押し進めた人物であり、幕末外交史上最も輝かしい存在である。彼は安政元年に老中阿部正弘によって目付に抜擢され、安政四、五年には老中堀田正睦の下で井上清直(川路聖謨の弟)とともにハリスと談判して日米通商條約をまとめ、所謂「独断調印」を行った。その前後、将軍継嗣問題で一橋慶喜側に立って積極的に運動したために井伊直弼から憎まれ、安政の大獄に連座し失意のうちに死んだ。彼は目付であったから蕃書調所設立に関連して第六章にも登場する。

岩瀬忠震

書生寮の門人たち

謹一郎には地方の藩の秀才で入門を乞うものが多かった。昌平黌の書生寮に入るためには儒員の門人になる必要があったからである。嘉永元年八月には薩摩の重野厚之丞が入門入寮した。後の東京帝大の歴史学教授重野安繹《やすつぐ》である。武蔵坊弁慶や児島高徳など日本史上の著名な人物を、存在証拠に乏しいとして次々に抹殺したので「抹殺博士」と呼ばれた。重野は秀才で人望もあったので、詩文掛や書生寮舎長など昌平黌の塾生の頭になった。嘉永元年十一月には会津の南摩三郎が入塾した。後に帝大(東大)や東京師範の教授となった南摩羽峰で、彼も後に詩文掛りになっている。南摩はその後、北海道の会津領紋別付近の代官として五年ほど北地で苦労したが、明治には漢学の耆宿《きしゆく》として重んじられた。嘉永二年三月には京都の頼又次郎が入門入寮している。山陽の子で、安政の大獄に連座して死んだ三樹三郎の兄である。石川和介の言によれば「又次郎は（山陽の）諸子中にては謹慎（まじめ）」だったそうである。又次郎は後の支峯で彼も帝大教授となった。同月に会津の秋月悌次郎が再入寮した。後の韋軒で、彼も詩文掛や舎長を勤め、文久、元治には京都守護職となった会津藩主松平容保《かたもり》に従って、白刃の下を潜り、戊辰戦争の際には会津藩の精神的支柱として主家存続のため挺身した。他に岡啓輔（鹿門《ろくもん》）が安政元年九月に詩文掛になったり、安政二年十二月に川田八之助（甕江《おうこう》）が儒員となった記事もある。岡は仙台藩出身で尊王攘夷家として知られ、明治になってから『尊攘記事』を書いた。彼は、同じく昌平黌の学生で、所謂大和義挙で死んだ松本奎堂《けいどう》と親善であった。謹一郎が昌平黌から蕃書調所に遷る頃から、幕府の学校である昌平黌の書生寮には、岡や松本のような反幕府の学生が多くなったのである。昭和中期に、日本の資本主義社会を「粉砕」しようとした三派系学生が、国立大学に居たようなものである。川田甕江については、第九章第7節に書く。

嘉永五年八月に「川島説次郎同藩河井継之助携来。拙堂紹介を頼む」という記事がある。川島については知る所がない。拙堂は斉藤拙堂だろうか。河井が長岡藩の参謀として戊辰戦争で善戦して死んだことは周知の事である。彼は翌年正月に入塾している。重野、秋月、川田、松本、河井などは、ペリー来航以来十五年間の幕末動乱の際に、時勢の成り行きで敵味方となり、死んだり、非常な苦労を忍んだりしたが、嘉永前期にはともに書生寮に同宿した仲であった。

江戸時代の海賊版事件

祖父精里や父侗庵に関する記事も少しあるが、面白いのは無断出版に関する件で、江戸時代の海賊版事件である。嘉永五年十月に、長州留守居三井善右衛門なる人物が来て、次のように申し述べたという記事がある。「御先代（侗庵のこと）の御著述『海防臆測』と申す書を、（毛利家）家来山田亦介と申す者、活字版摺立《すりた》て候由、安積祐助（艮齋《ごんさい》）様より御内咄（内話）の趣、（毛利藩主が）委細承知致され、早速取調べ申付られ候処、相違これ無きに付き、右摺立之物取り上げ、焼き捨て申付けられ、猶、亦介身柄《みがら》、咎め方をも申付られ候。…（中略）…何分前段の處の亦介所行《しょぎょう》、不届きの至、御気毒千萬に候と存じられ候。右の挨拶、使者を以って申述られ候。松平大膳太夫使者留守居三井善右衛門」。『海防臆測』はこの時代の名著であったからこのような事も起ったのであろう。なお、山田亦介はこの時御咎めを蒙ったが、この十年後、文久二年（一八六二）の寺田屋事件の時には、薩摩藩急進派と同調した久坂玄瑞の仲間として歴史上に現れ、結局元治元年（一八六四）の禁門の変後、長州藩に武闘派と恭順派の内訌《ないこう》が起った際、恭順派によって殺された。

5　昌平坂学問所の公務

昌平黌の人々

以上、洋学を中心に嘉永年間の謹一郎の日記の内容を紹介したが、謹一郎の本務は昌平黌の儒官であるから、そのことについても簡単に触れておく。昌平黌の歴史、経営などについてはその方面の解説書に譲り、この節では教官と生徒と講義のことのみに止める。

嘉永の終り頃（一八五〇頃）の儒者は、佐藤捨藏（一齋）、杉原平助（心齋）、松崎満太郎（懐松）、安積祐助（艮齋）、林煒（復齋）および謹一郎で、これに十名程度の教授がいたようである。学問所の学生には四種あり、その一は町人も含めた一般人、第二は通学の直参《じきさん》（旗本や御家人）、第三は寄宿寮に入寮する直参、最後は各藩から選抜され書生寮に下宿する陪臣或いは浪人であった。書生寮の学生の多くは俊才で、既に学が成った三十歳位の人が多く、前節に述べた重野、秋月らがそうである。また幕末には寄宿寮からも幕府を背負って立つ人々が輩出した。年配者では、水野忠徳、栗本鋤雲、堀利《とし》熙《ひろ》、岩瀬忠震《ただなり》、永井尚志《なおむね》、少し若い所では田邊太一、矢田堀景藏、向山黄村、山口泉處、伊澤謹吾、中村正直などである。寄宿寮と書生寮には定員があって、いずれも五十名を越えなかった。

おざなりの講義

昌平黌の講義は次のようなものであった。先ず一般人に対しては仰高門日講《ぎょうこうもんにっこう》があった。これは毎日午前中に行われ、誰でも聞くことができ、下の方の教授が、四書（大学、中庸、論語、孟子）を講釈した。この出席者は多かったという。次に、通学生と寄宿生を合わせて直参の者のための講義は「表の講釈」や「稽古所」というものがあって、これも四書五経が三日に一度位（例えば三、六、九の日という具合）の割合で行われた。通学生は勤番（大番や書院番）或いは小普請《こぶしん》（非職の者）から選んで義務的に出席させたというから、江戸時代でも学問が好きで積極的に聴講に来るものは少なかったことが判る。この講義は差し支えない限り儒者が行ったらしいから、謹一郎も十日に一度位この講釈をしたのではなかろうか。また書生寮の学生に対しても同様の講義があった。他に月末に詩文会などがあったから、謹一郎を含む儒官連は一カ月に五、六回ほど二時間の講義や詩文演習を行ったと考えられる。現在の旧帝大の教官と似たようなものである。

以上のような講義だけでは勉強にならないことは明らかで、その上、南摩羽峰の思い出によれば、佐藤、古賀両先生の自宅で毎月の講義がある時には書生寮の生徒は残らず聴講せねばならなかったが、「書生が出席することは出席しますけれ共、熱心に先生の説を聞いて修業をするなどというような人々は、誠に少いことで坐眠などをして居たり話をして居たりする位のもので、ホンの形式に止った位のものであります」というから、講義がおざなりのものであったことは疑いない。学生は教官を頼らず、互いに切磋琢磨したそうである。なお、書生寮は慶応元年（一八六五）に廃止された。ある藩の学生たちは学問のためではなく、京都の同志と気脈を通じて幕府の機密を探索するために書生寮に入寮していると幕閣が判断したからだという。幕末の騒然とした中、そして漢学が洋学に取って変わられる中、昌平黌はその使命を終えたのである。

現在の湯島の聖堂

以上のように弘化の終りから嘉永六年半ばまで、謹一郎は昌平黌の儒官として読書と教育の平穏な日々を送って来た。しかし謹一郎も薄々予感していたように、この静けさは、嘉永六年六月にアメリカ使節ペリーが浦賀に闖入《ちんにゅう》した時をもって終りを告げ、この後、日本および徳川幕府の歴史は急旋回し、謹一郎の公的生活もこの嵐に巻き込まれて激変した。嘉永六年十月末には対露交渉のため長崎に赴き、翌年末にも下田に出張した。江戸にいる時も、外交関係の上書執筆や、洋学所取り立てのための相談及び実務に忙しく、安政二年からはいよいよ本格的に蕃書調所の創設に携ることになった。

第三章　長崎出張

1　ペリーとプチャーチンの来航

攘夷か開国か

嘉永六年（一八五三）六月四日のペリー艦隊の浦賀入港は日本中に大騒ぎをひき起こしたが、この時幕府は、一応国書を受取り日本側の回答は来年ということで時間を稼ぎ、その後これまでの慣例を破って、今後の外交政策について大名、有司（職にある幕臣）、その他一般有志の意見を徴した。しかしこのような民主的態度をとってはみたが、結局高島秋帆のもの以外一つとして眼を驚かすような建白は出なかった。多くは水戸斉昭流の打払い、他は今戦っては勝ち目がないからしばらく和親を許し、海防の用意が整ったら鎖国攘夷という生温いもので、後の開国者の錚々《そうそう》たる島津斉彬、横井小楠の如きもこの両者を出ていない。ちなみに、ペリーが齎《もたら》したアメリカ大統領の書簡は難船救助、食糧と石炭の供給、貿易を要求していたが、貿易は試みに五年か十年を限って行ってもよいという穏当なもので、特に無礼なことはなかったのである。ただペリーが江戸の内海にまで闖入し、砲艦をもって国書の受け取りを強要したことが攘夷熱に火をつけたのであるが、こうしなければ日本はまじめに開国を考えなかったろうから、ペリーの身になってみれば正しい選択であったともいえる。

謹一郎もこの時幕府の諮問に対して建言を行ったが、この建言の全文は伝えられておらず、その概略が『嘉永明治年間録』に残されているだけである。その梗概を平たく言えば、「ペリーが来年来る前に、こちらから『わが国は今、家定公が将軍職を継いだばかりであるから、貴国（アメリカ）が要求した開国の事については、各藩と慎重に協議しなければ結論は出せない。それには数年かかるからそれまで待ってくれ』と言ってやって急場を凌ぎ、その間に大船を製造してこちらから諸外国へ貿易に出かけ、国益を得る位の意気込みを示すべきだ」というものである。この上書の抜き書きは非常に省略されているが、それでも我々はこの文章から謹一郎は、日本に外国人が来るだけというような一方的な開国を好まず、相手がやって来るならこちらからも出て行くという平等の立場を貫こうとした気持ちを読み取ることができる。しかしこのような考えは、その時代の日本人の考えの全く逆であったからこの上書が省みられる筈もなかった。

ペリー来航によって海外事情探索は幕府のみならず各藩の重要案件となり、洋学には突然日が当りだした。嘉永六年八月二十五日には原任藏を介して水戸藩の藤田虎之介（東湖）が会談を申込み、翌々日謹一郎は東湖と会見した。任藏は後に徳川慶喜の懐刀として京都で活躍し、慶應三年（一八六七）八月に攘夷派の幕臣によって殺された原市之進である。原は水戸藩の俊秀でこの時謹一郎に入門していたが、この頃は急進的攘夷派だった。東湖の主君水戸斉昭はペリー来航直後の七月に海防掛参与のような役になっていたから、その相談役の東湖は、斉昭を補助するため密かに沿岸防御の話を謹一郎から聞こうとしたのである。

江戸で交渉すべし

ペリーが去って間もなく嘉永六年七月にはプチャーチンがパルラダ号他三隻で長崎に来航し、九月になってようやくロシア書翰二部と国書一部が江戸に進達された。プチャーチンはその書簡の中で、自ら江戸に上り老中と直接面談したいと求めていた。謹一郎は安積艮斎とともにこれに対する返書（日本国書）の起草を命じられたが、日本側の意志決定がなされていないので何度も改稿しなければならなかった。「初夏の間亜船四只（隻《き》）浦賀に碇し、大いに猖獗《しょうけつ》の態を露《あらわ》し、今や又崎警《きけい》（長崎からの警報）有り。人心洶々《きょうきょう》、禍、旦夕《たんせき》に迫るが如し」と謹一郎は『西使日記』に書いている。

プチャーチンの江戸上府の要求を知った謹一郎は国書とは別に、十月はじめ幕閣に対して「ロシア使節江都へ被召寄《めしよせられ》候儀申立の書面」を提出した。この上書も残っていないが、『西使日記』によれば謹一郎は、「夷人たちの心底を料るのは難しいが、それに合わせてわが国の方が狼狽し彼等の軽蔑を招くようなことがあれば、それによる禍いはかえって大きい。夷人たちは憎むべきものだが、こちらの処置が正しければ彼等も無名の戦争を開くことはできないはずである。今回の使節はロシア帝国の重臣であるから、こちらも礼儀正しくプチャーチンを江戸に招き会見しても日本の面目を潰すことにはならない」と結論し、上書したのであった。この意見書は、謹一郎本人が「語、多く過激、進言の態を失う」と書いているほどだから思い切ったものだったと思われ、使節召見以外にも沿岸や山岳の測量のこと、および外人の内地見物の許可などに及んでいたようである。現在なら全権大使と首都で交渉するのは当然で、こう考えない人がいる方が不思議だが、その時代はそう考える人の方が不思議がられたのである。だからこのような破天荒な政策は行われるべくもなかった。

日露交渉応接掛

さてペリーと違って、プチャーチンの場合は幕府も交渉をしない訳にはいかなかった。その理由はロシアとの過去の経緯にあった。ロシアの東方進出によって、樺太や千島で日露の国境が接するようになった十八世紀末から両国間には摩擦が生じ始め、十九世紀に入ると国使レザノフが長崎に来たり、択捉島が略奪にあったり、ゴローウィンと高田屋嘉兵衛の事件があったりした。これらについては多くの歴史書に書かれているので省略するが、プチャーチンが来た十九世紀半ばには、ロシア船救助のような人道問題のほか、交易と国境画定という二つの問題が早急な解決を迫っていたのである。海外事情に暗い日本側は、鎖国を貫き、国境はできるだけ遠くに置くという漠然とした望みをもっていた程度だったが、西欧諸国の膨張はそんなボンヤリしたことで止めることはできなくなりつつあった。そこで老中阿部正弘は今回の交渉に当って、老齢ではあるが見識のある大目付格の筒井政憲を首席とし、当時の幕臣中の切れ者、勘定奉行川路聖謨《としあきら》を交渉役として長崎に派遣した。そして謹一郎も儒官として応接使の一人に選ばれたのである。ロシア使節を江戸に呼ぶべしという奇想天外な上書をして処罰を受ける覚悟までしていた謹一郎を抜擢したところに阿部正弘の先見性が現れている。この嘉永六年には謹一郎は三十八歳になっており、正に血気剛なる時であった。

2 『西使日記』の前文

この時の日露交渉について書かれた本は多い。交渉の外交的な面は、『近世日本国民史』中の「ペルリ来航およびその当時」以下が詳しい。日露交渉のみならず開国初期の日本を面白く簡潔に描写したものとしては芳賀徹氏の『明治維新と日本人』がよい。また、日本側応接の記録としては『長崎日記・下田日記』（原著者は川路聖謨）に詳細な注と参考文献が挙げられている。ロシア側からみたものとして『日本渡航記』があり、ユーモアに富んだ筆致で初見の国日本を描写している。本書は、日露交渉の経緯の研究ではなく、謹一郎の人間像を明らかにすることを目的としているので、以下では謹一郎の漢文日記『西使日記』中の興味のある部分を解説し、必要に応じて他の文献を引用する。

書冊、果為何用耶

『西使日記』は嘉永六年十月三十日に江戸を発って、翌年二月二十三日に江戸に戻るまでの道中と長崎滞在間のことを記録した漢文日記であり、幕府に提出する公式文書ではないので謹一郎の自由な考えが述べられている。文頭に謹一郎の自題がある。赤帝後人《せきていこうじん》自題となっているが、古賀氏は漢の高祖の後胤という言い伝えなので、謹一郎はこの号を用いたのだろう。高祖劉邦は赤帝子と呼ばれるからである。この自題は面白いものである。

劉項《りゅうこう》元来書を読まず。皐夔稷契《こうきしょくせつ》読む所は何の書ぞ。聖賢豪傑皆読まず。則ち書册なるものは果して何の用をか為《な》す。予怪《あや》しむ、鳥迹《ちょうせき》始めて形して、天、粟《ぞく》を雨ふらし、鬼《き》、夜哭《こく》すてふ（という）ことを。造物者の婆心（老婆心）、蓋《けだ》し過ぎたるなり。今滔々として天下、皆書を読まず。読んで亦解せず。読んで諸《これ》を事業に措く者は一人も無し。是、天下挙げてこれを聖賢豪傑と謂って可ならんか。天、其れ、石を雨ふらし、鬼、昼咲（笑）うか。乃ち、跬《き》歩の行（僅かの歩み）、予、之を録して数万言に至って置かず。亦、愚甚だしからずや。此れ是の冊子、これを溷《こん》（かわや）中に投ぜんのみ。予且《まさ》に鬼と與《とも》に掌《たなごころ》を撫して咲《わら》わんのみ。

劉は劉邦、項は項羽、皐夔稷契は尭舜時代の名臣たちである。鳥迹は文字のことで「天雨粟、鬼夜哭」は、文字が出来たことによって民が詐欺を事とし耕作を勉めず、その結果飢えに至るだろうと、天が悲しんで粟を降らせて救おうとし鬼神も夜哭いたということである（『淮南子』）。謹一郎は、世の人が本を読まないのは英雄豪傑が増えた証拠であるから、天に憐れんでもらうことはないと言って、『西使日記』の無用を笑ったのである。謹一郎は世の無学者を笑うとともに、自らの学問も笑い嘲っている。最早、漢学や文章の時代ではないことを予感していたのではなかろうか。

さて、応接掛になったことで、謹一郎は布衣《ほい》の班（六位以上の官）に上り、官禄百俵を加増された。

十五日に御白書院に召見され、黄金三枚、時服二領、套一を賜った。その後将軍家定に面謁して言葉を賜り、朱印票と五夫三馬を給せられ、十月三十日に出発した。

3　江戸末期の公務出張旅行

謹一郎の随員は、従者九人、人夫六人、合計十六人で、従者は全員謹一郎の塾生であった。彼等の出身地も米沢（二名）、野州、佐倉、小田原、阿波、津和野、蓮池、小城とばらばらであった。彼等にとってこの旅行は、現在の大学院生が研究費で海外学会に出席するようなものであった。自腹を切らずに江戸長崎間の名所旧蹟を歴覧し、碧眼紅毛の人まで見ることができるのだから彼等の喜び知るべしである。

貧乏行列と権威行列

謹一郎は自分の行列が僅か十六名という貧乏旅行であることを強く意識していたとみえ、日記の所々に自嘲、滑稽の感を記録している。例えば膳所《ぜぜ》を過ぎる折の「（他の者たちは名所見物に出かけたので、残った）従史僅かに両名、行李《こうり》蕭然、喝呼《かっこ》（先払い）して過ぐるも甚だ體様《たいよう》を為《な》さず」とか、帰路に広島府内を通過中、「府中の小児女、道に跪《き》して、騶《すう》従（供回り）の薄きを含笑し嘲けらざるはなし、輿内に静聴して幾《ほと》んど笑倒す」のように、謹一郎の行列は誠にお粗末であった。これに比べ、他の三人の応接掛の従者の数はこれに十倍したようである。そのため、筒井、川路、目付の荒尾はそれぞれ約一日ずらして旅行した。そうしないと各宿場で人馬が不足するためである。この三組が街道を下る際、たとえば鴻巣《こうのす》駅（宿）では人夫六百を宿場近郊六、七里からかき集めなければならなかった。いわゆる助郷である。これが三日続くのだから、近郷は大変な迷惑であった。謹一郎はこれについて十八日の日記に「ああ、民を害すること甚だしいものだ。顰蹙《ひんしゅく》しない訳にはいかない」と書いている。官吏の横暴を嫌う謹一郎の気持ちは先払いの奴僕が「下に居ろ」と行人を喝することにも及んだ。次の漢詩の第四句にその気持が詠まれている。

○御風仙骨豈難成　伏瞰晴江身覚軽　可惜風光如畫地　一聲喝道破詩情

（御風仙骨《ぎょふうせんこつ》〔風に乗る仙人〕豈に成り難からん。伏して晴江を瞰《み》れば身、軽きを覚ゆ。可惜《あたら》風光、畫地《かくち》の如き〔繪に描いたよう〕も、一聲の喝道、詩情を破る）

（風に乗って飛び廻る仙人にだってなれないことはない。下の方に明るい川の光を見れば身も軽くなるようだ。しかし、画にかいたようないい景色も、乱暴な怒鳴り声に興がさめてしまった）

官吏が威張ることに対する不快の念や、身分の低いものに対する同情はこの他にも所々に見られる。例えば駕籠《かご》舁きの苦しい労働を謹一郎は憐れんでいる。しかし雲助と呼ばれたくらいだから駕籠舁きもひどいものであった。「扛夫《こうふ》を咏《よ》む」に言う、

○鴃舌爭勞逸　分毫亦悒然　參差無法歩　長短不齊肩

左右頭歧出　疾徐足亂先　當茲寒凍際　弄客擬鞦韆
（鴃舌《げきぜつ》労逸《ろういつ》を争い、分毫《ふんごう》も亦た怫然《ふつぜん》。参差《しんし》、法歩《ほうほ》なく、長短、肩を斉《ひと》しうせず。
左右、頭歧出《きしゅつ》し、疾徐《しつじょ》、足、先を亂す。この寒凍の際に当って、客を弄《ろう》して鞦韆《しゅうせん》に擬《ぎ》す）
（乱暴な言葉遣いで少しでも楽をしようと争い、僅かな寄り道でも不満を言う。
歩き方も不そろいで、前棒と後棒の背の高さも違う。
頭が右に出たり左に出たりし、早く走ったりゆっくり行ったりする。
この寒空の下、客をブランコ（鞦韆）のように揺する）

駕籠舁きが官差（幕府派遣使）に対して特に乱暴だった原因は報酬にあった。個人の客からは脅して暴利を貪ることが出来たが、公式の役人にはそれが効かないので、駕籠舁きは腹立ちまぎれに、殊更乱暴に振舞ったのである。

中山道の風景、難路、揮毫

中山道の旅は謹一郎には初めてであった。彼は山水を愛する心があったので、中山道の凛冽《りんれつ》、雄大な景色を喜んだ。以下に風景描写を幾つか引いてみる。漢文は類型的ではあるが、短い文中に見るように自然を写すことができる。

「秩父連山、迤《ひ》いて屏の如し、冬気清くして皺襞《しゅうへき》いちいち数う可し、芙蓉（富士山）稜角嶄然《ざんぜん》として左に拱し、嶺雪銀芒を束ぬ。浅間《あさま》また満頭白を載せ右に揖し、硫煙一道風に従って東引す」。

塩尻嶺から諏訪湖を望んで、「湖景を反顧すれば、さきの（前に）楕なる者は圓、暗なる者は明、而して芙蓉ますます歴々然たり、全湖眸中《ぼうちゅう》に入り、水光瑩《えい》として（照り輝き）、埒《らち》、鏡を涵す、漁舟粟散《ぞくさん》し、舟路銀針を引く」。

柏原駅を早朝に発って「急に装を束して續発す。月は金盤の如く、霜輝と対射す。地は山隘に居りて風を障り、甚だしくは寒からず。行松整列し、月、松影を篩う。上衣地に落ちて歩に従って動いて已まず、風趣饒《ゆた》かなり」。

最初の「嶺雪束銀芒」、次の「漁舟粟散、舟路引銀針」、最後の「月篩松影」などは片言隻句のうちに眼前の光景を写し出して美しい。

この頃の冬の木曽路の旅の困難さは非常なものだったらしい。特に和田宿から下諏訪宿の間の和田嶺越えは難路だった。「山頂に近づくに及んで雪繽紛《ひんぷん》として大いに下る。従史の後より躋《のぼ》るを反顧すれば、道急にして先ず其の頭を見る、久しくして其の身を見る、穴中より出づるが如し」。従史はこれまで交代で駄馬に乗ったが、この日は険を憚ってみな歩いた。ただ高畠生（後の蕃書調所教授高畠五郎）のみは馬から降りなかった。「諸従、その暴憑《ぼうひょう》（暴虎憑河、無謀な勇気）を戒む、生曰く、人は両足、馬は四足、四は両より安し（四安乎両）と。遂に下らず」。

江戸末期は漢詩の黄金時代であった。詩人以外でも多くの学者や官吏は教養として漢詩を作ることが出来、一般人も彼等の掛軸を喜んだ。そのためちょっとでも名を知られた人は漢詩の揮毫を乞われた。謹一郎もこの旅で大量の揮毫を行っている。十四日、栢原では、夜、人が来て二十六枚に揮毫してくれと頼み、依頼者たちは従史の宿にやって来て「囂々《ごうごう》として促すこと債を討ずるが如し（借金の返済を迫るようである)」といった有様だった。これでは夜もおちおち眠れず疲労がたまるというので、それからは篆字《てんじ》の一行書に決めた。これなら五字か七字で済むから、これで自分も依頼者も一挙両得であると謹一郎は苦笑した。

一例字、破天下有餘

道を急ぐので謹一郎たちは京都に寄らず、追分から淀に出た。幕末の制度では、重要な任務を帯びた使節は、淀から大坂まで必ず舟に乗ることになっていた。その理由は馬鹿馬鹿しいもので、ある時勅使の乗っていた車が大きすぎたため橋が落ちて、勅使が死んでしまうという事件が起ったためである。謹一郎はこのような旧慣墨守を片腹痛く思った。「ああ、これは食物が喉につかえるというので絶食するようなものだ。橋を渡る方が舟に乗るより安全なのは判り切っている」。このように「例」というだけで愚劣なことを繰り返すことを謹一郎は憎んだ。長崎からの帰路で筑豊を通った時、近道があるのに「例」だからというので遠回りをし、後から来た旅人に追い抜かれた。謹一郎は「方今万事皆この弊に坐す、一の『例』字、天下を破って余りあり」と書き留めた。「一例字、破天下有餘」は名言である。徳川時代の保守的体質を痛烈に批判した文字であるが、役人の世界の「例」字は江戸時代に止まらず現在まで根強く残っている。

大坂城を望んだ時の謹一郎の感想は彼の合理主義と西洋技術への傾倒を示して興味深い。謹一郎は言う、浪花城は白壁石甃《せきしゅう》、勢甚だ壮である。「徳に在りて険に在らず」(国の安泰は徳にあって、要害にあるのではない)などというのは陳腐の言で、城は堅固な方が良いに決まっている。しかし現在の大砲をもってすれば、大坂城の城壁などは容易に粉砕できる。流俗の無眼者はこの高壁をもって秀吉公の偉業を称える。だが秀吉公は時勢に明るい英雄である。彼が現在生きていれば、かかる無用の長物を建てることは決してないであろう。「英雄に学ぶもその迹に泥《なず》む勿《なか》れ」。謹一郎の脳裏には、ペリー来航以来、江戸の甲冑や刀剣の値が高騰したことなどが浮かんだのだろう。

事大主義と神仏不信

十一月十九日に西宮を発った一行は山陽道を進んだ。山陽道には巨藩が多く、これらの藩は幕府の嫌疑を恐れたためか、伝統的に官差、すなわち幕府派遣の使節には丁寧を尽し、ある意味では敬して遠ざけた。今回の官差に対しても夜行には毎家点灯し(姫路近郊)、昼行には毎家戸を閉じさせ、人行を禁じ(岡山近郊)、宿場間に茶屋を設けて接待(徳山近郊)したりしている。赤間関(下関)での毛利藩の接待は豪勢なもので、燭は煌々と燃え、肴は山積し、十五、六人の料理人が奉仕した。謹一郎は、自分のようないつも腹を減らしている寒儒が国の使節になると突然の福分を手に入れる、世の中は狂っているのではなかろうかと感じた。官差に対する諂《へつら》いは黒田藩にもあった。帰路、筑前内野駅に宿した時、早く着いたので漢詩でも作ろうと喜んでいると、黒田侯からの贈り物がどっさり届いた。辞退するのだが「例」だからと強要されて半時ほども時間を取られた。旅で疲れている上にこれらの「俗悪枝節」が起きて謹一郎は「苦なる哉」とがっかりしている。金に対し清廉なのは謹一郎の潔癖を証するものであるが、多くの幕府の役人はこのような袖の下で潤っていたのだろう。

謹一郎の神仏不信はこの日記に散見する。多くの儒者と同じく謹一郎も、宗教を政治的な必要悪、即ち愚夫愚婦を統治する道具としてしか見ていなかった。宮島で神主がお祓いをするのを見て「厭うに足る」と感じ、宮島に旅館が多く、祭礼には近郊の遊女が集まり来ることについては、「島は本来神聖な土地なのに、今や酒色淫嬲《いんりょう》の領域となった。怪しからぬことだ」と門前町の繁華を憎んでいる。また太宰府は儒学の祖先とも言うべき菅公の神祠であるから激しい批難はないが、それでも「道真公は徳高く、確かに百代まで拝するに足る。しかし今、僧は賽銭で食べ、門前町は参拝者で儲けている。主客転倒である。敬っているのか、瀆《けが》しているのか判らない。道真公は墓の中で冷笑しているのではないか」という感想を述べている。菅原道真が一般大衆の信仰対象となり、天満宮が猥雑な繁華街と化すのを謹一郎は儒者的潔癖から憎んだのである。しかし現在から見ると、この雑然たる門前町を含んだ形の民衆信仰が道真を不滅のものにしたので、道徳的教学としての儒教では菅公は長い生命を保ち得なかったであろう。

この他にも、安政元年一月二十三日、謹一郎は京都の青蓮院宮《しょうれんいんのみや》が全国の僧を集めて夷狄を遠ざけるため祈禱を行われることを聞いて次のような感想を記している、「豈不近聴神乎、令人気索」（豈に、近づけざることを神に聴かんや、人をして気、索せしむ）。合理的な謹一郎は、現在は神風に頼る時代ではなく、夷狄の侮慢に対抗する道は西洋技術による武備の充実に係っていることを知っていたから、祈禱の事を聞いてその迂闊にウンザリしたのである。科学的にはこれは正しい判断であるが、以後の尊王攘夷運動の際、志士の元気が明治維新を実現させた原動力であったこと、それは青蓮院宮や孝明天皇の憂慮が志士たちに伝染したものであることを思うと、歴史は合理主義的判断のみでは律しきれないという感が深い。

先祖の学恩

九州に近づくほど、父祖の書に会うことが多くなり、また、父や祖父の友人の儒者の迹を見ることも多くなった。姫路で祖父精里の書を見た謹一郎は「予、盥手《かんしゅ》して拝観す。仰慕《ぎょうぼ》の至情に勝《た》えず」と書いている。備中矢掛駅では友人の昌谷希八郎が教授を勤めていた興譲館という学校を往観した。謹一郎は、下僚として宮仕えする自分と、このような山林で生徒に教授するのとは雲泥の差と書いているが、これは本心とは思われない。謹一郎は政治の中枢たる江戸を離れたいとは思わなかったであろう。しかし同時に謹一郎に「これこそが儒者の本分」という気持ちもあったであろう。福山藩神邊《かんなべ》駅で謹一郎は菅茶山《ちゃざん》の旧居を訪れ、祖父精里や叔父穀堂が過訪した所と思い感慨を催した。佐賀は古賀家の旧地なので特に儒者の親類知人が多く、謹一郎の宿舎に従兄弟の古賀元載や叔母婿の池田半九郎、侗庵門下の草場佩川《はいせん》、武富圯南《いなん》、千住西亭《さいてい》、その他謹一郎の門弟も集まって来て、明け方まで酒樽を倒して大いに飲み、談じた。酒が入ったこともあってこの時謹一郎は感動したのであろう、次のような感懐を書している。「ああ、予不肖、先子（侗庵）の学徳の如きは萬に一も纉《つ》ぐ能わず、而して餘慶の延《ひ》く所、至る處、門生故舊の周旋保護を受く、過分、実に甚し、誓って邦家の為に大難を弥縫《びほう》し（日本の困難を軽減し）、少しく先霊（先祖の霊）に答えんのみ」。

十二月九日に謹一郎は漸く長崎に入った。十月晦日に江戸を発程して四十日である。筒井や川路もそうだったが、謹一郎にとってこの交渉は命懸けであった。やや大袈裟にも見えるが、謹一郎の長崎入り前日の五絶、入崎口號（即興の漢詩）にはその緊張した気分が現れている。

○迂腐官雖拙　孤忠心未灰　驕胡何足懼　吾載我頭来
（迂腐《うふ》の官拙といえども、孤忠の心、未だ灰せず。驕胡何ぞ懼《おそ》るるに足らん。吾《われ》、我が頭を載せて来る）
（我は迂闊な腐儒であるが、忠義の心を失ってはいない。驕ったロシア使節など何の懼れることがあろう。いつ死んでもよいと覚悟して来たのだから）

長崎での謹一郎の宿舎は曹洞宗永昌寺で、一人の用達、二人の書記、道案内のための町役人一人および雑役夫六名を給せられた。

4　公的に見た長崎交渉

交渉に当った人びと

長崎交渉でロシア側は全権大使プチャーチン（海軍中将、伯爵）と副官ポシェット（海軍少佐、蘭語通訳も兼ねる）が交渉に当ったが、他に秘書官のゴンチャロフや、漢語翻訳官のゴシケヴィッチが会議に列席した。ゴンチャロフはこの時の経験を綴った『日本渡航記』の作者で、小説家としても名高い。日本側の応接掛は筒井と川路であったが、会議の席上プチャーチンとの交渉に当ったのは主に川路で、すでに七十代の半ばを過ぎた筒井は重みを与えるために列席しているとロシア側は感じていた。会議にはその他に目付の荒尾土佐守も列席した。目付というのは、戦国時代の合戦において、賞罰の対象となる将兵の勇怯を見聞するため総大将から戦

プチャーチン像（『近世日本国民史』日露英蘭條約締結編，民友社，昭和5年より）

場に派遣された監察のことである。この制度は江戸幕府を通して生き続け、このような外国交渉でも応接掛を監視するために目付が派遣されたのである。また長崎奉行の大澤豊後守及び水野忠徳（筑後守）も日本側の協議に参画した。

謹一郎は応接掛の一員ではあるが、位階は最低で、儒官として主に条約漢文のことを鞅掌《おうしょう》した。この時代、外交交渉はすこぶる面倒であった。日露双方はともに相手国の言語に通じないので、会話は双方のオランダ通辞を介して行われたが、条約公文の読み書きは蘭訳と漢訳が用いられた。この漢訳のために儒官が必要だったのである。

稔りのなかった長崎交渉

結論を先にいえば長崎交渉は何の稔りもなかったのだが、交渉に臨んだロシア側と日本側の意図、および交渉の経緯はほぼ次のようであった。プチャーチンはペリーとは違って長崎に入港するという穏やかな態度をとって日本側に好印象を与え、それを梃子《てこ》に領土と通商貿易の二つの問題を決着させて日本開国の先鞭をつけようと目論《もくろ》んでいた。当然のことであるが、プチャーチンはロシアに有利な腹案を用意してきたが、川路らとの長崎交渉の結果、実行可能な案として最終的に次のような提案を行った。一、領土については、千島では択捉島まで、樺太ではアニワ港までを日本領とする、二、通商貿易については、イ、長崎以外大阪、函館を開き、寄港と必需品の購買を認める、ロ、開港場に居留地を置き、そこでの露人の信仰の自由を認める、ハ、大阪、函館に領事を駐在させ、居留民の領事裁判を認める、ニ、ロシアに最恵国待遇を与える、ホ、アヘンの輸入販売を禁止する。

他方、日本側は条約をまとめる気がなかった。外国に対する幕府の政策は伝統的に「事なかれ主義」であり、来なければ幸い、無理強いに開国を迫って来たら、できるだけ時を稼ぎ、相手が来なくなるのを待つというものであった。川路の所謂「ぶらかし」戦術である。結局ペリーの断固たる態度によってこの「ぶらかし」戦術は破綻してしまったが、ペリーの二度の来航の間に行われたこの長崎交渉は、時間稼ぎができる最後の機会だったとも言える。その意味では長崎交渉は日本側に取って成功であり、川路の手腕を示すものと言えるかも知れない。川路は、このような重大事は江戸の将軍、多くの諸侯、また京都の帝と相談しなければならないから、「全ては三、五年の後」でなければ決められないと主張した。こうして嘉永六年末の二十日余りの長崎交渉は、プチャーチンの「応接掛に全権がないならこれ以上の交渉は無用」という宣言で終りを告げ、プチャーチンは再来を期して長崎を去った。

5　開国問題、国境問題

長崎交渉は何の稔りもなかったとはいえ、日本側応接使に問題のありかをはっきりさせることには役立った。談判で先ず問題になったのは日本国書中の文言であった。国書の原文は謹一郎が安積艮斎と共に草したものであるが、その後半の概要は次のようである。「我が国は外国人の貿易来往を禁じて来たが、宇大《うだい》の形勢が変わって世界各国が貿易を行うようになった、そこで我が国としても『古例を取りて今事を律する能《あた》わ』なくなった。近頃アメリカ人が貿易を乞い、以後ますます多くの国も来るだろうが、我が国の産物がそれを賄うに足りるかどうか不明である。その産物の産出高を調べるにも時間がかかり、まして新将軍（家定）が継いだばかりで忙しく、またこのような重大事件は京都（天皇と公家）に奏上して議論しなければならない。だから以後三、五年の後でなければ決答できない」。なお、この頃の日本人が考えていた「開国」とは現在普通に考えられる商売上の貿易ではなく、難破船を救助したり、外国船に食料、石炭など必要物資を「差し遣《つか》わす」という感覚であった。少なくともそういうことになっていた。それが右の文中に「我が国の産物がそれを賄うに足りるかどうか不明」という、現代では意味がよく分からない文言がある理由である。

五大州、何国不可往

この漢文国書の意味は誤解され易い。「古例を取りて今事を律する能わず」というからには、断然祖法を改め、貿易を行うと続くべきである。だから十二月二十日の最初の談判でプチャーチンが応接使たちに、国書にはこう書いてあるのだから開国を決断すべきだ、と迫ったのも無理はない。応接使側は、文意はその後に続く文言と合わせて理解されるべきもので、国書の意は「三、五年の後でなければ決答できない」という所にあると力説した。謹一郎はロシア人が「（漢文の）文義に暗きこと此《かく》の如し」と言いながら、一方では国書は何も言っていないのと同じであることを了解していたと見え、二回目（二十二日）の応接に関して、「『不能』の二字をもって開市を許さず、『待て』の一字で終局せんと欲してもそんな事ができるはずがない、況《いわ》んや国境は決定するが、貿易はウヤムヤと言うのは無理である。夷人は貪婪《どんらん》で狡猾だから待つ所以《ゆえん》があれば待つだろうが、口先だけで籠絡《ろうらく》されるものではない」と書いている。そして最終回（二十七日）には、「露使も同じ事を繰り返すのみだし、こちらも出すものは出してしまって何もない、ちょっとした言葉の行き違いで瑣事にこだわるばかりで、倦んで索漠たるもの」と交渉に退屈している。

ただ謹一郎の識見として興味深いのは、ロシア側が交付した貿易章程を含む覚え書きに関する次のような感想である（安政元年元日の日記）。謹一郎はロシア側の急迫を憎みつつも、「そうは言っても、条約文の内容は別にロシア側の勝手気ままという訳ではない。基本的に欧米諸国の国際法は共通である。ただ、これを我が日本にもそうせよというのは自分たちの定めを押し付けるもので不敬な態度である。しかし翻って考え、我々に進取の気持があれば、この条約文はまた我々の条約の手本になるだろう、『五大州何れの国か往くべからざらん、何れの馬頭（埠頭）か泊すべからざらん、彼既にこれをもって我を要す（強制する）、我またこれをもって彼を要するを得ん、嗚呼、進退の間、勝敗の機はここに寓す』」と思った。「五大州のどこに我々が往くことのできない国があろうか」はペリー来航以来の謹一郎の宿願であり、帝国主義（著者の「帝国主義」と言う言葉には価値判断を含まない。一つの政策用語として用いる）に進む第一歩である。開国を迫られた日本においてすでに謹一郎の眼界はこのような高みに達していた。

交渉のもう一つの問題である千島樺太における国境については日本側は強硬であった。しかし実際のところは、ロシア使節はある程度現地の事に通じていたが、日本側は誰も北方領土について現実的知識をもっておらず、五十年くらい前の約束（ゴローウィンとの了解事項）や西洋世界地図上の国境についての知識があるに過ぎなかった。後に述べるように地図上の知識をもとに日本側は北緯五十度国境を主張したのだが、この地図もロシア人の地図をオランダ人が蘭語訳しそれを箕作、武田などの蘭学者が日本語に重訳したものであった。十二月十五日の日記に「わが北境混朦のみ、ただ洋説（西洋人の説）をもって据となし最も寔（ロシア）撰を推す、矛をもって盾を刺すなり」と書かれているように日本側の根拠はロシア人が作った地図であった、幕府はこれまで北辺についてほとんど考慮して来なかったのである。

我が北境、混朦のみ

まず千島方面についてはプチャーチンが、少し前まで択捉島にはロシア人のみ居住し、その後日本人が来て、現在は混在の形勢と述べたのに対し、川路は、それ以前ゴローウィンの時にウルップ島（択捉のすぐ東の島）をもって国境としたと述べて下らなかった。また一月三日に露艦を訪れて交渉に当った中村為彌（勘定組頭）は、プチャーチンが択捉島は百年前我が領土だったと言ったのに対し、千年前には日本領だったと切り返した。謹一郎は「（詭弁で笑わずに居られないが）曖昧朦朧の中、三寸の舌を以って一大島を護る、妙言い難く、功録すべし」と中村の頓智を賞賛している。要するに現状としてはロシア側の認識が正しかったが、過去を言えば日本側に分があったので、プチャーチンは強いて争わず、一年後の下田条約では択捉は日本領、ウルップはロシア領と決定された。

北緯五十度

これに対し樺太問題は紛糾した。ロシア側は樺太南端のアニワ湾沿いに日本人が二十人ほどいるだけで、樺太の中分点（ほぼ北緯五十度）以南もロシア人が多く居住し石炭山まで開発していると言った。これはロシア側の言い分が正しいので日本側は窮して、「三、五年のうちに決定すべし」と引き延ばしを図ったが、プチャーチンは他国の介入も考えられるし、遅れれば遅れるほどわが国人（ロシア人）が南下定住し、そうなると日本側が不利になると警告し、早急な解決を迫った。そこで応接使たちも「ぶらかし」を続けることの不利を悟って、来春には幕吏を現地に派遣してロシア側と樺太視察を行うことに合意した。この約束だけが長崎交渉の具体的結実である。

謹一郎は樺太国境問題では応接使の中で提議する所があった。嘉永七年（安政元年）一月三日の日記に次のような記述がある。「交渉の初め頃、樺太北境については誰も茫洋たるものであった。自分が北緯五十度説を唱えたら、川路は、我々応接使には国境や貿易の事を議論する権限が与えられていないし、ロシア側も日本側も、また江戸の老中たちも北緯五十度のことなど知りはしない。君一人の言をもって根拠とすることはできない（から、そんなことを言い出すことはできない）、と言った。自分

（謹一郎）はこれに抗論して、足下は屢々《しばしば》「全権」と言っている、今、皇国の版図が狭められようとしている時拱手傍観《きょうしゅぼうかん》していたら全権の責任はどこにあろうか、且つ五十度説は全世界の公論である、もし信じられないと言うなら、世界地図上で示してみせる。況んや、北緯五十度というのは大体の位置で現場での国境はまた別問題だから（五十度のことを言い出しても構わない）、と述べた。そして長崎奉行水野筑後守を通してオランダ商館から世界地図数葉を借り、皆でこれを検討した所、幾分の不同はあったが、どの地図でも北緯四十九度以南に国境線が引いてあるものはなかったので、衆もほぼ信用した」。これが第二回の談判で川路が北緯五十度を言い出した根拠である。

地図を見て樺太に自然の国境を引くとすれば、それは北緯四十八度付近の地峡になっている部分かと思われる。安政元年夏に堀織部正《おりべのかみ》、村垣與三郎《よさぶろう》が実地見聞をして「トツソコタンウトルは天然の国界」と報告したのはこの付近ではなかろうか。文久二年（一八六二）の松平岩見守とイグナチーフとの交渉でも、この付近に国境を立てることでほとんど合意しかけたという。しかし、結局この時も日本側が北緯五十度に固執したので交渉はまとまらなかった。これが幸いして日露戦争の勝利によって北緯五十度以南の樺太半分が手に入ったのである。そうしてみると謹一郎の外国知識が北緯四十八度と五十度間の広大な土地を手に入れたと言えないこともない。

但しこの五十度説は、箕作阮甫の『西征紀行』に、阮甫が川路に対してこの説を述べたことが書かれているし、森山栄之助が最初に川路に言ったという話もあるから、謹一郎一人の功績とは言えず、蘭学をした人々の共通認識だったのかもしれない。

6　異文化交流現場における謹一郎

長崎交渉の公的側面は以上のようにとりたてていうほどのこともなかったのだが、何といっても我が国の本格的外交の嚆矢《こうし》であり、また謹一郎にとっては初めての外国体験なのでこの出張は得る所が多かった。次に、謹一郎の目に写った外国人とヨーロッパ文化の印象および長崎という土地独特の文化、すなわち出島とシナ街の見聞記を『西使日記』から抜き出してみる。

使節応対の形式

まず談判開始前に形式上のことで問題があったがロシア側が譲歩して、一回目（十二月十四日）はロシア側が上陸し西御役所で初対面の挨拶、二回目（十七日）は日本側が露艦訪問、三回目（十八日）に西御役所で日本側国書の通達、以後談判ということになった。

一回目の会見は、初めは立礼、その後の食事と対談はロシア側は椅子、日本側は高く設《しつら》えた席に畳をしいて座った形で行われたが、『日本渡航記』は、この形式が決定するまで日本側とロシア側とで面倒な交渉があったことを述べている。川路の『長崎日記』には、延喜式を参考にして椅子にかけて会見することを川路が考え付き謹一郎に質したのに対し、古賀は一向知らずと答えたことが書いてある。川路は続けて「唐学者の詩文の人は今日のことには一向こまるもの也。武士の学文は実用に有りたき事也」と謹一郎の迂闊を評している。川路は謹一郎の洋学を知らず、単なる詩文の人と思ったらしい。一方謹一郎の『西使日記』には、川路に問われた時、「知らざるを以って辞す。然れども古方、豈《あ》に今病に適せんや（古い時代の処方箋が現代の病気に効用があろうか）」と延喜式などを引く川路を批判している。この会話からも謹一郎と川路とはうまが合わなかったことが分かる。日本側の装束についても謹一郎は衣冠（狩衣《かりぎぬ》と冠）して使節に接することを不可としたが、採用されなかった。多分謹一郎はその時代の普通の服装（裃《かみしも》）でよいと思ったのだろう。

ロシア使節団の上陸

謹一郎は初回の対面の時、ロシア使節を西御役所の玄関前に出迎えなければならなかった。「予一揖《いちゆう》、これを堂上に引く、まことにこれ、門を開きて盗に揖する（おじぎをする）もの、覚えず自ら失笑す」と謹一郎は書いている。謹一郎のような開国論者でも、開国は強いられたもので国辱であると感じていたのである。この時の会見において謹一郎はゴンチャロフにすこぶる平凡な印象しか与えていない。川路の敏活さが精彩ある筆致で描かれているのと対照的である。ただこれは、川路はしゃべり、謹一郎はしゃべることができなかったからでもある。ゴンチャロフは言う、「玄関にはこちらの要求によって全権の末席が変な冠物をつけて立っていた。私たちはこの人をよく観察する暇もなかった。彼は先に立って歩き……」、また「四番目は中年の人物で、極くありふれた、シャベルのように無表情な顔をしていた。こんな顔を見ていると、この人は毎日の平凡な事柄以外に、余り他の事は考えないといふことがすぐに読み取れるのである」。ゴンチャロフは誤って読み取ったのである。ただ無表情なことは外国人との交渉には不利であっただろう。

応接使の露艦訪問

二回目の応接はわが方から露艦を訪問するので、日本側では大議論があった。そのままロシア側の捕虜になるとか、船上で戦いになるのではないかと真面目に心配したのである。結局訪問することに決した後、謹一郎でさえ「然れども衆論決す、進ありて退なし、老頭皮（自分の頭のこと）已に断送す、従史輩もみな慨然として死を思う、また壮また烈」と書いているほどである。しかし行ってみればロシア側の歓待は至れり尽せりであった。見るものみな珍しく、謹一郎は艦内の様子を詳しく書き留めている。軍艦という西洋文明の粋を始めて自分の目で確かめた意義は大きかった。ゴンチャロフも日本人が何でも見たがり聞きたがることを書いているが、謹一郎の日記にも「上船する者、通従史百人に近し、絡繹《らくえき》往来、群蟻の九曲珠を穿《うが》つが如し、暗々たる一條路、或いは相撞突（衝突）すれども番（ロシア人）と和（日本人）を辨ずる能わず、面前の奇形異状の諸物、その用その名その質、ともに問うに遑《いとま》あらず」とあるから、その雑踏ぶりや質問の多さが推し量られる。

その後、楽隊に合わせての操練と大砲操作の演習を観覧した。このような船上調練は翌年一月四日にもう一度見ており、その時は張帆と収帆の操作であった。謹一郎はこれらの調練において、動きに無駄がなく、静粛で、熟練している（約静熟）という三点に強い印象を受け、次のように書いている。「これまで船上の操作は日本人水夫で充分やれると聞いていたが、とてもそんなものではない。これは実見して初めて分かることである。船上ではまず帆を操る水夫で、これには縄を使う技と手の力がいる、次に銃をとって兵卒でなければならず、第三に大砲を操作する砲手でなければならず、最後に上官の命令に従う使卒でなければならぬ。一身で四役を兼ねるのは余程の訓練が要る。我が国人の考えるべきことである」。

初めての西洋料理

次いで食事となった。初めての洋食であるので川路も詳しく『長崎日記』に書いているが、謹一郎の記述や感想も面白いので、日記の一部を現代文にしてみる。

「部屋は二間四方、褪紅色の絨緞を敷き、四面は良い板で張ってある。扉には白磁のノブがついている。正面の三つのガラス窓で明かりをとっているが、これは部屋が船の後面なので海に面して窓が明けてあるからである。窓の前にはソファがあり、四つの美しいシートマットが敷いてあった。応接使四人が窓を背にして座ったが、ソファは柔らかく膝が没するほどだった。しかし立ち上がればまた膨らんで元に戻るのである。使節（プチャーチン）、艦長（ウニコフスキー）、通訳（ポシェット）および大腹漢（ゴンチャロフ、腹が出ていたらしい）がそれぞれ（ソファに面した）前の椅子に座った。中村（為彌）もまた腰掛け、通訳二人は床に座って間に居た。我々の前には布を掛けた大テーブルを設え、中村と夷人（ロシア人）は同じテーブルである。人毎に綺麗な白い巾（ナプキン）一、高脚のグラス三、フォーク、スプーン、ナイフ各一、西洋皿一、パン一塊、酢漬けのキウリ一皿、が置いてあった。巾はふいたり、拭ったり、膝にかけたりするために使うのである。盃は緑白色で形は様々、フォーク、スプーン、ナイフは銀流し、フォークとナイフの柄は輝くようなしゃこ貝製で顔が映るほどだった。酒を注ぐ役のロシア人の給仕はプチャーチンの甥だそうで年は十八、書記役として乗船している。主客の盃が満ちると、プチャーチンがまず筒井と盃を挙げ、目を見合わせて名を唱え、二人同時に一口啜った。次いで川路と唱飲し、荒尾、古賀と続いた。同じ事を艦長、通訳、大腹と行った。これは客を敬う時のロシアの礼儀である。先日西役所でロシア人を接待した時、オランダ商館にフォークやスプーンを借りてロシア人に与えたので、今日はロシア側が我々のために象牙の箸を用意してお返しをしてくれた。しかし箸が一長一短だったので、自分は荒尾と一本づつ取り替えて使った。食事の進め方は器が空になれば代え、代えた皿には清潔で新しい料理が載っているのだ。給仕が布をしいた御盆でしょっちゅう代えてくれる。まず、熱い肉のスープ、次いで牛臘、羊飯、牛の蒸し餅、魚のスープ、冷魚料理、油炒めの肉、豌豆、人参など十六、七品出た。ロシア人が言うには日本人は米食に慣れているから料理には御飯をつけました、と。五、六杯も出たが、そんなに食べられるものではない。その米は細く長い大唐米である、また言うには、日本人は魚好きだから努めて魚料理を増やし、肉を減らしました、と。しかし煮方が法に適っていないので、美味しくなかった。要するに過ぎたるはなお及ばざるが如しである（欲巧反拙）」。

　魚料理は味が薄いので露人が塩を薦めてくれたのだが、謹一郎は砂糖と思って沢山振り掛けた。ポシェットが笑って是は塩だと教えてくれて、その上謹一郎が甘い物好きと思って砂糖壺をもって来て薦めるという失敗談もあった。酒はシャンパン、ぶどう酒、茴香酒《ういきょう》が出て、謹一郎は香りが良く甘い茴香酒を最も好んだ。甘いものが少なかったせいであろうか、昔の日本人には甘党が多いようである。この日の日記に「糖は雪白、絶品なり」という記述があるし、森鷗外がパンに砂糖をかけて食べたり、夏目漱石がジャムを舐めたりしている。ゴンチャロフによればその時艦には牛肉が切れていたので、肉はハムと羊肉だった由である。ゴンチャロフは書いている、「彼等は喜んで羊肉を食った。殊に四人目の全権（古賀の事）がそうであった。一皿平らげると彼は手づから給仕に皿を渡した。お代りの合図である。」また「酒は程よく飲んでいた。ただ肥って背の高い四人目の全権は別で、ボカール（茴香酒のこと）を四杯空にした」。ゴンチャロフの脳裏に刻まれた謹一郎の思い出は、肉好きで酒飲みという一点に止まったようだ。

女の話、ロシア人の誤解

この時の卓上会話で、川路は、「異国人はその妻の事を云えば泣いて喜ぶという故に、『左衛門尉（川路自身）の妻は江戸にて一、二を争う美人也、それを置いて来りたるが故か、おりおりおもい出し候。忘るる法はあるまじきや』」と言った。これに対し、プチャーチンも「大いに喜び笑いて、『使節も遠く来り、久しく妻に逢わざること、左衛門尉が如きにあらず、左衛門尉のこころを以って考えくれ候え』」と答えた（『長崎日記』）。また筒井（この時、年は八十少し前である）に前年女の子が生まれたことに関して、双方で話が弾んだ。川路の外交上手を窺うに足る即妙の会話で、謹一郎のような学者にはできない芸当だろう。外交交渉の現場に川路を送ったのは阿部老中に人を見る目があったといえる。ゴンチャロフはこの会話に関して、「(日本人は）あらゆるアジア人と同様に、官能の擒《とりこ》となっていて、その弱点を蔽《かく》そうとも、責め立てようともしないのである」と書いている。川路とゴンチャロフは互いに相手が女の事を言うと喜ぶと思っている。異文化がぶつかりあう時、互いに自分の方が道徳的であったり、勇気があったりするように思いたがるのだろう。

これに関連して、あることをロシア側が誤解する面白い例がある。一月四日の二回目の露艦訪問の際、ロシア側は艦下層の大砲の射撃訓練を見せた。号令や装塡の音とともに微煙が立ちのぼった。応接使たちは、長崎奉行の衛兵がこの煙を見て艦内で戦いが起ったと勘違いし、陸上から露艦を攻撃するのではないかと恐れた。上艦前にそのような場合は攻撃すると約束していたからである。そこで応接使は心配して射撃訓練を中止するように求めた。この事をゴンチャロフは次のように書いている、「実際、四百人の人間が四方の大砲に向かって駆け付け、弾を装塡し、発射（雷管だけ）するのを見ているとと慣れない者は怖ろしくなって来る。砲の轟き、人の足音、ピストンの破裂と爆音、号令の声、それは日本人の眼ならずとも、見る眼に痛いことであった。どうやらこの余興はお客さん方に余りお気に召さなかったらしい。筒井老人は愕《おどろ》きの余り気分を悪くした。で、大急ぎで中止するように命じた（一部省略）」。筒井は音に恐れたのではなく、長崎奉行の攻撃を心配したのである。

ロシアの贅沢品

露艦訪問と直接の関係はないが、ここで双方からの贈り物について一言する。初回に日本応接使からロシア使節に刀飾りや日本刀、漆塗の手文庫や薬籠などの美術工芸品を贈り、謹一郎も文房具一式と色蠟燭を贈った。別れに際しては再び絹織物、漆器、陶磁器、屏風、鍔、人形、文具など大量の品を贈った。幕府からの公的下賜品はプチャーチンに綿（真綿のこと）百把、紅白の綸子廿端などであった。これについてゴンチャロフは「『何をくれました』『綿ですよ』『綿ですって』『そうですよ。絹の綿です。それに絹の織物です』『絹の織物ならいいじゃありま

長崎での拝領物（綿）お渡しの図（『幕末外国関係文書』之三より）

せんか』」という会話を記し、紅白の綸子の織物は立派な家なら窓掛けにも使えないと書いている。その他に日本側からは米、醤油、豚など大量の食料品を与えた。謹一郎は一月六日の日記に、「（夷人は）目前の貨物を以って籠絡《ろうらく》すべきものにあらず」と書き、「夷人も盛餐厚賜《せいさんこうし》は小恩で、互市通信こそ真の恩であると言っている、以後の事もあるのだからこんなに贈り物を多くするべきでない。与えるから図に乗って化粧道具や、髷（鬘）、着物まで要求して来る。不敬な態度である」とロシア側への憤りと日本の対応への批判を書いている。批判は正しいだろうが、ロシア側は買うことができないから要求したのであって、それに対して「不敬」と言うのは当らないだろう。

ロシア側の贈り物も多かった。応接使には飾りのついた大鏡、装飾用ガラス器、寒暖計やカレンダー付きの時計、オルゴール、酒、女物のベールなどで、謹一郎は「銀塗水火爐一具、風帽受盤副」（サモワールだろうか）を貰った。大君（家定将軍）への献上品はもっと立派な鏡や時計、絨緞や花瓶である。謹一郎は「夷人の奢侈贅沢はこれほどである。もし我が国がこれに倣ったら立ちどころに滅亡するだろう。しかるに番（外国）の勢は駸々《しんしん》として日に長じている。その理由を良く考えなければならない」という感想を洩らしている。徳川幕府の改革は天和、亨保、寛政、天保のいずれにおいても常に尚武勤倹を旨として、奢侈を取り締まってきた。奢侈と勤倹が国の力とどういう関係にあるのか、謹一郎は貿易の利について深く考える所があったと思われる。

左袵の郷に入るが如し

謹一郎は、西洋音楽について、マーチは駄目だがピアノは良いと思った。マーチについては「番楽起る、促節（せわしない）にして聲重濁、蠻貊《ばんばく》（夷狄）の音たり。聞くに忍びず」であるが、ピアノは「清越（澄んで高い）を極む、我が俗箏《ぞくそう》（三味線）に過ぐ、聞くべし。番楽（マーチ）の陋に非ざる也」である。謹一郎はまた、皇族の肖像写真の事から及んでロシア皇太子が海軍士官として勤務することを知り、「生まれながらにして貴者なし、ロシアの家法甚だ良し、ならうべし」と書いている。この時代には「人間《じんかん》、何ぞ貴種あらんや」という、身分制度に反抗する気分が徐々に盛り上がって来ていたが、ある意味で合理的だった儒者には、この気分はかえって強かったのかもしれない。

応接使たちは安政元年元日に長祥寺で会議を開き、その席上でロシアの果物を食べたが、その時「衆共に云う、元朝、三百里外の僧寺に在りて公事を会議し、オロシャの果を啗《くら》う。国初以来未曾有の事たり」。実感であったろう。同じ元日の夜にはロシア人から新たに殺した牛の腿肉を贈られた。謹一郎は「従史と会して置酒、牛肉を噉《くら》い、自鳴鐘（オルゴール）を聴く。彷彿《ほうふつ》として左袵《さじん》（左前の着物の着方、中国で言う夷狄の着物）の郷に入るが如し」と書いている。

7　西洋の科学と中国の芸術

露艦が長崎を去った後の安政元年一月中旬に、謹一郎は筒井に従って長崎の防御施設とシナ街および出島のオランダ商館を巡視した。長崎は長崎奉行管轄区域であるから、大目付格とはいえ西丸留守居の筒井や文官の古賀が巡視するのは筋違いであると、奉行の水野忠徳は反対したが、筒井は断然これを拒絶して視察に赴き、謹一郎は水野の異議を認めつつも、「今の時節、文武の区別をする時であろうか」と筒井の決定に従った。

出島のオランダ商館（蘭館）見学

十四日の出島巡視で筒井と謹一郎はいろいろな科学実験や機器を見た。この時代の蘭館の様子や科学知識の水準を知ることができて興味深く、また日本人が西洋科学の見聞を漢文で書いたという珍しいものなので詳しく述べる。

出島の門をくぐると甲必丹《かぴたん》ドンケル・クルチウスが出迎えた。甲必丹の住居に行く途中でまず「没水鉄鐘」を見た。「四隅墊《てん》石、頑重にして無用なり」と謹一郎は書いている。没水鉄鐘は大きい釣鐘状のもので一種の潜水具である。水中作業の合間にその中に入って息を継いだのだろう。これより先十二月に、謹一郎は大澤豊後守から露艦の新式没水鐘の図を示されたが、それはポンプからつながった長い革嚢《かわぶくろ》に口鼻を差し入れて外気を通じる、近代の潜水服に近いもので「蓋《けだ》し新発明なり」と謹一郎は感心した。それに比べると鉄鐘は確かに「頑重にして無用」であった。

次いで甲必丹の住まいに入った。天井の格子や四壁はみな白ペンキ塗りで、一歩毎に風景画やガラス燈が掛っていた。部屋には折り畳みのできる椅子が六七脚あり、部屋は拭ったように綺麗で「座に纖塵《せんじん》を留めず、その華潔、仙境に彷彿《ほうふつ》たり」であった。二人はガラス窓から海を望むことができる風致豊かな南面の一室に通され、お茶のあと、茴香酒など五種類の酒および下物として抹酪蒸餅、鴈肝胡瓜など十二種の食品を供された。「鴈肝」はフォアグラであろうか。

出島と蘭館（下図の蘭館は上図の右手奥の建物であろう）（増田廉吉編『長崎南蛮唐紅毛史蹟』長崎史蹟探究会，昭和２年より）

その後甲必丹クルチウスが挨拶に来たが、その有様は、両手を床につき、足を投げ出した恰好でおじぎをして何かごちゃごちゃと言葉を述べるという気の毒な状態で、謹一郎は「苦悶の状、人をして咲（笑）を生ぜしむ」と書いている。このようにオランダ人は日本において出島に監禁され、日本の礼儀を強要され、一段身分の低いものとして扱われたが、日本貿易はオランダ東インド会社に大きな利益を齎したからオランダ人はこのような待遇に甘んじたのである。これに対してペリーやプチャーチンは対等か、あるいは日本国内で欧米流の国際慣行を強要したという意味で対等以上を要求した。これがオランダ人に慣れていた日本人に「蕃夷驕横《きょうおう》」の印象を与え、攘夷熱を煽《あお》ったのである。

化学実験と地学

謹一郎たちはコーヒー（苦非《こひ》）を飲んだ後、長崎商館在留医師ファン・デン・ブルック（謹一郎は半點墨《はんてんぼく》と書いている）から様々な西洋科学機器を見せてもらった。医師はまず試験管を十数ケ並べて、これに金液を注ぎ、水を加えて希釈し、これに色々な酸を注いで、碧緑白黒などの各色を現し、それらの性質を説明した。化学反応で色々のイオンや沈殿物の色を現出させることは、少なくとも本の上では謹一郎の既に「知れる所」だったが、前日同じものを見た川路は「手づま（手品のこと）遣いのごとし。みな、大いに驚く」と無邪気に驚いている。

北側の窓の下は瓦爾半機（ガルバン機）が備えてあり、これで水素と酸素を分離していた。すなわち電気分解で、粟粒の瓦斯《ガス》が白金針末から簇《むらが》り上っていた。別に、亜鉛片に稀硫酸を注いだ壜《びん》（フラスコ）があり、その口からでた玻璃《はり》（ガラス）管の先の細い穴から水素が出てきていた。これに火をつけると直ちに燃えだした。電気分解のことや亜鉛と硫酸の化学反応で水素が発生することなども謹一郎は知っていたが、この日、医師が別の事をしていると、水素の火がガラス管中を逆流し、管が破裂して飛び散った。見ている皆は驚いて色を失った。医師は「この方法は危険なのです」と言って、アルコールランプを燃やして、ガルバン機のスイッチを焼き切った。これで電気分解機の方でもガスが上らなくなった。「しかし亜鉛入りフラスコの管が爆発したからといって、ガルバン機の稼動を止めることは意味がない」と謹一郎は書いている。ファン・デン・ブルックの気が動転して、フラスコとは無関係な電気分解装置の電源を切ったのか、それとも単に実験を止めるつもりだったのか知るすべはないが、それを眺めて批判した謹一郎の醒めた眼差しが面白い。

なお、瓦爾半機はボルタによって丁度一八〇〇年頃に発明されたガルヴァーニ電池のことである。この電池が十九世紀初頭の化学や物理の発展に巨大な貢献をしたことは科学史上に特筆されている。

医師は次にイギリス版の天文図十数葉を示した。これも謹一郎が知っていた所である。また赤道に沿って地球を横切し、沿邊に出没する山海を図示したものもあった。米里堅《めりけん》と須文那《すぶな》火山が両辺に噴火しているのは理に叶っているが、地球の中に黒い渦巻き模様を描いているのは「妄《もう》甚だし、豈に人の九泉を穿《うが》つ者有らんや」と謹一郎は思った。メリケン、スブナ火山は赤道に近い南米エクアドル付近及びジャワ島東部にある火山である。両者は経度で百八十度位離れているから円の左右両端に描かれていたのである。次の文で謹一郎は、地球に深い穴を掘らない（九泉を穿たない）以上、地球内部のことが分かるはずがないと云うが、この時代すでに内部が溶融状態にあることは想像されていたのではないだろうか。あるいは、黒い渦巻き模様がキリスト教の地獄を象《かたど》ったものと謹一郎には思われたのかもしれない。

電気、電磁石、電信機

次に医師は馬蹄形磁石をとり、鉄砂が撒いてある平板上をくるりと旋回させると板上鉄砂が磁石の端から二三寸つながって墜ちなかった。また銅線と銅の把手からなっている小電機を示した。人に把手を掴ませ、機械を動かすと人の身体が顫動した。急に回転すれば身が緊縮して、手足を解放することができなくなった。これは発電機であり、「常機と異なるなし」と謹一郎は書き、ただ小型で、力が強いと感心している。又、十メートルほどの帆布に電線を縫い付けて、その先端に白金線を連結し、これを、水素封入壜中に差し込んだものを示し、この小壜を水を満たした大壜に没入させた。電線に電気を通じると小壜中の白金針から一瞬紅焔が発し、すぐに消えた。医師は「水雷火に点火すれば敵船を焼くことができる」と言った。電線を繋いで水素中で放電すれば遠隔操作で火炎を発せしめることができ、火薬を壜中に装填しておけば、水雷として使用できるというのだろう。

また「以天平様架、垂銕（一字欠）、仰接方銕、後具二銅線、其一末、両銀板挟亜鉛注稀硝酸中、其

ペリー献納の電信機（謹一郎が長崎で見たものはこれとは違うが似ていただろう）（『幕末外国関係文書』之十四より）

一末空々同入、引力増、能扛二三貫鐵法馬、人極力挽之、不能動、空線出液、便脱力、法馬墜、曰、是電相合者也」（不明な所があるので原文まま）。この記述は電磁石のことである。天平様架が磁石で、それから二本の銅線が出ており、一本を亜鉛―銀電極の金属板に、他方を（末端の）溶液中に入れる（ボルタの電池）と電流が流れ、コイル（天平様架中にあるのだろう）が鉄芯を磁化して二三貫目の分銅（法馬）を持ち上げ、電池から銅線を離せば、分銅が落ちたのだろう。米人ヘンリーが強力電磁石を作成してからこの年一八五四年まで約二十五年であるが、長崎のような欧米から見れば僻遠《へきえん》の地ですでにこのような実験が行われるようになっていた。日本人の自然科学知識が世界の大勢からそれほど遅れなかったのは、シーボルトやファン・デン・ブルックなどのお陰である。

「医師は又、小さい電気線を造っていた。これは『磁閃合力の最神なる者』である。線には来線と往線がある。……（中略）……長崎から江戸まで百分の一秒で達し、普《あまね》く全世界に達するのにも亦一秒とかからない。千里離れたところでも応答面談することができる。アア、異なるかな」。これは有線式モールス信号機のことである。『西使日記』には機械の構造などがもっと詳しく記されているが、その記述からこの機械の原理を完全に理解することはできない。しかし謹一郎ができる限り具体的に機械を観察したことが窺える。この時代、電信機と汽車模型は西洋でも最新の機械であったとみえ、ペリーが安政元年の再渡来した時にもこの両者を贈呈したし、謹一郎たちも汽車模型を露艦で見ている。

医学、常人亦了々たり

南側の窓の下には眼の球膜を酒（アルコール）に浸したものがあった。傍らに一メートルほどに拡大した眼の正面および側面図がありそれぞれ掛け図になっていた。医師は何かを図で説明する毎に、壜を指してこれを実証した。また自分でも色刷りの眼の解剖図を作っており、そのうち三図は、人間では難しいので喜望峰の鳩の目を解剖して新知見を得たものだそうである。「意を用いる事、微なるかな」と謹一郎は医師の学術研究に感服している。又、ファン・デン・ブルックは曲っていたり、平らだったり、あるいは鋏状になっている外科用のメスを示し各々の器具をとって、その使い道を大冊の外科の書物の図を示しながら説明した。複雑なことでも「常人亦了々《りょうりょう》（凡人も一目瞭然）たり」であって、西洋科学の説明が明快なことに謹一郎は感銘を受けた。科学が秘術でなく万人の物になっていることを感じたのである。

最後に医師は、近ごろ日本醸（日本酒）を三鞭（シャンパン）に変える方法を見つけたと言って、一方には日本酒、一方には酒石酸複炭酸曹達の粉末が入っている二つのビンの口をねじり合わせ、酒を上、粉末入り壜を下にしてポタポタと酒を滴下させた。「沙漏《さろう》（砂時計）の如し。半晌《しょう》（しばしの時間）、酒成る。満斟《まんしん》して以って呈す。小気毬《しょうききゅう》騰上し、味、酸冽、全く三鞭と同じ。醫、掌を以って盞《さん》口《こう》を一拍すれば気沫益々盛んなり」と謹一郎は書いている。

以上でファン・デン・ブルックの科学実験は終った。昔は諸事簡単であったから、学者は多くの事に興味を持つことができたとはいえ、化学、地学、電気、磁気、通信、と専門の医学以外の広い分野にわたって博学だった彼に科学実験の模範を示してもらったことは、謹一郎の今回の長崎旅行の最大の収穫だったのではないだろうか。後に蕃書調所を興した時、それが科学技術に重点を置いたこと、砲術などの特殊な学術ではなく理工学の一般学を目指したこと、実験を重要視したこと、一般人に理解させる科学の世俗化が行われたことなどには、この時の経験が生かされたものと思われる。

中国人街見物

蘭館見学の前日の十三日、謹一郎は筒井とともに長崎の唐人街（シナ街）を見物した。謹一郎のように儒学を修めた者にとって、洋学は必要と認めても所詮は他者であった。反対に漢学は滅び行く学問とは思ってもそれは故郷であった。シナ街見物後の謹一郎の感想はそのことを記していて興味深い。

筒井と謹一郎の二人はまず崇福寺《そうふくじ》に至った。ここは俗に唐寺と呼ばれた三寺の一つで、清商《しんしょう》の墓があるお寺（香火院）である。朱色の旗、丹（赤）や緑の柱、わざわざ清国からもってきた赤色の屋根瓦や歩道の煉瓦などに唐風を感じた。謹一郎は観音や関羽、韋駄天の廟の下に三皇五帝が祀ってあるのを見て「不敬甚だし」と怒っている。それから唐館に入った。ここで清人の船主の出迎えを受け、直進して天妃土神の廟に入り、銅鑼《どら》の音に吃驚《びっくり》している、「客を敬うの禮、反って客を驚かす」。廟から左に曲がると陋巷に入る。家毎に「迎祥萬福」などと書いた紅箋《こうせん》（赤いお札）を張り、柱には「福禄寿」などの聯《れん》が下げてある。「鄙俚《ひり》（いやしいこと）甚だし」と謹一郎は書いているがシナの庶民生活の魅力とも言えるだろう。猪の蹄《ひずめ》などを懸けた食堂があり、その手すりから煙管《きせる》をふかしながら一行を眺めている者もいた。

関羽廟、観音廟を回って船主の客舎に入った。二人の船主とその介添え役の二人が座に出て挨拶し、茶菓の接待があった後、その場で書画を描いてくれた。「奴子《どし》（召し使い）、方案《ほうあん》を出し、氈《せん》して以って明に就く（明るい方に置く）。江星畬（人名）套を去り（脱ぎ）盤漆《ばんしつ》（しっかり座る）し、四葉を揮す、懸腕垂鋒《けんわんすいほう》、遅々たり、奴子、帋邊《しへん》を捉《と》る。亮生（人名）蘭、竹各一幅を畫す、座中氣を屛《とざ》して（息を殺して）聲無し。（以下略）」

文中の「懸腕垂鋒、遅々たり」や「座中氣を屛して聲無し」などの形容は真に迫っており、シナの文化的教養は魅力的である。謹一郎はこの時の感想を次のように述べている。「自分は子供時代から漢文を読み、唐山（シナ）の書や文を慕わしく思い、その作者の賢人たちには夢で逢うほどだった。こういう風だから唐山人の習俗にはよく通じているのだが、今日突然遇ってみると、ロシア人と接するのと同じで他人のような気がした。ただ彼等が書や絵を書くに及んで、同文の好《よしみ》が油然と沸き上がってきた。自分も筆をとって、彼等と情を通ずれば、定めて夢で逢った時のような歓びがあっただろう。ただ今日は公式行事なので厳粛にしていなければならず、そのような等閑事はなし得なかった。『遺憾無量なり』」。このように百五十年前までは、日本とシナの教養人士は本当に「同文の好」があった。両者がともに儒教や道教の教養を失って、政治と経済のことだけを英語で話すようになった現在、「同文の好」はむしろ日英、日米の方にあるのではなかろうか。

8　佐賀藩の工場見学と帰路

佐賀の大砲製造所見学

長崎を去る直前の安政元年一月十六日に謹一郎は佐賀藩士本島藤太夫などの案内で、千住西亭と共に佐賀藩の持ち場である神ノ島の砲台や砲船を視察し、翌々日に帰路に就いた。長崎の客舎に居ること四十日弱であった。一行は二十三日には佐賀に至り、鍋島安房守、同志摩守の案内で肥前藩の反射炉や鋳造場《ちゅうぞうじょう》を見学した。

最初に謹一郎たちが見た新場は、大砲を作るため建てられた新鋭工場で、公式には幕府の所有で「公儀石火矢鋳立所《こうぎいしびやいたてしょ》」と言った。大掛かりな反射炉および穿孔《せんこう》設備などを備えるはずであるがこの時はまだ工事途中で、この時出来ていたのは水車だけであった。大砲製造技術に関して謹一郎は次のように書いている、「安放砲（カノン砲）を造る際、鉄は銅より硬く、値段も安い。しかし銅より製造するのが難しかったが、西洋人が『一條実鉄を鋳成する』方法を発明した、この方法では渣滓《ささい》が上に浮くので、模心《もしん》を害する患《わずらい》がない、その一條実鉄の頭を切り取り、その後穿孔すれば良品となる。日本では佐賀藩以外どこも造れない」。大砲を製造する際、まず垂直に立てた中実の鉄柱を鋳造し、この頭部の引け巣などがある部分を切り落とし、健全な円柱部分に穿孔加工を施すという意味である。未完成とはいえ新鋭の鉄工場を見学できたのは謹一郎にとって喜びだった。彼は「鉄熕《てっこう》（砲のこと）の書は数年前、後藤、池田、杉谷の三生が訳し自分も考えるところがあった。しかし何分小さい図面上での事で実際を見る機会がなく苦しんだが、今

佐賀藩の築地大銃製造所（秀島成忠『佐賀藩銃砲沿革史』肥前史談会，昭和９年より）

日この目で見ることができてよく判った」と書いている。さらに謹一郎は「西洋技術を己のものにできることは、この工場が実証している。ただ我が国に欠けているのは、それを率先して唱えかつ実行する閑叟公のような人物である」と思った。

次いで筒井と謹一郎は旧場（築地大銃製造所）を見た。ここは佐賀藩の工場である。煙突から挺々《ていてい》として白煙が昇るのを見てさながら蠻郷《ばんきょう》に入るように感じた。以下反射炉の構造や鉄を溶かすほどの高温が得られる理由の説明などがあり、謹一郎の冶金学に対する造詣《ぞうけい》の深さが窺われるが、専門的すぎるので割愛する。昼食後は穿孔工場などを見学した。「錐台《すいだい》（旋盤）の諸編は杉谷生が訳して、自分もよく知っているが、書物では鉄具と書いているのを木材で代用したり、円形で滑るものを方稜形にしたり、事ごとに出藍《しゅつらん》の譽《ほまれ》（弟子が師に優ること）がある」と謹一郎が書いているように、佐賀藩の人々は自分たちで工夫して立派な工場を作った。わが国の近代重工業は佐賀藩から始まったのである。

親類、故旧との交歓

この後謹一郎は江戸に直行する筒井と別れて佐賀に数泊し、伯父穀堂の子の元載《げんさい》（名は坤《こん》、通称大一郎）に、別荘静古館に連れて行ってもらった。この頃元載は父の後を継いで佐賀藩の儒者となっていたのである。静古館は佐賀の北方六、七キロの北山（現在佐賀市金立町金立《きんりゅう》）にあり、竹林の間を清流が流れ、眼下には佐賀平野から遠く雲仙を見渡せる風光明美な場所であった。曾祖父忠能や伯父穀堂の墓所はその地にあったので二人は展墓《てんぼ》した。謹一郎は元載の親切を喜ぶとともに、父侗庵が念願だった佐賀への墓参を果たせなかったことを悲しんだ。

一月二十四日に草場佩川《はいせん》など佐賀の名士と文雅の会に列した謹一郎は翌日、藩校弘道館を訪れた。ここは七十四年前、祖父精里が創立した学校である。この日は藩主鍋島斉正やその他の重臣も来ており、謹一郎は拝謁して、露艦の操舟、火技、および蘭醫の分析に巧みなことなどを言上した。弘道館側では謹一郎に経書を講じることを期待したらしいが、謹一郎は謝絶した。「それ、予の学術、半文銭に値らず、たとえその厚顔上に皮を皐《こう》する（厚くする）も多衆の睡味を引くに過ぎず。人各々、能あり、不能あり、詩に云う、子曰《のたまわ》く、なんぞ予《われ》を用いんや」。謹一郎は洋学ならともかく、自らの儒者としての力量を評価していなかったので、自分が厚かましく出て行って講釈することはないと思ったのである。昔も今も変わらないが、講釈を聞くと生徒は眠くなることを謹一郎は承知していた。

筑前から江戸まで

二十七日に一行は佐賀を出て帰途についた。二十九日の日記には筑豊炭坑の記述がある。「直方堤を行くと帆を膨らませて流れを遡る舟が三艘あった。聞くところでは、皆、煤《ばい》（石炭）を売って帰る所だそうだ。（中略）『嗚呼、筑は煤国なり、舟に煤舟あり、車に煤車あり、小舎に煤吏あり、黧《れい》（真っ黒）にして群するものは煤卒なり、兀《ごつ》として道に横たわるものは煤堆（石炭の山）なり、山谷《さんこく》の間、煙焔として天に漲るものは煤火なり、煤の業盛んなりと謂うべし』」。江戸末期に筑豊炭田は既に非常に盛んで、他国からの旅行者に強い印象を与えたことが分かる。

この後小倉から広島までの二月上旬の旅は昼は観光、夜は旧知や門生と酒を酌み交わし、毎夜数十枚の揮毫を頼まれたりと、悠々閑々としたものだったが、このような春風駘蕩《たいとう》の気分も二月八日、広島を過ぎた所で筒井から、アメリカ軍艦七隻が神奈川に入ったので急ぎ江戸に戻れという警報が届くに及んで一変した。この後筒井からは頻々と指令が入り、往路は中山道経由で江戸から広島まで二十八日かかった所を、復路は東海道経由で十六日で戻った。途中、江戸湾警備のため出張する島津家や細川家の武士たちの行列とかち合い、泊る宿さえないような雑沓の中、一行は二月二十三日にようやく神奈川に着いた。ここで謹一郎は対米交渉に当っている同僚の儒官松崎満太郎（懐松）に会った。松崎は先月以来ここに居るが、交渉が終らず帰れないとこぼしたが、謹一郎は、神奈川は江戸に近いし、宿舎も立派で自分よりはずっと恵まれていると答えた。そしてその日の午後、お茶の水昌平黌官舎の自宅に戻った謹一郎は心から嬉しかった。ペリー再入港を聞いて、魂が体から飛び出すほど心配したが、帰ってみれば一家全員恙《つつが》なく、先ず老母に挨拶し次いで祖先の霊を拝し、その後親類縁者と酒を酌み交わした。「春陽和を布き、百物茂生す、歸来の楽、人生未だその比を見ざるなり」。

二月二十八日には対露交渉の骨折りに対して将軍から直接慰労の言葉を賜ったが、このような時の儀式の有様を伝えたものは少ないから紹介しておく。「御白書院にて一同拝謁。執政（阿部正弘）侍座。銘々名を唱うるの儀は、低頭後に在り。一同相揃い候後、御取合（お側御用人だろう）『長崎御用相済み、罷帰《まかりかえ》り候者』と云う。上意（将軍）は『大儀』と云う。『上意を蒙《こうむ》り有り難き仕合せ』と申上ぐる。右の言了《おわ》り、末より退く」。将軍は「大儀」と言うだけのあっけないものである。

9　川路と筒井の人物

徳川幕府に殉じた川路聖謨

本章の最後に川路と筒井について一言する。川路聖謨《としあきら》は享和元年（一八〇一）に九州日田の代官所の小吏の子として生まれ、その後御家人川路氏を継いだ。謹一郎より十五歳年長である。評定所や寺社奉行の配下で活躍し、三十五歳の頃、出石《いずし》仙石家の内訌《ないこう》を裁くなど並々ならぬ手腕を揮った。その後、才能を認められて佐渡奉行、普請奉行、奈良奉行などを累遷《るいせん》し、嘉永四年大阪奉行、五年には遂に勘定奉行（大蔵大臣のような役）になり、この嘉永六年にはロシア応接掛になったのである。門閥制度の江戸時代では異例の出世であり、聖謨はこの時代の最優秀の幕吏であったと言えるだろう。ただ対外問題には見識が足りず、所謂「ぶらかし」政策を提言して水戸斉昭に気に入られる程度であった。安政五年、将軍継嗣問題で井伊直弼に憎まれ、一時閑地に居たが、文久にはまた復活して外国奉行に

川路聖謨像（『近世日本国民史』日露英蘭條約締結編，民友社，昭和５年より・安政元年12月24日ロシア人撮影）

なった。しかし既に時代について行けず、間もなく引退した。聖謨には『長崎日記・下田日記』以外にも日記や手紙文が多く残っており、それらは日本文であるから読み易く、且つ面白いものである。

聖謨は、幕府が崩壊したのを聞いて、

敬斎（聖謨の号）を頑民斎と改めて、

天つ神に　背くもよかり　蕨《わらび》つみ　飢えし昔の　人をおもへば

という辞世を詠み、中風で不自由な身であったにもかかわらず切腹して死んだ。伯夷叔斉のことを思えば、朝敵となって死ぬのも良いではないか、という意味である。川路は自分を引き上げてくれた徳川幕府に殉じたのである。

聖謨の長子は早く死んだが、その子（聖謨の孫）川路太郎は、明治元年には幕府留学生の取締役としてイギリスにおり、明治時代には教育畑で活躍した。太郎は号を寛堂と言い、その著『川路聖謨の生涯』において祖父の功績を記録した。ちなみに太郎の子は明治から昭和にかけての著名な詩人川路柳虹である。

名奉行筒井肥前守

筒井政憲（号は鑾蹊《らんけい》）については『森銑三著作集』正編第九巻を参考にする。

筒井家は家禄二千石ほどの大身の旗本で、政憲は謹一郎より四十歳くらい年長であった。政憲は寛政の頃（政憲が二十代）昌平黌の甲科に及第したが、師、柴野栗山から、書を読んで博士となるより、二千石の大身ならそれだけ大きなことで徳川家に報じるべきだ、と諭され、以後この語を服膺《ふくよう》した。目付から長崎奉行を経て江戸町奉行に転じ、文政三年から二十二年その職にあった。町奉行を辞め西丸留守居に転じた時、既に六十代の半ばで、それから十二年後の嘉永六年に長崎に出張したのである。

政憲は名奉行として令名が高く、長崎でも江戸でも庶民に好かれた。一つだけ挿話を書く。ある頃、増上寺の坊主共が芝の鰻屋で「つけ」で蒲焼きを食べ、借金が百両に上っても払わない。店主が困っていると町奉行だった政憲が笑って、容易《たやす》いことである、明日から三日間店を閉じ、大きな紙に「増上寺中の御所化《しょげ》さまより蒲焼の御注文に付き度々差上げ候ところ、右代料少しも御拂相成らず、難渋ここに極まり身上ゆきたちがたく候間、此店相仕廻《このみせあいしまい》、道具附き売家に致し候」と書いて表の格子に張り置け、と教えた。そうすると忽ち翌日には負債の金子を揃えて窓から投げ込み、その書付をすみやかに剝がしてくれと坊主共が頼んだそうである。政憲は大岡裁きなどと同じく、穏便に法を守らせようとする江戸時代らしい名奉行だったのであろう。政憲の子の一人は幕府講武所の砲術指南役になった下曽禰金三郎であるが、直系の子孫のその後は不明らしい。謹一郎が筒井と善く、川路と悪かった理由は、筒井の人物が良かったことが第一であろうが、筒井が昌平黌という正統儒学の学校で謹一郎や父侗庵の先輩だったことも一因であったかもしれない。

第四章　下田行き

1　下田出張まで

吉田松陰の密航事件

安政元年二月末に長崎から江戸に戻った謹一郎は四月八日、長州浪人吉田寅次郎（松陰）の密航事件を聞き、それが佐久間修理《しゅり》（象山《しょうざん》）の謀りごとであることも知った。吉田松陰は、ペリーが日米条約締結後、開港地下田の検分に赴いたのを好機として、米艦ポーハタン号に乗せてもらい西洋の有様を自分の目で確かめようと金子重輔とともに三月二十七日の夜密航を試みた。ペリーは松陰たちの行為に同情したが、条約締結直後に日本の法度《はっと》を破る行為はできなかったので彼等を送り返したのである。松陰たちの行為を聞いて謹一郎は「愚人愚謬の行い、人をして憤惋已《ふんえんや》まざらしむ」と断じた（『日誌』）。外国事情の研究家謹一郎にこの言があるのは意外な感もするが、謹一郎のように正々堂々と開国しようと考えた者にとっては、密航という松陰の行いはみみっちく思われたのか、あるいは、日本人がみっともない真似をしてペリーに借りを作ったような気がしたのではなかろうか。謹一郎は松陰の事を「愚人」と書いているが、実は松陰は三年前の嘉永四年に謹一郎に会って話を聞いており、二人は相知だったのである。この年松陰は江戸に居て、安積艮斎に漢学を習い佐久間象山や山鹿素水などに兵法を学んだが、謹一郎の所にも意見を聞きに行っている。同年五月二十七日付けの叔父玉木文之進宛の松陰の書状の中に、この頃の江戸の文学と兵学が三等に分かれていることを述べた部分がある。「一、林家、佐藤一齋は兵事をいう事を忌み、殊に西洋辺の事ども申し候えば老仏の害よりも甚しとやら申され、二、安積艮齋、山鹿素水など、西洋事には強いて取るべき事はなし。只、防禦の論はこれ無くては、とて鍛錬す、三、古賀謹一郎、佐久間修理（両者は知音にてはこれ無し）、西洋の事、発明精覈《せいかく》取るべき事多しとて頻りに研究す。矩方《くほう》（定規のこと、方策）按ずるに一の節は勿論取るに足らず、二、三の節を綜合して修練仕り候わば少々面目を開く事これ有るべく云々」。謹一郎は「愚謬の行い」と同情しなかったが、松陰が西洋を自分の目で見れば考えが定まっただろうに惜しいことであった。

目付起用の噂

安政元年五月に謹一郎が目付に起用されるという噂が広まった。この頃筆頭老中阿部正弘は対外折衝のための人材を求めることに急で、岩瀬忠震はこの年一月に、大久保忠寛は五月に、永井尚志は九月にそれぞれ目付となった。彼等は旗本中の俊才連で、海防掛選任となり、大目付筒井政憲（海防掛及夷人応接方御用）、鵜殿長鋭（民部少輔）目付首座の下で、その後の日本の開国をまず大過なくやり遂げた。謹一郎も目付になっていれば外交現場でなす所があっただろうが、結局この話は流れた。儒官から目付になった前例は多分なかったろうから、この話は土台無理だったのだろう。あるいは阿部正弘はこの時すでに、謹一郎には洋学所の方を任せようと思っていたのかもしれない。なお目付の新任は、老中の意向もあるが、原則的には現職目付の選挙によったという（『旧事諮問録』）。

目付の噂の直前、五月四日の『日誌』に「今日荒監（長崎の対露交渉の際の目付、荒尾土佐守のこと）忠告の言あり。予（謹一郎のこと）書生気大いに甚だし。濫《みだり》に庭前などへ洟唾類を棄つ。戒むべし。又頭髪甚だ宜からず。然れども是は改観候故宜しと。嚓《わら》うべきの至り。『皆意外の儀故、随分意を用うべし。毀誉は人意に任す』と答ふ。」とある。荒尾は目付であったから、この事は謹一郎の目付問題と何か関係があったのかもしれない。謹一郎の頭髪がボサボサで、あたり構わず鼻水や唾を吐いたことが分って面白い。謹一郎は目付の話が消えた時、「喜ぶべし」と『日誌』に書いているが、ほっとしたと同時に残念だったのではなかろうか。後に書かれた『西使續記《せいしぞくき》』中の漢詩に「文字官になるなかれ（漢文だけを鞅掌《おうしょう》するような官職になるものではない）」という一句があることから見ても、謹一郎は自ら、経綸《けいりん》を行いたかったのだと思われる。

このほかに、安政元年には洋学所取り立てが政治課題の一つになり、謹一郎が中心的役割を果たすのだが、その件については第六章でまとめて述べる。

プチャーチン下田に現れる

さて、長崎交渉から約一年後の安政元年（一八五四）十月、ロシア使節プチャーチンが今回は下田に入港したので、交渉のため謹一郎も下田に

嘉永六年の下田（須藤功編『幕末・明治の生活風景（外国人のみたニッポン）』東方総合研究所，1995年より）

出張しなければならなくなった。今回プチャーチンは軍艦ディアナ号一隻で、三月に長崎に、八月に函館に、十月に大阪に現れた。大阪天保山沖に投錨した時は大阪、京都に大騒動をひき起こしたが、奉行の諭旨の結果、ディアナ号は開港地下田に向ったのである。

嘉永六年から安政元年の一年間に国際情勢は大きく変化していた。安政元年二月には日米和親条約がペリーとの間で取り交わされて、やむをえずとはいえ日本は既に開国しており、下田は長崎、函館と共に開港場であった。同じ年にヨーロッパではクリミア戦争が勃発し、ロシアはトルコを助ける英仏伊と交戦状態にあった。そのためディアナ号も英艦と交戦の危険があり、プチャーチンは警戒しつつ日本近海を航行した。このように長崎交渉の時とは大きく違った情勢の下で下田交渉は行われた。交渉の日本側応接掛は前と同じ筒井と川路だったが、今回はそれに村垣與三郎（後の淡路守）が加わり、目付は松本十郎兵衛であった。また下田奉行の都筑《つづき》駿河守および伊澤政義（美作守）も協議に参加した。村垣はこの年の夏、樺太を調査してきたので、国境交渉のための委員として派遣されたのである。

『西使續記』

下田では長崎のような異文化との交流は少なかったが、その代わり津波による下田港の壊滅とディアナ号の沈没という大事件があり、また日本側が対露交渉で苦心していた十二月九日、アメリカ使節アダムスが軍艦ポーハタン号で下田に入港し、日米条約の批准を要請するという思いがけない出来事も起った。その上、フランス船までも入港したので、下田を舞台に危うく露仏戦争が起こりそうになった。このようにこの時の下田は大事件が連続して起こったのである。

謹一郎の『西使續記』は、安政元年十月十九日に江戸を発って、翌年正月十一日に戻るまで八十数日の間のこれらの事件を記しており、『西使日記』と同じく約五万語ほどの漢文である。謹一郎が下田にいた約七十日の間に、ロシア使節やアメリカ使節と直接対話したのは十数回ほどで、日本側の会議が三十回弱、閑居していたのが三十日ほどある。日記に書かれた内容は、一、公的な交渉、二、幕府の外交批判、三、日本側交渉員間の軋轢《あつれき》と人物批判、四、津波による下田やロシア艦の被害、五、ロシアのフランス船襲撃計画、六、開港地としての下田の風俗、七、謹一郎の個人的生活などである。以下の節では、右の一〜七を謹一郎の識見、批判、感想を明らかにしつつ順に紹介する。

『西使續記』の自題は安政三年に書かれているが、下田の津波で死にかけたことを記念して更生癡《こうせいち》物《ぶつ》という号を用いている。謹一郎はこの下田行きでしばしば死にそうになったことを述べた後、自題の終りに「遂に死せず。仲尼《ちゅうじ》（孔子のこと）曰く『朝《あした》に道を聞けば夕《ゆうべ》に死すとも可なり』。予、未だ道を聞かず、何ぞ軽々しく死す可《べ》けんや。此の行記を編して以って不死の証となす」と書き留めた。

2　日露交渉および日米条約批准

日露和親条約の締結

下田交渉は、日米和親条約という雛形があったから、長崎とは違って大した面倒はないはずだった。しかし、樺太の境界問題、下田の代替地の開港問題、金銭による物品購入問題、領事駐在問題等において、日本側は開国の規模をできるだけ縮小し、領土はできるだけ広げようと図ったので、川路を中心とする応接掛はなかなか苦心した。しかしとにかく交渉は成立し、日露和親条約が結ばれた。条約の大略は、一、千島は択捉島まで日本領、樺太は現状通りで、国境を決めない、二、長崎、下田、函館の三港を開き、ロシア船は薪水、石炭、その他欠乏品を金銀あるいは品物で入手できる、三、止むを得ぬ場合は函館か下田に領事を置く（これについては一年半後に再交渉）、四、下田、函館では数里以内の徘徊《はいかい》を許す、五、犯罪人は相互に本国の法律で処置する、六、最恵国待遇を与える、というものであった。この条約の二、は玉虫色で、ロシア側はこれを交易と見、日本側は欠乏品救援と解したが、日本の庶民が事実上の貿易を行ったことは川路も認めざるを得なかった（『下田日記』）。五は日米和親条約に準拠したもので、日本側はむしろ当然と考えたのであるが、明治時代に入るとこれが治外法権として外交上の大問題となった。しかし安政の時点では我が国とヨーロッパ諸国との法律は非常に違っていたから、日本に住む外国人の処罰を日本側で行うのは極めて困難と予想され、川路たちがこれを欧米人に委ねようと考えたのは無理もなかった。

物品供与と貿易の区別

以上簡単に日露交渉の結果を記したが、以下に交渉の細部の興味深い点を『西使續記』からいくつか抜き出してみる。十一月三日の最初の談判でロシア側は、今回の目的は、下田の改港と必要物資の購入であり、樺太の国境は強いて争わないと述べた。まず貿易に関して川路が、金銀貨幣での購入は認めるが物品で支払うのは認められないと主張したのに対して、プチャーチンは物品支払いを認めるべきだと対立した。日米和親条約の文面には、第二条に「薪水、食糧、石炭欠乏の品を……金銀銭をもって相弁《あいべん》ず」とあり、第七条に「金銀銭ならびに品物をもって入用の品相調《あいととの》え候を差免《さしゆる》す」とある。両者は重複しているが、米側は第七条で交易（物々交換）が認められたと解し、日本側は第二条の「金銀銭をもって差し遣わすのでは貿易ではなく欠乏品供与である」と言って、日本国内を納得させようとした。川路は勿論日米条約を知っていたが、これをロシアに隠し、金銀銭でしか買えないようにロシアとの貿易を取り縮め、その後アメリカもその例に倣わせようと企んだのである。このようなやり方は小細工であるが、開国の決断は当時の日本にあっては政策の大変換だったので、それをできるだけ小さく見せて「鎖国の良法」を変えたのではないと国内に思わせるため、幕閣や高級役人たちは貿易を可能な限り取り縮めようと奮闘したのである。開国論の急先鋒だった謹一郎は川路に「外交交渉は青天白日の下に行うべきで、日米条約を隠すとかえって疑惑を招き交渉が難しくなる」と諫めたが聴かれなかった。

領事、改港、贅沢品

右の第一回目談判の翌日津波が来襲したので、次回は十日後の十三日に蠣崎《かきざき》の玉泉寺で行われた。プチャーチンはこの時、領事駐在の必要性を力説し、その理由としてロシア船と日本との意思疎通、異国船がロシア船と詐って入港した場合の判別、アヘンの検査の三項を挙げた。翌十四日には一日目の会議に引き続き再び改港の事を述べ、下田を忌避するのは今回の津波のためではなく、下田の風浪が強いため船の修復が行えないからであり、津波のために大被害を受けた下田を復旧するくらいなら、他の良港を開く方が日露双方にとって有益であると説いた。次いで日本側の「西洋玩器」持ち込み禁止の要求に対し、プチャーチンは玩器とは何を指すかと問うた。これに対する川路の答が面白い、彼は言う「時規《じき》（時計）自鳴鐘（オルゴール）玻璃器《はり》（ガラス器）類である。薬剤、皮革、鉄砲、古貝などはよい。勿論我々も戯玩《ぎがん》を愛するが、それは我々が大官だから出来ることで、人民大衆に身分不相応の贅沢の風を広めるのは望ましくない」。プチャーチンも了承した。身分制度に疑問をもたない時代の鷹揚なやりとりである。

この後、露使と応接掛は数度の折衝を重ね、ロシア側は、批准の形式、北方の国境、下田改港、領事の官位、領事が家族を伴うこと、土地の貸借などの諸件で、できるだけ権利を拡大しようとし、日本側は縮減しようと闘ぎあったが結局日米条約とほとんど変わらない形で決着し、十二月二十一日に調印が終った。ロシア側が多くの問題、特に下田改港を強く迫らなかったのは、ディアナ号沈没以後露人が困窮し、それに対する我が国の救恤《きゅうじゅつ》が行き届いたからだと応接使たちは考えたようで、それは多分正しかったのだろう。

アメリカ人たちの風貌

十二月九日アメリカ使節アダムスが下田に来て条約批准を求めた時、下田の日本官吏たちも幕閣も仰天した。何故なら批准は神奈川条約調印後十八カ月、即ち来年の九月頃と思っていたからである。しかしこのことは単なる翻訳違いということで日本側が納得して会議に入った。

十二月二十七日、謹一郎は、交渉のため江戸から派遣された井戸覚弘（対馬守）や両奉行らと共に初めて日米会議の席に列した。謹一郎の目で見たアメリカ側の人物描写を下に掲げる。「（ボタンや徽章などは）皆ロシア人たちより美である。亜使《あし》（アダムス）は顔つきが凶悪で、体躯は並外れて大きい。聞くところでは、怒りを発すると頭髪が皆逆立つとのことだ。存徳（ロブサイド）は色が白くて美しい。眉毛が連って一直線になっている。肩章をつけず、腰に剣を帯びず、服裳は清楚で文儒の態がある。聞くところでは、八カ国の言葉に通じ、知識が広いとのことだ。副師（副艦長）は赤鬚が顋（あご）を廻り、背が高く敷居の上に出ている。面は胡孫《こそん》（猿）に似ていた。聞くところでは『驍勇《ぎょうゆう》一船に冠《かん》たり』という。計吏（主計長）はすらりとしていて、鬚はきれいに剃っていて『蠻臭少なし』。聞くところでは素封家《そほうか》（金持）だそうだ。書吏（書記）はまた、于思埋口《うしまいこう》（鬚多く口が見えないさま）で不潔甚しい。しかし副師に比べればやや人間的である」。右の描写を読むと謹一郎はロブサイドに好感をもったように見える。ロブサイドは漢字を書くことは拙劣だったが、読むのはゴシケヴィッチよりずっと巧みだったので謹一郎は喜んだ。アダムスが凶悪な人物と言う評判は日本側で高かったようであるが、以後の交渉ではそのような所は見えず、米側の記述では下田奉行伊澤や通訳森山とアダムスとの関係は至極良かったことになっている。また「驍勇一船に冠たり」などという描写は水滸伝でも読むようで面白い。

将軍の署名問題

さて交渉でアダムスは、米大統領の批准がある以上、日本でも最高君主の署名が必要だと言った。これは全く当然のことであるが、幕閣は何としてもこれを阻止しようとした。その理由は「前例がない」ということで、『西使日記』に謹一郎が書いた「一の「例」字、天下を破って余りあり」の好例である。時の将軍家定がいくら暗愚だとはいえ、署名もできないことはなかったろう。井戸が、わが国では万事阿部伊勢守など老中たちの花押《かおう》（サイン）で法律が行われる、と説明してもアダムスはきかず、伊勢守たちは誰からその位階を受けるのかと追及した。伊澤は、アダムスが徳川将軍に論及しようとするのを察して、ことさらに議論を官（老中に任ずる権力）のことから爵（例えば「伊勢守」という名称）のことに逸らし、位階は天皇から受けると言った。京都まで往復すると時間が掛るし、また天皇が実際政治に関与しないことは外国人も知っていたからである。実は前日の二十六日、米艦上の通辞黒川との対話でアダムスは内裏の署名を求めると言って黒川を驚かせた。黒川は、天皇は神の子孫で人間界のことには関与しないと答えた。この天皇署名について謹一郎は「前の日露交渉で老中の署名さえ決定せずぐずぐずしていたから、米人は露人から聞いて、将軍の上の天皇を持ち出したのではなかろうか。天下の災いは優柔不断から起らないものはない。これを鑑戒とすべきである」と書いている。

これより先、十二月十四日の項には批准に関する謹一郎の感想がある。「平静に考えれば将軍が署名したら国辱であるという理屈はない。両君主同格で軽重がない訳だからである。もし夷人が憤怒して軍船を連ねて強要した後に署名するとすればそれこそ国辱である。烈祖《れっそ》（家康）がシャム（タイ）、チャンバ（シャムの東）、カンボジアなどの小国に書を通じた時はいつも自ら署名したが、これをもって国を辱めたと言う者があるか。…（中略）…将軍が他国君主と同格であるなら老中が何を言うことがあろう。事理を論ぜず（将軍の）喜怒を料るのは妾婦《しょうふ》が君に仕える道に過ぎない」。

署名問題で井戸や伊澤は米人を百方説諭し、結局「公方がその威権を以って、その命令を以って」という文字を傍らに書き、筆頭老中阿部伊勢守一人が花押《かおう》をするということで批准の形式をまとめた。その後この形式は少し変更されたが、米側も了解して一月五日に批准一件は落着した。

3　幕府の外交批判

繁と簡

日露、日米両交渉において謹一郎が最も痛切に感じたのは、外国人の「簡」ということであった。プチャーチンやアダムスは一人で来て一人で決断できるのに、日本側は三～五人で交渉に臨みしかも決断できない。日本外交において「簡」を阻む最大の理由は使節に「全権」がないことだった。電信も電話もなかったこの時代、出先に決定権がないと長崎交渉のように交渉そのものが成り立たなかった。村垣の言「政員言尚格不行、吾輩奚能争歟（老中たちは口では立派に言うが、実際に行わないから実情が分らない、そんな人と我々が争えようか）」は応接使たちの偽らざる告白であった。直接折衝に当らない者がいかに愚劣な指令を発するかの見本は樺太全有説である。村垣は四十八度、謹一郎は五十度を主張していた十二月九日に突然、幕閣から全島領有を主張せよとの指令が来て応接使は驚愕した。誰も地理さえ知らず、歴史上の根拠もない北樺太領有を持ち出せば、ロシア人の信を失うことは目に見えていた。「間違って理解し、漫然と筆を下して誤る」ものと謹一郎は書いている。

また、出先機関が苦労して交渉をまとめても、中央の指令で簡単に変更されてしまうこともあった。例えば、日米条約批准の際、井戸たちが何とか大君の署名を回避しても、江戸に回達すれば、せっかくまとめた文中の「公方《くぼう》」という字を「大君《たいくん》」へ、単署を連署へと変更する始末であった。「（我国では）文字のことに齷齪《あくせく》して、それによって大きい禍が生じることは考えない。本末転倒である。外交交渉は両者の信頼関係によって成り立つのだから、こちらが先に信用をなくしたら成るものも成らないだろう。交渉には呼吸と言うものがある。井戸は全権でありながら僅かな文字上の事さえ決せられない。実に愍《あわ》れむべきもので、一々文句をつける（江戸の）小吏共の悪習は恨むべきの極みである」と謹一郎は書いている。結局、個人の責任で交渉を行えないという幕府の制度に根本の問題があり、そのような制度は崩壊するしかなかったであろう。

「簡」ということについては、交渉の現場でも醜態をさらした。日露交渉では「必需」という言葉を条約に入れる入れないで十数回の往復があった。結局「露人笑ってついに除く」ということになった。会議で議事が膠着するとその度に露人を別室で饗応し、日本側は自分たちだけで協議し意見をまとめるという見苦しい状況が続いた。ポシェットがこれを笑ったのに対し、謹一郎も「嗚呼、著々醜態、吾自ら咲《わら》（笑）うに暇あらず、なんぞ夷の咲《わらい》を須《ま》たんや（待たんや）」と自嘲している。

これと対照的に、米人は「簡」であった。一月五日の日米条約書手交の後、アダムスは条約書を通訳に按検させることもなく、直ちにその隅に日付けや覚えを自ら鉛筆で書き込んだ。「番俗の簡捷、概《おおむ》ね然り（大体こんな風である）」と謹一郎は感心した。十一月十七日に「簡」についての謹一郎の感想がある。「『夷匪《いひ》犯境録』という本で読んだところでは、英清戦争の際、英国軍艦が揚子江を遡って船窓から『大皇帝、和を議せざるか』と叫んだそうだ、予はここに至って嘆息して思った、番の強盛は全く『簡』に有り、簡でさえあれば『繁』を制することができる。国を治むる者、何を楽しんで夷に及ばずに居るか」。謹一郎は東洋の繁文縟礼《はんぶんじょくれい》、不決断を心から憎んだのである。

領事駐剳認めるべし

謹一郎はまた外国と戦争を起せば敗北は必至であることを悟っていたから、名誉ある和平を講じるよう全力を尽した。十一月二十七日、対ロシア交渉も終りに近づきロシア側が折れて、樺太国境、下田改港の要求は取り下げ、懸案は領事在住のみになった時（すなわち日米条約と同じ条件になった時）、謹一郎は今が手を打つ時期であると思い、この条件で交渉をまとめるよう幕府に意見書を差出すべしと応接使の会議で力説した。すなわち日米条約の通りに領事を認めよ、今更領事駐在を認めないと言ったところでできない相談である、と述べたのである。謹一郎は続けて「トルコはクリミア戦争の海戦でロシアに負けたが我が国が今のトルコの戦艦数や砲数に達するのさえ容易ではない、一隻の船を進水させた（幕府が浦賀で安政元年五月頃作った鳳凰丸を念頭に置いているのだろう）からといって得意になっている場合ではないのだ。況《いわ》んや、トルコの上にはロシアがおり、その上に英仏米がいる。日本のみひとり百年前と変わらない、この状況でどうして交渉を決裂させられようか」と言った。川路も頷《うなず》いたという。

実はこれ以前の十一月二十一日に応接使たちは、長崎から戻った韮山《にらやま》の医師からセバストポリの海戦の事を聞いていた。炸裂弾を用いたロシア海軍の前に、トルコ艦隊は直ちに殲滅されたのである。謹一郎は「ロシアの貪残、十数年を出ずしてトルコの禍、必ず之を我邦に見ん、噫《ああ》、泣すべし」と書いている。このことはある意味で正しかった。七年後の文久元年にロシアは対馬に恒久的な海軍基地を造り始めた。もしイギリスの介入がなければ対馬はどうなったか分らない。結局日露の争いは五十年後の日露戦争まで続いた。徳川末期の日本人が西洋人を虎狼《ころう》のように思ったのは思い過ごしもあるが、アジア、アフリカのほとんどが植民地にされたという事実が彼等にそう思わせたのである。ロシア人との会話の端々にも、「ロシアには他にも戦艦があるから条約が成らない時は別の船を差し向けるだろう」とか「鎖国の旧法を株守しようとしても、沿海の防備はなきに等しいではないか」のような威嚇的言辞がほの見え、応接使たちの警戒心をそそっていた。

十一月二十七日の謹一郎と川路の会話はこの後軍艦の費用の話となり、川路は軍艦一隻にも莫大の費用がかかり、日本中の金銀を以ってしても賄いきれないと言ったが、謹一郎は、国庫（幕府の予備金）の金は僅かでも、「天下の財賦は天下と共に用い、天下の患難は天下とともに防ぐ、という大公至誠の心を以って発奮従事すれば、絶大の事を興すこともできないはずはない」と思った。日清、日露戦争当時の日本を思わせるような感想で、謹一郎には幕府という政体を越えた見識が備わっていたように思われる。

4　役人の権限争いと人物批判

『西使續記』には人物批判が数多くある。それは謹一郎の個人的好悪を越えて、屬吏《ぞくり》まで含めた応接使一行と下田奉行一団との不和にまで及んでいる。以下にそれらをまとめてみよう。

応接使と下田奉行との不和

日露交渉の冒頭にロシア使節はアメリカ人と同格を主張し、下田に休憩所を準備するよう求めた。この要求を受けて川路は下田奉行伊澤にその宿所了仙寺を明け渡すことを求めたが、伊澤は聴かず両者に激論があった。結局、伊澤は了仙寺を出て川路の宿舎稲田寺に移り、川路が稲田寺から太平寺に移ることになった。両者は以前から論が合わなかったのであるが、この件で正面衝突し、その上各々の屬吏が長官の意を迎え、川路配下の勘定奉行方は伊澤をひどく憎んだ。謹一郎は林大学頭（復齋）から書簡で「両虎紛闘の間で居中調停」を要望せられたが、自分は位が賤しい上、迂闊であり軽視されているからどちらも聴かないだろうと思った。

十二月九日に米船が入港するや、それまで応接使一行の下風に立たされていた下田奉行側は俄然張り切って米船との応対や供給に関して勝手に裁量し、応接使側を故意に無視する態度に出た。これはそれまでのロシア船との応対で勘定奉行側がとった態度の仕返しである。ロシア使節応対の権限は応接使にあったが、アメリカ使節応対は下田奉行の管轄であったから、互いに自分の領域を精一杯主張して、他の容喙を一切許さなかったのである。今も官僚の世界にある権限争いであるが、このような両者の不和が色々な点で外交交渉に悪影響を及ぼしたのだから始末が悪い。

川路批判

川路に対する謹一郎の批判は非常に多い。衣裳の華美なこと、歳末に川路が江戸に戻りたがる理由は、本人の在不在で歳暮が五百両違うためであること、その家来の横着あるいは俗物性、などのほか、儒者の謹一郎は川路が間違った知識を振り回し、周囲から「儒吏」として尊敬されていることが鼻持ちならないと感じたのである。ただ川路の話が面白いことは認めていて、奈良奉行時代の経験談として、盗賊が天皇御陵から朱を盗むこと、僧侶が露座の大仏の掌上に参拝者をあげてその香奠《こうでん》を収めていたこと、などを書き留めている。

謹一郎自身と川路との葛藤には、長崎で露使応対の着座形式のことや、謹一郎の率直な発言、例えば本章第2節で紹介した「外交交渉は青天白日の下に」などの例があるが、このような両者の間のわだかまりがはっきりした形をとったのが日露条約の漢文の脱字問題であった。事の成り行きは以下のようであった。ロシアの漢文掛ゴシケヴィッチは学力に乏しく彼との漢文対勘《たいかん》は非常に骨が折れることが予想された。川路は古賀に任せて対勘に立ち会わなかったが、謹一郎は、これは後に漢文の出来を譏《そし》ろうと思って、川路が故意に謹一郎に委任したものと疑った。この猜疑が正しいか、あるいは単に川路が面倒を避けただけなのかは分らない。とにかく、対勘は朝八時（辰の刻）から夜暗くなるまで休みなく続いた。条約取り交わしは翌日なので時間がなく、また川路の屬吏が脇でせかすので謹一郎はイライラした。「字を下すにその佳悪、妥不妥《だふだ》を較《くら》ぶる暇あらず」と文章が拙いことを認めている。

こうして決定した文を翌日屬吏が清書し、謹一郎が一回閲覧したものに一字だけ脱字があったので、川路は面と向かって謹一郎を譏り、また伊澤など他人にも話して謹一郎の跌慢を批難した。謹一郎の川路に対する不快はこれが決定的であったように思われる。それは「余、満身瘡痍《そうい》、人の譏弾《きだん》を受くる事今日に始まらず、而して革（川路のこと）はすなわち太甚《はなはだ》し」と書いていることからも窺える。

伊澤の川路評は「川路翁、刀筆に区々として、挽耳抹鼻《ばんじまつび》（小手先の技巧で表面を取り繕うこと）と同じ、吾なんぞ耐えんや」というものである。この評は当っているのではなかろうか。川路は日本の進路など根本問題には確固たる信念がなく、幕閣の意を受けて条約文の末を改変するようなことを得意とし、その場その場の駆け引きに長けた能吏であったと思われる。川路の定見の無さは、十二月二十六日の記事に見られる。川路が露使を説得して、領事の家族携帯や教会の設置を禁じ、家屋も領事の自由借用ではなく日本側から給付するという形にまとめたことを謹一郎は評価していた。そしてその直後の日米条約批准交渉に臨んだ伊澤は、領事の件は、日露条約に倣って取扱いを決められるから安心だと言ったのに対し、川路はにわかに色を変じて、領事駐在の件はまだ未定である、ロシアが聴かなければ自分が再談判してもよいと言った。謹一郎は「何と無定見なことか、既に条約取り交わしまでして、今更変えられようか、相手が子供でも欺くことはできまい」と感じた。この領事問題は第五章第1節に続きがある。

伊澤、筒井、村垣の評

次に川路以外の人物評を掲げる。伊澤については「忼慨《こうがい》、少しく書香を帯ぶ、やや談ずべきとなす」と評価して、彼の談話として、「下田奉行と言うがこれは虚名であり、ただ西洋金銀の番人に過ぎない、早く江戸に戻って隠棲したいものだ」という一条が書かれている。しかし伊澤は隠棲どころではなく、安政の終りには大目付に昇進した。伊澤は日米条約批准後、アダムスとの間で、アメリカ領事が日本に赴任する前に日米間で一旦照会するという一項を取り決めたが、彼はこの会談の後謹一郎に「亜使、凶にして、威、人を慴《しょう》す（恐れさせる）、談間、吾れロブサイドの手を握りしが戦々《せんせん》として動いて已まず」と語った。前述の米側の記述とはかなり違っており、伊澤はアダムスが余程怖かったようである。ただ、自分の臆病さを謹一郎に率直に告げた伊澤の正直さは気持ちがよい。

筒井は下田交渉の時は老耄《ろうもう》になって、しばしば公事を聞き誤った。「聡明の人の末路、傷むべし」と謹一郎は書いているが、個人的には筒井を好きであった。「七十七の高齢で山険を越え、蕃夷と折衝するのは世に希な事である。自分は俗務に慣れないので万事翁の指揮を受け、翁を見ること父の如く、翁もまた我を子の如く見られる。翁の長命は心から嬉しい」。筒井は鷹揚な大人の風があり、昨年の長崎行きの際、江戸から長崎までの四十日間に謹一郎が筒井の御機嫌伺いに出たのは僅か四日であった。「翁の寛、予の懶《らい》、この一事、俗行中の佳話たり」と謹一郎はこれを徳とした。

応接使の一人村垣與三郎と謹一郎は北海道の開拓について意見を異にした。村垣は蝦夷を幕府直轄にすべしという説であった。その根拠は「直隷《ちょくれい》に非されば、體統《たいとう》、遂に粛ならず」ということである。この意味はよく分らないが「国法が厳正に立たない」というようなことであろう。謹一郎はこれに対し、分割して各藩に分ち、開墾や防衛を任せるべきで幕府が軽い税を課せば幕府、各藩共に利がある。こうして、働いたものは利を得るようにすれば成功は必ず速やかである、と言った。事の是非はともかくとして、謹一郎の考えは現代の「小さい国家」「民力活用」に似ている。アメリカの発展を知っていた謹一郎は、全てを幕府が行うというやり方の限界を理解していたのだろう。村垣は聴かなかったので、謹一郎は「此の漢、道理を以って諭すべきの人にあらず」と匙を投げ、村垣が異なる動機（例えば蝦夷地奉行になろうと言うような意味だろうか）で直轄説を主張しているのではないかと疑った。

江川、水戸斉昭の評

韮山代官江川太郎左衛門は地震後の下田に来て砲台設置の場所を按検《あんけん》した。下田に砲台を築く計画について謹一郎は書いている。「この港に砲を据えることは永遠の策略といえようか。日本は海国で四面に敵を受ける。動かすことができない砲台を作っても、『秦を亡ぼすものは胡である』（万里の長城は馬という機動力を持つ北狄の防御にはならなかったことをいうのだろう）。また下田港が今後も開港場であるか疑問である。今砲台を造るのは卵に辰《とき》を告げることを期待するように、せっかち過ぎる」。もっとも沿岸防備を厳重にすることは幕府の政策であって必ずしも江川の考えではないが、江川は砲術の専門家であっただけに砲台に固執する所があり、たびたび他藩の砲台を譏り眼中人なきが如くであった。謹一郎は江川の目が砲術ばかりに向いて、広い立場で防衛を考えないことを批判したのである。川路は江川の造った洋式船（三板《さんばん》）の刀掛けが緑色で、便所の孔が円形であることを見て、「これは純洋式である。江川は洋風に片寄り過ぎている。惜しいことだ」と言ったが、謹一郎は「川路は彼の純洋を惜しむが自分は彼の不純洋を惜しむ。緑色や円形などがどうして純洋と言えようか」と書いている。

水戸斉昭に対する批判もある。露艦ディアナ号修理問題で応接使が浦賀回航を考えた時、浦賀は江戸に近く、「坎《かん》老公（斉昭のこと）、好悪を問わず、泊を許さず」で候補から消えた。十一月二十五日の日本側会議の席上、村垣は「（老公は）結果を軽視して、夷賊を蚊や虻のように簡単に追い払えると思っている」と言った。このような人が多くの武士や一般大衆の人気を博し、幕府も隔日登城の礼をもって遇し、外交問題にその意見を聴かなくてはならなかったのかと思うと、情ない気がする。しかし我が国では、識見に乏しい人が大衆の人気だけで外務大臣になった例は戦前戦後を通じてしばしばあったから、我々は江戸時代を笑うことはできないだろう。ただ、斉昭が製造した洋船の旭日丸、所謂「厄介丸」について川路が、その船の窓がガラス製で一枚七両半であるとその浪費を歎き、油ひきの和紙でよかったろうと言ったのに対し、謹一郎は、洋船の窓はそんなものではなかろうとこの時は斉昭の肩をもっている。

5 津波の被害とロシア艦の沈没

二階屋の屋根に千石船が一艘

下田交渉開始数日後に大事件が勃発した、すなわち安政元年（一八五四）十一月四日の地震及び大津波である（ちなみに、世にいう安政の大地震というのはこれではなく、翌安政二年十月のものである）。謹一郎の日記によると地震は四日の午前十時頃（巳時）に下田地方を襲った。三度地が揺れ、庭前の石灯籠や石橋が折れた。謹一郎が家主や従史と「生まれて初めての地震」と語り合っていると間もなく、子供が駆け込んできて「津波が来るよ」と叫んだ。外に出れば、多数の人が狂する如く、無言で北に向かって駆けている。謹一郎も半信半疑で町外れまで走った時、振り向くと海水が二階屋の屋根まで盛り上がって来るのが見えた。千石船が一艘その上に乗って運ばれて来た。人々は西に走って大安寺山によじ登り、茨や尖った石で手足から血を流しながら息が切れるまで進んだ。謹一郎はここで伊澤に会い、伊澤の下男から木の実を貰って食べた。この時山上から見れば津波の第二の凶波が町を襲い、「港心、白沫一道噴湧《ふんゆう》し、湯の鼎《かなえ》に沸くが如く、港上の家居土庫を拉摧《らっさい》し、聲、地軸を崩すが如し。庫土坌起《ふんき》し、黒煙空を蔽い、勢凶猛、哭聲《こくせい》、濤聲《とうせい》と亂れ、惨として聞くに忍びず」という有様だった。この後も津波は数回下田の町を洗い、その度に横転した船とその帆柱で家屋が倒された。屋根に登っていた人は或いは助かり、或いは海に呑まれた。露艦ディアナ号も岬内に運ばれ危うく見えたが辛うじて転覆を免れた。これを見て謹一郎と伊澤とは切歯して「天が寇賊《こうぞく》（ロシ

下田の津波の図（須藤功編『幕末・明治の生活風景（外国人のみたニッポン）』東方総合研究所，1995年より）

ア人のこと）を誅さず、徒《いたづ》らに我が民を虐《しえた》ぐる」ことを恨んだ。一方ロシア人はこの時、海に流された日本人を多数救助すると共に、翌五日には応接使の安否を気遣って船医をつけてポシェットを見舞いに寄越すなど、人道的で外交儀礼に適う振舞をした。謹一郎もこちらから見舞わず、却《かえ》って存問《そんもん》を受けたことに対し道徳的に敗北したように感じた。

『西使續記』には津波による色々な個人的悲劇が書かれているがそれらは省略する。数字的には下田約八百五十戸の九割以上が全壊した。死者は戸籍上では百名ほどであるが、これには他郷から働きに来ている者たちが含まれておらず、実際は五、六百名に上ると謹一郎は推測している。下田は岩多く、土浅く、埋葬は浅い土をかけるだけなので「夜深にして屍気《しき》、座を襲って堪うべからず」という無気味さだった。江戸時代でも所謂「災害救助」は行われ、下田奉行都筑は江戸から御救い米千五百石と二千両を運び、被災者を救恤した。家屋大壊には三両、中小壊には二両、死者一人につき埋葬料として銭一貫を与えたが、復興はなかなか捗らず、被災後二十五日経った十一月下旬になっても素封家でさえ茶も買えず、風呂にもほとんど入れないような状況だったという。

ディアナ号の沈没

一方ディアナ号は辛うじて座礁、転覆を免れた。しかし舵と龍骨に被害を受けて進水が激しく、一分に一尺五寸浸水するので、ポンプ（龍尾車）三台で懸命に排水した。邦船ならとっくに沈没しているだろうと謹一郎は洋船の排水能力に感心している。プチャーチンはどこか港を借りて舵を修理したい、また食糧が四、五十日分しかないので今後は難民として取扱われたいと申し出た。川路が港を貸すことについて衆に尋ねたので謹一郎は「それは筒井と川路が決断すればいいことであろう。幕府が与えた訓令は通常の場合の事であり、臨機の判断まで決めたものではない（官《ノ》所《ハ》レ命《ズル》 是《レ》経、非《ザル》レ権《ニ》也）」と云った（十一月八日）。しかし川路は江戸の許可を待ち、その許可はなかなか下りなかった。その間に使えるポンプは二台に減じ、沈没は現実の問題となった。十七日にポシェットが来て「船底を修理するには船を傾け龍骨を水から離して修理し、また排水し、また修理するという方法を取るしかないが、下田のように海底が浅く、荒れる所では不可能である。この激浪中にすでに十日以上居る。諸公の事を解せざること実に甚だしいものがある」と切迫した事情を述べた。謹一郎は再び川路に「ロシア艦は難船したのであるから、このような場合どの港に入ろうともそれは自由である。旧例に捕らわれず出港させよ」と云った。

露国皇帝寄贈のディアナ号の大砲（『幕末外国関係文書』之十四より）

　実はこの時応接使たちは、ロシア人が船の修理という口実で、大阪付近に入港するのではないかと恐れたのである。日本人の疑り深さの一例であるが、ロシア人はそれどころではなかった。結局森山通辞が、船は大破しているから紀伊岬を越えることは不可能だと保証したので川路は出港を許したが、今度は江戸から密報が来て、伊豆地方の中で船修理の適当な場所を捜せと命じた。そして五日後、二十二日に伊豆内の戸《へ》田《た》が修理用の良港として見出された時にはディアナ号の可動ポンプは一台になっていた。そして漸く二十六日にディアナ号は下田を出たが、強風のため十二月二日、戸田に着く直前に沈没してしまった。ただ乗組員は沈没前に脱出していたので人的被害はなかった。日本側も漁船を出してディアナ号を引くなど協力したのだがその甲斐もなかった。

沈没後のプチャーチン

以後、応接使とプチャーチンは協議して、遭難したロシア人五百名を戸田《へた》に置き、そこで新船を造ることを決めた。戸田と下田間を往復する時のプチャーチンの態度は立派であった。日本人への無礼を許さず、兵を思い遣る心があった。ロシアは国としては極めて貪欲であるが個人としては東洋人を取扱うのがうまいのではなかろうか。日清戦争後朝鮮国王がロシア公使館に逃げ込んだりしたのを見てもその感が深い。プチャーチンはこのような難に遭いながらも交渉では言うだけのことを言い、戸田では新船を建造するなど尊敬に値する人物だったように思われる。川路はほとほと感心しており、謹一郎も「クリミア戦争の勝敗は不明、ディアナ号も英国との交戦の危険がある上、津波で大破してしまった。その上本人も海に落ちて負傷した。プチャーチンの心根は誅《ちゅう》すべしと雖も、その状況には同情すべきものがある。また長崎での日露交渉は成立しなかったのに、ペリーは恐喝して思い通りの条約を結んだ。逆夷《ぎゃくい》(怪しからぬ外人ども)にも運不運があるものだ」といささかの同情を示し、次のような絶句を作っている。

○君臣大義落膻腥　萬里挺身浮海溟　可恨素餐戸位輩　宅心遥愧布恬庭

（君臣の大義、膻腥《せんせい》に落つ。萬里挺身《ていしん》、海溟に浮かぶ。

恨むべし、素餐尸位《そさんしい》の輩。宅心《たくしん》遥かにプチャーチンに愧《は》づ。）

（君臣の義は西洋で行われ、彼等は命懸けで航海して来る。翻って我々を見れば、会議の席上に形だけ備わるのみで、帰心矢の如しである。実にプチャーチンに恥じ入るばかりだ。）

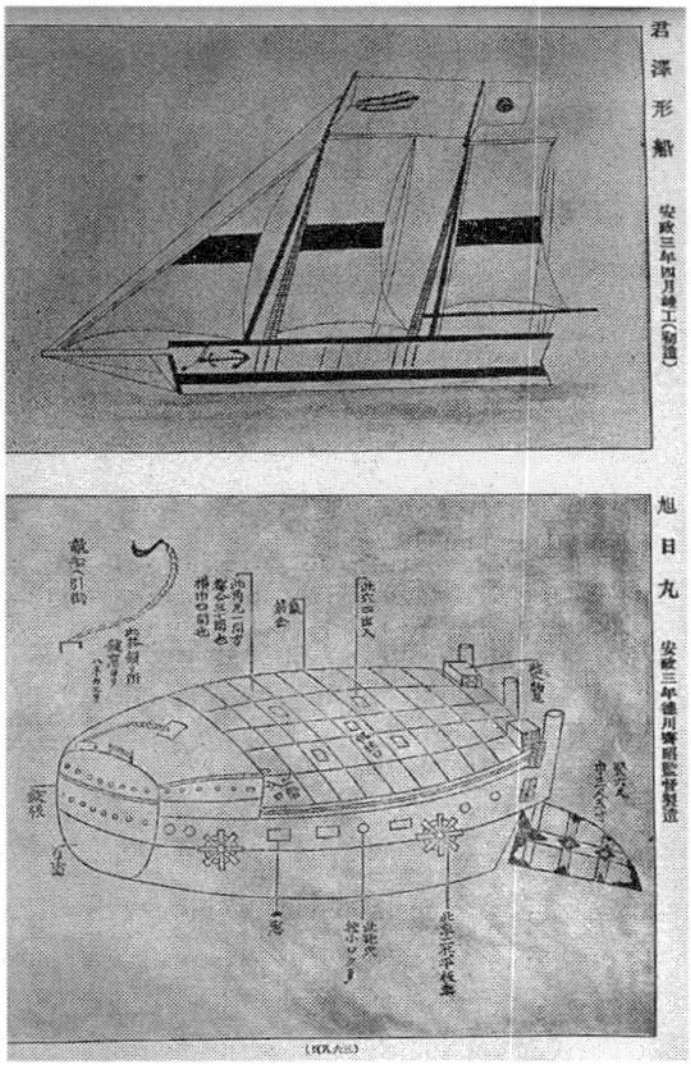

君沢型スクーネル船と水戸斉昭建造の旭日丸（厄介丸）（『阿部正弘事蹟』より」）

ロシア将校の兵を使う上手さも謹一郎を感心させた。沈没後海底で破壊したディアナ号から流れ着いた貨物を日本の役人が漁夫などを使って集めさせると混雑するばかりであるが、ロシア人は兵卒を海岸に一列に並べ、太鼓の号令で三度進退させることによってたちまち全貨物を収得した。また、どのような材木がどのくらいあるか知るため、日本の役人が各材木の寸法を帳面につけようとすると、ロシア人が、材木の用は決まっているのだから帳簿につける必要はないと止めて、「これこれの用に使うもの」と号令すると、卒がただちにそれを集めて来た。「その簡捷、神の如し」と謹一郎は驚いた。この頃の日本人の集団運動の無統率、喧噪はプチャーチンを可笑しがらせたと見え、「貴国人が練兵、操帆の事を学ぶのは結構だが、只、絶口無言は第一の難事であろう。この関門を通過しない限り、各技、皆、成らないだろう」と言ったという。

十二月の末に至ってプチャーチンは応接使に対して、五百名のロシア兵卒を安全に母国に帰すための幾つかの方策を示したが、結局、日本側から派出した大工を使って戸田村で建造した小型のスクーネル船「戸田丸」で、安政二年三月に帰国した。既にそれ以前ディアナ号乗組員の一部は下田に来た米船カロラインフート号で帰国していた。戸田丸やカロラインフート号についても興味深い話が多いが、この時には謹一郎はすでに下田を去っているので本書では割愛する。

6 フランス船襲撃未遂事件

米露通交の妨害に失敗

日本人はこの下田交渉において始めて、日本と相手国以外の第三国を巻き込んだ複雑な国際問題に直面した。まず、十二月九日のアメリカ軍艦の入港に際して、川路は、米露の勝手な来往を禁じようと試みた。日米条約をロシア人に秘密にし、ロシア人の救助はアメリカに頼みたいという虫の良いことを思ったのである。しかし下田の玉泉寺に居たポシェットとゴシケヴィッチは直ちに米艦に赴き、屬吏青山が阻止するのを構わず乗船してしまった。謹一郎は「西洋では海上で難破船を見れば必ず救助することになっている。止めさせようと思ってもできることではない」と、屬吏の派遣を止めようとしたが、川路は聴かなかった。ポシェットは後に「我々外国人同士が会うのに、どうして下田奉行が邪魔するのか」と伊澤を罵ったが、謹一郎は感想の中で「思うに、事を解せざる愚人は見渡せば皆そうである。ただ下田奉行だけだろうか。伊澤奉行はその中では事を解する人に屬するのだ」と笑っている。

外交問題、謝罪せず

露米問題は日本の策が成らなかったというくらいの所で終結したが、露仏問題は危うく大問題になりかけた。十二月十二日に入港したフランス船は初め捕鯨船と思われたがその実は政府の船で、入港時はフランス国旗を掲げていたが、米艦からの情報でロシア人のことを知るや否やたちまちアメリカ国旗に差し換えた。しかし乗組員の清国人が、これはフランス船であり、船員たちはロシア兵の話を聞いて恐れている、と言ったので応接使たちも仏船と考えるようになった。一方、十二日の夜、下田に居たゴシケヴィッチはポシェットと相談してロシア人従者一人を連れて戸田へ急行し、翌十三日フランス船を攻撃すべく、露兵の精鋭七十名を引き連れてプチャーチンとともに戸田から下田に引き返した。この時、船がない彼等は「アメリカ人が贈り物をくれたが大きすぎるので二艘のボートを借りたい」と日本人通訳上川を騙して、兵器をボートの底に隠し、海路飛ぶように戻ったのである。しかし仏船はロシア人を恐れてその朝すでに出港していたので、下田で露仏戦争が起ることは避けられた。プチャーチンは日本人がフランス人に教えて、出港させたのだと疑い、通辞森山を詰《なじ》ったという。応接使たちはヨーロッパ人の不屈の闘志に舌を巻いた。謹一郎は書いている、「二夷が我が海岸で戦い、もう少しで累《るい》をなす所だった。一日の差で恩にも仇にもならなくて済んだが、これは天の助けであった。だが、ロシア人にフランス人を避けさせようと考えた我々の臆病は何たることか。ロシア人は却ってフランス人を攻撃しようと考えた、窮鼠猫を噛むの勢とはいえ、我々日本人と比べれば、その勇敢さは天地の差である」。

しかし勇気は勇気として、日本国内でこのような怪しからぬ行動は許されるものではないので、川路は日露条約が成った十二月二十一日の宴会の席上プチャーチンに対し、我が国に累を及ぼす行為を計画するのは道理に悖《もと》ると非難した。プチャーチンも窮して「あの時は軽率だった。条約が成った現在決して日本領内で類似の事件は起さない」と誓った。謹一郎は「而してついに、過ちを謝するの一言無し。吾、心に憤すること甚し。通好の正使にして人の門庭を擾《さわ》がす。儀禮の大邦の云爲《うんい》（言動）宜《よろ》しく此《かく》の如くあるべけんや」と怒っている。外交交渉で謝ってはならない、という西洋人のやり方を日本人が実感した最初の例であっただろう。

7　開港地としての下田の風俗

ロシア人の行列、サウナ風呂

下田は安政元年春夏の頃の米人に続いて冬に露艦や米艦を迎え、外国人の珍奇な風習や振舞を見ることが多くなった。津波に襲われる以前、まだのんびりしていた頃、ディアナ号のロシア人たちはラッパを吹き鳴らし、ロシアの歌を歌って下田の町を徘徊し、日本の子供たちはその後ろに従って騒ぎ廻った。水夫たちは細竹を杖とし大根を持って、且つ歩き且つ齧《かじ》っていたという。また応接使の行列の前で「下におろう」という掛け声を真似したり、駕籠脇《かごわき》に随従してはしゃぎ廻る者もいた。ロシア人の石鹸も住民の注目を引いた。しかし船に戻ると士官の一人が、戻って来た者が覚えた日本語を記録して、学習していたという。サウナ風呂の実見談もある。「断面四角の鉄棒を重ねて井桁に組み、その周りで鉄棒が赤くなるまで薪を燃やした。鉄井に水を灌げばたちまち蒸気が吹き上がる。すぐ横に幔幕でテントを作り、別に銅の大釜に湯を沸かしておく。こうして五、六人のロシア人にそれぞれ小桶一杯の湯を与え、幔幕から出て蒸気風呂、即ち井桁の中に入らせる。こうして二百人以上のロシア人たちが忽ち入浴し終った」。

津波で船が沈みそうになってもロシア人は余裕があった。彼等は下田の休息所、玉泉寺に写真道具を持ち込み、玉泉寺の主僧や奉行配下の伊佐新次郎の写真を撮った。この頃写真を撮るのは大仕事で、撮影する側は皮板で銀版を磨き、壜に化学薬品を注ぎ込んだり、アルコールランプで鏡の背面を焼いたりしなければならなかった。写される方も大変で、椅子に寄り掛かった後、顔面や手脚をY字状の鉄の棒で固定された。この時の主僧の写真は『西使續記』が版になった大正二年までは玉泉寺に蔵されていたそうである。現在もあるだろうか。

アメリカ人、金を揮うこと土の如し

この後ロシア人は戸田に去ったが、今度はアメリカ人たちが町中を横行し、酔っぱらって刀を見せろと迫ったりもした。米人は常に装塡した六連発のピストルを携帯し、上着に予備の弾薬を貯えているという評判だった。ジョン・ウェインを彷彿とさせる。それでも下田の庶民はロシア人よりアメリカ人の方を好んだ。その理

由は単純で、ロシア人はけちで汚く、アメリカ人は金を惜しまず清潔だったからである。幾つかの挿話を示すと、まず本郷村で蜜柑を買った米人がいて、彼は洋銀で代価を払った。店婦は日本の銭でなかったから是を返そうとしたが彼はそのまま立ち去った。店婦が追い掛けて無理に返したら、米人は両手で蜜柑を推し戴く真似をして食べてしまった。情景が目に浮かぶようである。また鯛を買った米人がいた。魚屋が、代金が多すぎるし、個人的売買はできないと言うと、彼は奉行所まで魚屋を連れて行って役人の前で魚を受け取った。魚屋が代金の多すぎる分は明日魚でお返しすると言うと、彼は「今日買いたくなったから買ったまでで、お釣の金や魚は要らない」と言ってそのまま帰ったという。「其の金を揮《ふる》うこと土の如」くであった。

下田が開港されるとすぐに交易の問題が生じた。日米和親条約では「金銭または品物によって有用の品を調える」ことを許していたが、「有用」は単なる言葉のあやで、庶民は何でも売った。謹一郎の従史、江越は米人が法外の値段で麦藁細工の小箱を買うのを見て義憤を発し、「このような事は弊害を産むばかりである、元来欠乏品を与えるなどという条約文は人を騙すようなもので、耳を掩って鐘を盗むのと同じである。要するに日本は貿易を許したのである。…（中略）…今、世界中には土地の肥えた所も痩せた所もあり、気候も温かい所と寒い所がある。だから貿易して有無を相通じるのは民を安んじるための当然の施策である。三皇五帝が今生き返っても到底航海貿易の利益をなくすことはできまい。それなのに貿易と言わず、欠乏品供与と欺いて、かえって小狭い商人にだけ利益を得させるのは立派な政治と言えようか」と論じた。こんな当たり前の議論もその時代にあっては卓見だったのである。謹一郎は、江越生の論大いに取るべき有りと同感している。

米人の贈り物、会話、汽車の話

応接使と米使は互いに贈り物を交換したが、米側は用意していなかったので、お返しに窮して、手持ちの書籍類などを呉れた。本は、産科、瘡《そう》科、解体帖などの医学書（フィラデルフィアの刊本である、謹一郎はフィラデルフィアを知っていた）の他、望遠鏡や電線の作製法、蒸気機関説、種々の機械作製法、ポーハタン号機関図のような工学書、および英国海軍職官表という雑多なものであったから、目付の松本は喜ばなかったが学者の謹一郎は喜んだ。これらの本は後に蕃書調所の蔵書になったのだろう。日本側からは漆器や茶碗などを贈ったが、アダムスは大君からの個人的贈り物なら受けるが、政府からの物なら受ける訳にはいかないと言った。大君はすなわち政府であって、両者を区別できると考えなかった日本側は謹一郎を含めて、その解釈に苦しんでいる。

条約調印が成った安政二年一月五日に、下田奉行を筆頭に対米交渉掛はポーハタン号に登った。米側の接待はロシアに比べると簡素なもので、食べ物が潤沢にある米艦内部を知っていた日本側は、アメリカ人はケチなのだろうかと疑った。しかしアメリカ人はユーモアがあるので会話は楽しく進んだらしい。艦長が頭痛持ちであること、ペリーが病気がちであること、巻き煙草（葉巻きのことか）は合衆国東辺の人が嗜むこと、伊澤には夫人が何人いるかなどのことである。伊澤は非常な好男子だとペリーの航海記に書いてあるから、アメリカ人は特に聞いたのかもしれない。謹一郎はロブサイトとメッキの話、温泉の温度の話、ロブサイトが香港で地理の本を編述していること、「日本」の語源は日《ひ》出《いづ》る国であること（ロブサイトの言である）などを文字や蘭語通訳で話した。しかしすこし込み入ったことになると意志の疎通は難しかったようである。

謹一郎はこの下田滞在期間中に汽船や汽車の重要性を強く印象づけられたとみえて、それについて何度も書いている。まず十二月二十八日には前日ロブサイドから借りた地図を見て、現在欧米各国で鉄道が縦横に走り、長きは二百里に及ぶことを知って「嗚呼《ああ》、我が邦は即ち海国、火船《かせん》且つ未だ成らず、何ぞ況《いわ》んや火車《かしゃ》をや」と西洋諸国と我が国の科学技術の差を歎いた。そして一月五日ポーハタン号の蒸気機関の釜の部分を見せてもらった際には例のごとく内部構造を具体的に描写している。また、この時ポーハタン号には三年ほど前に漂流してアメリカ船に助けられた三河の田原藩の人が乗っていたが、その人の談として、米国の汽車は日本の里程四百里を二日で達する、途中、駅の食堂で食事したり乗り換えたりして旅行する、だから歩いて旅するものを見ないなどのことを聞き、謹一郎は「異聞なり」と驚いた。そして一月五日の条約書取り交しの時の日米の会話を次のように記している。「アダムスは、前回ペリーが来た時に差し上げた電信機、汽車模型、耕具、種子などはどうされたかと問うた。伊澤が電信機はまだ動かせないが、その他はしかるべく処置できたと言うと、アダムスは鉄道は是非造るべきである、そうすれば江戸下田間は半時《はんとき》かからないと言った」。後に述べる「沿岸測量に関する上書」の中の一節がこのアダムスと伊澤の会話を基に書かれたことは疑いない。謹一郎はアメリカ人には好意があると感じたようである。

8　漢詩で見る謹一郎の個人的生活

本章では謹一郎の下田滞在中の公的側面をみてきたが、最後に漢詩を読みながら、時間的に順を追って彼の個人的生活を紹介する。

箝口令と直筆の決意

下田出張直前、十月十七日の謁見の際、謹一郎は老中阿部正弘から、今回は「漢文翻訳の儀を主に致し、応接場にて談事致す間敷《まじき》旨」の書取《かきとり》（文書）を渡された。謹一郎は、これは川路が阿部に進言して、名を「応接場上」に託して謹一郎の口を封じようとしたのだ、と直感した。謹一郎は続けて「人、賤しければ、言、膺《あた》る。古来然り。報国の事、後来如何ぞや」と書き記した。位が低い自分の方が正しい判断ができるという自信と、意見を述べられないなら今後、国に尽すことができようかという無念の気持が現れている。謹一郎は残念だったろう。

十九日朝出立した。この日は品川台場の大砲の試し打ちの日に当っていて、謹一郎は品川宿の送別の宴後、塾生たちと砲声轟々、濤声鞳々《とうせいどうどう》の裡《うち》に別れた。下田の町で、筒井や川路などの大官は港から離れた寺院に居を構えたが、謹一郎は位階が低いので、港から二条だけ陸に入った伊勢町の舟問屋半田屋という所に寓した。交渉が始まる前日、謹一郎は次のような漢詩を作って、曲筆せず、真実を書き留める決意を示している。

○偃蹇依然彫朽質　方頭渉世殊無術　牛皮奸是積多年　斗大印誰期異日
養得剛腸甘飲氷　縦談時務空捫蝨　斯行不復詠林巒　寸管将追董狐筆
（偃蹇《えんけん》依然 彫朽《ちょうきゅう》の質。方頭《ほうとう》世を渉るに殊に無術。
牛皮の奸《かん》是れ積むこと多年なり。斗大《とだい》の印誰か異日を期す。
養い得たり、剛腸の飲氷に甘んずるを。縦《ほし》いままに時務を談じて、空しく捫蝨《もんしつ》。
斯の行復《ま》た林巒《りんらん》を詠まず。寸管将《すんかんまさ》に追わん、董狐《とうこ》の筆）
（自分は傲岸〔偃蹇〕な上に朽木に彫ったようなつまらぬ者で、また四角な頭をアチコチぶっつけるように不器用なたちで処世術はなっていない。今回船でやってきた〔昔、蛮族は牛の革で船を作った〕ロシア人たちは長年奸策を用いて来たが、いつか彼等をやっつけて、彼等から大きい金印を奪ってやろう〔昔、蛮族は一斗桝ほどの金印を持っていたとされている〕。自分はどんな冷遇にもへこたれない根性を養ってきたし、蝨《しらみ》が涌くような貧乏人とはいえ、いささか時世を解する所がある。今回の出張では景色を詠むなどの風流は断念し、董狐〔直筆で名高い歴史家〕に倣って、断然真実を記録するのだ）

津波後の惨憺たる生活

十一月四日の津波の日、身をもって逃れた謹一郎と従史たちは本郷村農夫伊右衛門の家に厄介になり、八畳の部屋に米俵と十一人が寝た。伊右衛門は篤実な人物で、その妻や娘と米を搗き、握り飯にして出してくれた。翌五日には同村の増屋林蔵の家に移った。今度の家は謹一郎たちが自由に使えたが、廃屋で戸障子も破れていた。謹一郎は着るものさえないので会議に出席もできなかったが、十一月七日に筒井と川路が見兼ねて衣袴《いこ》を贈ってくれた。この時ばかりは強情な謹一郎も施し物を貰って喜んでいる。十日、謹一郎たちは伊澤から贈られた塩鮭を食べた。被災後六日目にして初めて野菜以外の物を口にしたのである。伊澤の宿舎では夜になると狐が魚の臭いに釣られて屋を巡って啼くという話を聞き、謹一郎は「予、屋を遶《めぐ》って啼かずして、饋《き》（食糧の贈り物）を得たり、何の楽か之《これ》に如かん」と自嘲している。この頃、夜になると鼠が枕元を駆け巡り、布団には虱が湧いて惨憺たる生活であった。十二日に漸く幕府から百両の賜金があり、十四日には奉行の都筑がよい布団を貸してくれて安眠できるようになった。それでも謹一郎の宿所は寒々としており、会が終って夜戻って来ると「諸公、毬燈簇々《きゅうとうぞくぞく》（提灯が懸け並べてある）、燭龍の空に遊ぶが如し。而して吾は唯、家寄の（家から送って来た）一燭有るのみ。煢然《けいぜん》として艸《そう》（草）際の孤螢の如し、覚えず自ら失笑す」といった有様だった。

命だけは助かったが、謹一郎の被害は物心ともに大きかった。その居所が港から二条しか離れていなかったから、携帯して来た物品は全て海に没してしまったのである。謹一郎が最も悲しんだのは、先人（侗庵）手輯《しゅしゅう》の綺語《きぎょ》一巻、謹一郎が十五年来抄してきた書物、學林代奕《だいえき》二筆記稿（本にすれば十一、二巻になる量）、十年来の吟草（四百余首）の喪失であった。これらは精神の籠ったもので、とりかえしのつかない損失であった。津波で謹一郎が失ったものはこの他に、詩文集、謄本類二百余巻、革甲《かわよろい》、刀八口、二百両の金、新装の衣類七、八十件、普段愛玩していた文房具、筆硯類の全てがあった。現金に直せば九百両以上の損害であったという。当日の口號《こうごう》（即興詩）に、次のものがある。

○瓦礫亂飛人叫呼　俄聞海嘯迫前衢　単身抽得東西竄　除却双刀一物無
（瓦礫亂れ飛び、人叫呼す。俄に聞く海嘯〔つなみ〕前衢《ぜんく》〔隣の街路〕に迫ると。単身抽《ぬき》んじ得て東西に竄《ざん》す〔逃げ回る〕。双刀を除却すれば一物も無し）

生活やロシア人を詠んだ漢詩

十日には窮居にもやや慣れて、詩を作ってみようという気になった。「我道非乎何至此《わがどうひかなんぞここにいたる》」の句を韻（例えば「我」なら、左の詩の二、四、六、八句の最後の文字が簸、柁、裸、我というようにア音で終る）として律詩七首を作った。「我」の一首を引く。

○泊々浪頭烈於火　斯生殆已波中簸　休嘲措大歎無衣　請見緑瞳脩敗柁
洪變漫言四百秋　赤身猶冠三千裸　懸罄敗宅姑栖遅　顧影蕭然忘物我
（泊々《はくはく》たる浪頭《ろうとう》、火よりも烈し。斯《こ》の生殆んど已に波中に簸《は》せられんとす。嘲ける休《なか》れ、措大《そだい》の無衣を歎くを。請う見よ、緑瞳の敗柁《はいた》を脩するを。洪變漫《こうへんすず》ろに言う四百秋と。赤身猶《な》お冠たり三千の裸に。懸罄《けんけい》敗宅姑《しば》らく栖遅《せいち》。顧影《こえい》蕭然物我《ぶつが》を忘る）
（静かに迫って来る浪頭は火よりも激しい。我が命もほとんど波にさらわれる所であった。貧乏書生が着物を失ったと馬鹿にするでない。緑瞳のロシア人たちも壊れた舵を修理しているではないか。前の津波から四百年経つという。丸裸でも生きているだけ沢山の死人には勝る。家財もなく〔懸罄〕ボロ家に住んで、我

が身を省みるとこれが自分だろうかと思う）

十七、八日には生活の事を詠む余裕ができた。「臣今老矣不如人《しんいまおいたりひとにしかず》」の句を韻として七律を賦した。今、如、の二首を掲げる。第二首はロシア人の事を詠んでいる。

○遶屋青山煙霧深　蒼涼光景足傷心　操觚手代庖丁術　呑岳氣消落魄吟
飢子枕邊来討食　半風被裡夜攀衿　形骸贅物何須問　冷眼塵中撫古今

（屋を遶《めぐ》って青山煙霧深し。蒼涼の光景心を傷ましむるに足る。
操觚《そうこ》の手は庖丁の術に代り、呑岳の氣は消えて落魄の吟。
飢子《きし》、枕邊に来りて食を討じ、半風《はんぷう》、被裡に、夜、衿を攀ず。
形骸贅物何ぞ問うを須《もち》いん。冷眼塵中古今を撫す）

（田舎なので山が近く、霧が煙っている。淋しい風景で心が滅入る。〔従史たちは〕筆をとるべき手で庖丁を握り、壮大だった志も消沈してしまった。鼠が枕元で餌を捜し、虱は掛け布団の衿元を這っている。しかしそんな物質的なことなど何ほどの事があろう。冷徹な目で歴史の学問をするのだ）

○逆虜孽龍経歴餘　團欒昕夕賦歸歟　思郷夢破三更雨　洗肺盃傾一碟魚
銀鏡照人携萬里　銕輪戽水失三車　養癰激変休旁議　火砲艨艟奈不如

（逆虜孽龍《ぎゃくりょげつりゅう》経歴の餘。團欒《だんらん》の昕夕《きんせき》、歸を賦する歟《か》。

思郷の夢を破る三更の雨。洗肺の盃を傾く一碟《いっちょう》の魚。
銀鏡人を照らして萬里携え、銕輪《てつりん》水を戽《く》んで三車を失う。
養癰《ようよう》激変旁議《ぼうぎ》するを休《や》めよ。火砲艨艟《もうどう》如かざるを奈《いかん》）
（我国に禍をなす龍（ロシア船）は航海の挙句、今や乗組員たちは朝晩集まって帰国を相談しているだろうか。夜の雨に故郷の夢を破られ、一皿の魚で酒をのみ気分を晴らしているだろう。遠く日本まで写真機を持って来たが、今は排水ポンプも三機を失ってしまった。しかし不幸にも擱座したからといってとやかく言うものでない、我が国は大砲でも軍艦でも彼等に敵わないではないか）

詠嘆、述志の漢詩

この頃には、儒官に慊《あきた》らぬ思いを詠じたり、尽忠報国の述志の詩もある。二首をあげる。

○偶逢公務濶　鎮日弄柔翰　思国肝腸熱　寡才心力殫
濫竽傷伴食　長鋏咲空弾　経世殊多術　勿爲文字官
（偶《たま》ま公務の濶《かつ》に逢い、鎮日柔翰《ちんじつじゅうかん》を弄す。国を思いて肝腸熱せども、寡才心力殫《つ》く。
濫竽伴食《らんうばんしょく》を傷《いた》み、長鋏《ちょうきょう》空弾を咲《わら》う。経世殊《こと》に多術　文字官と爲る勿れ）
（今日はたまたま公務がないので一日中筆を執っている。国を思えば身内が熱くなるほどだが、才能はそれに追い付かない。濫りに笛を吹いて己の無能を示した者のように、自分もただ会議の席に連なっているだけだから、栄達を求めて刀の柄を撃ち叩いた昔の食客に変わる所がないようだ。世を渉るには色々な道があるだろうが、文章を作る書記のような者にだけはなるものでない）

○盤錯始知干鏌利　洪聲呼起齁々睡　非将傲骨犯風塵　欲吐讜言明大義
塞雪晴埋属国旄　湘雲夜冷靈均涙　十年攻苦讀寒窓　百折敢磨経世志

（盤錯《ばんさく》始めて知る干鏌《かんばく》の利。洪聲呼び起す齁々《こうこう》の睡。
傲骨《ごうこつ》をもって風塵を犯すに非ざれども、讜言《とうげん》を吐きて大義を明らかにせんと欲す。
塞雪《さいせつ》晴れて埋む属国の旄《はた》、湘雲《しょううん》夜冷かなり靈均《れいきん》の涙。
十年攻苦寒窓に讀み、百折敢えて磨す経世の志）

（盤根錯節があってこそ干将莫邪の名刀の切れ味が分かる。割れ鐘のような大声〔ペリーの来航〕が熟睡している人〔日本〕を呼び起こした。自分は偉そうに高ぶって俗吏の職務を軽蔑しようと言うのではないが、正しい言葉を吐いて、我が国の進むべき道を明らかにしようとは思っている。蘇武のようにこの辺境下田の地で国の使節の旗を汚さず、屈原のように国のために心血を濺《そそ》（水賤）ごう。十年間努力して書物を読んで来たが、その苦労は世を救うためであったのだから）

謹一郎は開国を主張したが、それはこのままでは日本が亡ぼされるかもしれないという危機感から富国強兵を目指すためであって、謹一郎が本心から外国人を好きだった訳ではない。米国との条約書取り交しの後、大統領の健康のために乾杯した時「蓋《けだ》し、主の客を敬する番禮なり、予倣《なら》わざるを獲ず、是、一好咲《いちこうしょう》たり」や、英国軍艦からの書状中の「我（日本）が国王の平安を候す」という句に対し「我が帝家、将軍の安、胡《なん》ぞ巻髪夷の候問《こうもん》を用いんや」と反発しているような文章はほとんど攘夷家の言である。もっと露骨なのはロシア人に猪の肉を贈った時の七絶で、その三、四句は「欲見投骨狺々闘　此冦従来是犬戎」（見んと欲す投骨狺々《ぎんぎん》の闘い。此の冦従来是れ犬戎《けんじゅう》）というものである。すなわち、この肉を投げてやったら彼等は争って食べるだろう。なぜなら我国に押し掛けた彼等は元来犬だからだ、という意味である。半分は冗談にしても、謹一郎はロシア人のことを隙を見せれば食い付く犬のように言っている。

望郷の念と帰宅

十一月二十六日から十二月五日にかけては対露交渉は一段落し、米艦もまだ到来しない閑散の時期であったので絶句も多く作った。望郷の情を詠んだものを一首挙げる。

○微官未與赤松游　萍迹即今嘆久留　地気偏南温挟纊　故郷梅亦著花不
（微官未だ赤松《せきしょう》と游ばず。萍迹《ひょうせき》即今久留《きゅうりゅう》を嘆く。地気、南に偏して温きこと纊《こう》を挟《さしはさ》めども、故郷の梅亦た花を著するや否や）
（小官の私は仙人に従って遊ぶことはおろか、出張先から帰ることもできない。この地は南にあって綿入れを着るているように暖かいが、江戸の梅はまだ咲かないだろうか）

安政元年大晦日に井戸、伊澤らと、年賀拝礼は徒労だから止めようと論議一決したので、翌二年元旦には寝坊した。二年続きの出張先の迎春でウンザリであったが、反面、江戸に居れば年賀の挨拶に駆け回らなくてはならないと思うと「或いは此れ、彼に勝るか。畢竟已むを獲ずと言うのみ」と淡々とした気分だった。そしてアメリカ人が目付松本に贈呈した人体解剖図を借りて来て、高畠生や従史たちと酒を呑みながら閲覧した。「前人曰く、史を讀むに酒無かる可からずと。解體帖をもって酒を下すは自ら我、古《いにしえ》を作《な》す（世界最初である）」と面白がっている。

この後は役目も終って一月七日に下田を発ち、熱海で温泉に入ったりしながら、十一日に昌平黌の官舎に戻った。謹一郎は生きて帰れたことを自ら祝して一詩を作った。

○膚粟膽寒彼一時　斯番全得老頭皮　首丘念達是多幸　執戟官卑非喫虧
敢建菜公孤注策　徒懐屬国入関思　鶯簧洗肺梅花咲　前度劉郎雪染髭

（膚粟し膽寒きも彼一時。斯の番、全うするを得たり老頭皮。
首丘《しゅきゅう》の念、達するは是れ多幸。執戟《しつげき》の官卑しけれども虧《き》を喫するに非ず。
敢て建つ、菜公《さいこう》孤注の策。徒らに懐う、屬国入関の思。
鶯簧《おうこう》肺を洗って梅花咲く。前度の劉郎《りゅうろう》、雪、髭を染む）

（鳥肌が立つほどゾッとしたり、胆を冷やしたりしたこともあったが、兎に角この祇役《しえき》から生きて戻ることができた。狐は死ぬ前に自分の巣穴を振り返るそうだが、幸運にもその一念は達せられたし、位が低いからといって屈辱を受けた訳でもなかった。乾坤一擲の策も提言したし、今から思えば国の代表の旗を持って外国に出かけるというほどの悲壮な覚悟を持つ必要もなかったかもしれない。帰ってみれば梅が咲いて鶯の声に気が休まる。出かける前は若かった美男子も、今見れば髭に白いものが交じっている）

終りの二句「鶯簧洗肺梅花咲　前度劉郎雪染髭」には月並みな中に謹一郎の正直な感慨が籠っているように思われる。

謹一郎の漢詩について

本章に謹一郎の漢詩を十首ほど引用した。また本書の他の章でも折に触れて漢詩を引いた。筆者は漢詩の善悪を批評する能力は乏しいが、富士川英郎氏の『江戸後期の詩人たち』に引かれている詩人の漢詩に比べて、謹一郎の漢詩は「学者の詩」であるということはできると思う。菅茶山や広瀬淡窓、或いは館柳湾の詩のように、日本の自然や風俗を客観的に写生してその中に詩情を感じさせるもの、或いはロマンティックな感興を起させるものは謹一郎の詩にはほとんどない。第三章第3節の中山道紀行で紹介したように謹一郎も風景描写はするのだが、その場合は純粋な自然描写のみで人情が含まれていない場合が多く、そのせいか文章が多く詩は少ない。江戸後期の詩人は明の性霊派の影響で、日本人の感覚に合う漢詩を作ったのだそうであるが、謹一郎はそのような態度で漢詩を作ったのではなく、自らの信念や心境、或いは自分が置かれた状況を述べるために主観的な漢詩を作ったと言えるだろう。これはある意味では「述志」というシナの漢詩の伝統に則っているのかもしれない。

謹一郎の漢詩のもう一つの特徴は知識がないと読めないということである。シナの歴史や伝説或いはことわざに精通していない限り、その詩を正確に理解することは難しい。筆者などは諸橋轍次先生の『大漢和辞典』と首っ引きでないと理解できない。そうは言っても謹一郎の作詩術は上手いのではなかろうか。後に中村正直が「讀君之詩喜欲笑　愈出無不愈精妙　匹似昌黎大手筆　搾韻寛用成佳調　快如江海蹴波起　麗如珠璣映日照」という詩を作っているから、漢詩を作る人から見れば、愈《いよい》よ出でて愈よ精妙ならざるは無く、搾韻寛用（難しい韻を巧みに使って）佳調を成しているのだろう。なお、右の詩の第三句中の昌黎は韓愈（退之）のことである。

明治十七（一八八四）年の日記の三月二十四日の記に、謹一郎は「兪書《ゆしょ》は詩を待つに必ずしも巧拙を論ぜず、その注脚の時事を述ぶるに因って、人をして紀事の詩を忘倦《ぼうけん》せしむ。詩は自ずから事に依って傳わる、主客倒置、人間《じんかん》の常態なり」と書いている。作詩者はその事柄を後世に伝えようと思ったのではなく、上手な詩を作ろうと心掛けたのに、兪書のような後世の書物はその事柄だけを論じて詩の巧拙は論じない、すなわち初めは詩が主で事件は客であったのに、時が経つと事件が主で詩が客になる、世の中はそうしたものだ、ということを言ったのである。筆者が謹一郎の詩を引用するのもこれと同じなのかもしれず、地下の謹一郎から叱られそうである。

第五章　公明正大に開国すべし

1　官吏駐劄に関する上書

「開国」上書提出の経緯

謹一郎が下田から江戸に戻ったのは安政二年（一八五五）正月十一日であった。東帰後三日目の十四日に江戸城に出勤した謹一郎は、目付岩瀬忠震と「領事官一条」について論議した。これは、謹一郎が旅先から幕閣に提出した上書について、執政阿部正弘が謹一郎を詰問するよう岩瀬に命じたからであった。その経緯を謹一郎は次のように推測している。「これは、責任逃れのために川路が、この上書は謹一郎が建議したものであるということを阿部公に申し立てたからである。だから公は全くそう思われたものと見える。このことには色々曲折があったので、このように申し立てたのは川路の権謀術数である。とは言うものの、領事駐在の利益はそれによる害を上まわるだろう」(『日誌』)。

これで見れば、領事受け入れは、下田会議に列席した筒井、川路、伊澤および謹一郎などの多数意見であって、謹一郎がその急先鋒だったので代表して書くことになったものと思われる。第四章第3節後半に安政元年十一月二十七日の会議の席上、謹一郎が領事駐在を認めるよう幕府に意見書を差出すべしと主張したことを述べたが、これが実行に移されたのであろう。また第四章第4節に川路の領事駐在に関する考えを謹一郎が批判しているが、その部分も参考になる。前章の最後に紹介した漢詩の第五句は「敢建菜公孤注策」である。「孤注策」というのは賭博に負けた男が最後に全財産を賭け、乾坤一擲《けんこんいってき》の勝負に出ることを云うが、謹一郎の「孤注策」はあるいはこの上書を指すのではなかろうか。

この上書は田邊太一の『幕末外交談』に「官吏駐剳に関する上書」として引用されているものであると思われる。田邊はこれを安政三年七月のハリス来日以後のものと判断しているが、これについては後に述べることにして、左にほぼ全文を引用する。本節および次節で引用する上書の原文は『幕末外交談』に掲載されているので、本書では一部を除いて筆者の意訳である。

領事はスパイか、意思疎通役か

謹一郎はまず、日本が昨年和親条約を取り交わし、漂流外国人の救助や欠乏物資の購入を許したのに、アメリカ、ロシア両国が、まだその上に吏人(公使や領事)を置くことにこだわるのは、彼等の勝手気侭である、これは畢竟《ひっきょう》アメリカやロシアに魂胆があり、その吏人に日本国内をスパイさせ他日の侵略に利用しようと思っているに違いなく、実に迷惑千万である、と日本国内の多数意見を要約してみせた。そして続けて、しかし自分、謹一郎にはそうは思われないと論じた。

「しかしながら、本当にそうならば悪賢い夷人たちにしてはチト不手際のことと存じられます。ロシアは現在クリミア戦争遂行中で国内情勢が不穏でありますから、直ちに我が国に攻め込むことは出来ますまいが、アメリカは国内は静穏な上、既にペリーは先年、九艘の船で神奈川まで侵入したくらいで、我が国の武備の不行届きは十分見透かしておりましょう。それなのに直ちに手を下さず、のんびりと官吏などを派遣して、将来、我が国を乗っ取ろうと計画するなどとは、この上ない手緩いやり方で、最初にやってきた時の神奈川での振舞とは雲泥の違いがあるように思われます」。

それでは米露両国の意図は何だろうか。

「では何故、官吏駐在を押して請願するのかといいますと、それは彼等の立場になって考えると、その意図はよく分ります。ヨーロッパ各国は国境が接しており、人民は互いに往来し、どこに行って住むのも勝手ですから、別段官吏を駐在させるにも及びますまい。しかしそれでも遠く離れた土地には矢張り官吏を差し置いておりますし、その外、宗教風俗が異なる国土には必ず役所を取り立て、官吏を駐在させています。そしてその理由は、情意（気心や意志）を通じ、他国民人と商談をし、貿易で大きい利益を上げようとするためでございます。

我が国は昨年来、初めて外国船来航を許可したくらいですから、外国人には日本の産物の善悪も判らず、また情意も十分には通ぜず、その上今後どのような取扱いになるのだろうと懸念するところもありましょう。そして今後長く和親を続けるためには外国人たちも一人ではなく交代して日本にやって来るでしょうから、その新しい船が来航の時、日本の港に既に同国人がいれば、諸事便宜で都合が良いと彼等は思いますでしょう。ですから日本の方でどんなに諭《さと》して、官吏を置く必要はないと言って聞かせても納得しないと思います」。

積極的海外進出論

前段で、領事を置くのは、文化風習が違う国の場合、意志を通じ、貿易をうまく行かせるためである、と謹一郎は述べたが、続く段では論鋒を一転し、年来の持論である積極的進取説を論じた。ここはこの上書の骨子なので原文を引く。

さて、当今天地の模様、出ると進むとは以って国を守る事でき申すべく候えども、退くと引っ込むとにては国勢日々陵夷《りょうい》し（段々衰えること）、人心、皆寝入り申すべく、夷人の願い筋チビチビと御断り、押して申し募《つの》り候期に及び、よんどころなく御許容、いづれの箇条も右の振り合いと相成り候ては、何時も先は彼方《かなた》に取られ候。たとえ海内の怠惰により、御一戦の支度、容易に相整わず候とも、よくこの進出の機を御取り外しなく、御見切りの処断然と遊ばされ候わば、御懸け合いだけは曲がりなりにも随分互角に相成るべく候。

元来夷人、我国へ官吏を差し置き候わば此方《こなた》よりも夷国へ官吏差し置かれたく思し召し候位にこれ無く候ては相済まず、我国只今にては舟乗りも未熟に候えども、海国の事、追っては是非万国へ押し渡り、貿易取り組み、我が国民にも十分の利潤を得させ、富強の御根基御立て成され候事大切に御座候。

即ち、いつも外国から迫られてやむなく少しずつ外国人の願いを聞き届けているようでは国勢は畏縮するばかりである、たとえ戦備整わず、航海術は未熟であっても少なくとも意気込みだけは対等に、相手が来るならこちらからも出て行って、領事も置き、貿易もするようにして、将来の発展を期すべきである、そして貿易によって富国強兵を図るべきであると謹一郎は切言した。

「ですから、今、外国人が官吏を置くというのは、将来、我が国が外国に官吏を置く場合の手本となりましょう。それなのに、ひたすら外国人を疑い、又、日本人が外国に派遣された場合は外国人となれ合って悪いこと（例えばキリスト教に改宗するというようなこと）をするのではないかと疑うようでは、何事もなし得ないと思います。小人《しょうじん》共は大衆受けする過激な論に迎合して、その場しのぎの考えで間に合わせの愚論を述べますが、それを御信用になってはなりますまい」。

このあたりの論を読むと、昭和二十年代にサンフランシスコ講和条約に関して、単独講和か全面講和かで日本中が大騒ぎした時と同じパターンであることが判る。「大衆受けする過激な論」に同調する者（謹一郎の言葉では「逢迎の輩」）というのは、吉田首相の言う「曲学阿世の徒」であろう。

この後、謹一郎は、清国のように戦争をして敗北した後官吏駐劄を認めると不利になる、それよりも先んじて「差し許す」に如かず、また今回のクリミア戦争時も、駐英、駐仏のロシア公使が相手国内をスパイするようなことはなかったのだから、数人の外国人が国内に居ても神経質になる必要はない、と述べ、今後万国と交際するのだから、もっと大きい気持で外国人を見るべきだと論じた。

幕府有司の先見の明

上書の内容は以上のようである。田邊は「今日よりこれを見れば頗《すこぶ》る尽さざる処あり、また事実を謬《あやま》るものなきにあらねど、兎に角当時、恇怯疑懼《きょうきょうぎく》の餘に出る俗論を層々排撃して餘力を残さず、大いに人心を啓発せしは…（下略）」と謹一郎の建言を高く評価している。二十一世紀の現在から見れば、領事を置くことは双方の便利であるのは当たり前であり、相手が来るならこちらから出て行くのも当然、日本語のできない数人の領事がスパイや第五列（後方攪乱）のようなことをする訳も無いし出来もしないのも当然であるが、この時代のほとんどの日本人は謹一郎のようには考えなかったのである。この上書を読むと、先見の明のあった幕府の外交方は、和親条約締結時にはすでに領事駐在を容認していたことが分かる。この人々にとって当然であった開国問題が、この後十五年近くあれほどの国内の混乱をひき起こし、遂には幕府崩壊の原因になろうとは、この時彼等の誰も思わなかっただろう。

さて、右の上書は本節冒頭で述べたように安政元年末に下田で草稿が書かれ、二年初めに提出されたものと推測されるが、上書の中にもその推測を補強する文がある。例えば文の冒頭「昨年来は缺乏《けつぼう》不足の品、買い調えをも御免《おゆる》し候えば」というのは安政元年二月の日米和親条約のことを言っているのであろうし、また引用は省略したが文中に「ロシアの方は追々談判仕り候て請求のヶ条も餘程減少の試みもこれ有り」という一文があり、これは、第四章第3節に述べた安政元年十一月二十七日頃の日露交渉の状況と一致している。最後にこの上書の執筆年が安政三年のハリス来日以降なら、ハリスの動静やその申し口に関する言及がありそうなものであるが、それは全く見られない。以上のことから、この上書は安政元年末に書かれたと断定できるだろう。

2　日本沿海測量に関する上書

その場しのぎの謝絶案

日本が開国した後、領事設置の次に来た難問が沿岸測量であった。安政二年三月、ジョン・ロッデイルという人物が日本近海の測量図を作って販売しようと考え、アメリカ政府の後援の下に測量許可を申請したのが事の発端である。下田奉行から願書提出の報を受け、例のごとく幕議は紛糾した。あるものは「米国に特使を派遣してこれを謝絶せよ」と言い、あるものは「日本で軍艦を製造した後、測量を行うであろう。その際米人三五輩を乗り組ませて共に測量を行わせるからそれまで猶予ありたし」などと論じた。『幕末外交談』の言を借りればいずれも「迂闊空疎《うかつくうそ》の口実を設け、目前の急を逃れん」とする説のみであった。

老中阿部はペリー来航時の海外航海の上書、プチャーチンの時の使節呼び寄せの建言、それと数カ月前の領事官設置の建議と三度にわたる謹一郎の上書を読んで、外国交際については謹一郎の意見も徴しておくべきだと考えたらしく、五月三日に林大学頭を通して、思った通りの考えを述べるよう謹一郎に求めた。この時謹一郎は阿部の知遇に感激し、五千字近い長文の建言を奉った。そしてそれは田邊の『幕末外交談』によって後世に残った。明治期には、勝った尊王攘夷側の功績は伝えられたが、負けた幕府側の記録は公的なもの以外、余り残されなかったから、そうした中で田邊の著述は貴重なものである。

永世の長策

書き出しの文には、謹一郎がこの上書を書くに至った経緯が述べてあり、この文から この上書が阿部正弘の諮問に対する返答であることが分かる。

「アメリカ船から願い出た日本海測量の問題、並びに、以後の外国船の取扱い方などについて考えがあれば、忌憚に触れても構わぬから、御国のためと思うことがあれば十分に取り調べ、なるべく急いで言上せよとの旨、林大学頭から（阿部公の）書面を頂き、畏《かしこ》まりました。私は生来愚昧の質で、これといった見込みも御座いませんが、御尋ねの上は及ばずながら御答えをも申し上げようと再三考慮を加えましたが、何分目前の良策に乏しく、恐れ入る次第でございます」。

すなわち謹一郎はこの上書で、田邊の言を借りれば「目前の良策」の代りに「永世の長策」を述べたのである。最初に謹一郎は測量拒否は和親の大義に反するであろうことに注意を喚起した。

「さてまず、沿岸測量は御国禁であると説明して聞かせ、相手が承伏いたしますれば結構でございますし、又はアメリカ側がどんなに主張してもきっと止めさせる手段があるならばこれ又格別ですが、そのどちらもダメな時には、それを許可するかしないかは後々までの禍根の原因になりましょう。もし、測量などはアメリカ側の身勝手であるから断然許さぬと言った場合、それは和親条約の精神と矛盾することになりませんでしょうか。ですから、冷静にお考えになれば、測量許可の諾否は申し上げるに及ばず御決着の事と存じます」。

測量は船乗りにとって必須

以下本論に入って謹一郎は、沿岸の測量は実際の航海者にとって命に拘る重大問題である、というアメリカ船の言い分には理があることを説いた。

「既に一昨年秋、外国人の日本渡来を許可するということになれば、彼等は海や陸の測量をするでしょうが、それは我が国の安全（存亡勝敗の機）とは無関係ですから、全く気になさることはないと申し上げておきました。測量というと我が国では何か薄気味悪く思いますが、我が国の沿岸に来て港に入る外国人の身に取っては一日も放置してはおけないことは、アメリカ船の申し立ての通りでございます。

この「測量」という学術について申せば、只今諸外国より船を出して、北極南極のような氷の海まで も研究しているくらいで、既にアメリカからも五艘派遣しているそうでございます。このように、草木も生えぬ不毛の地さえ測量するくらいですから、まして日本のように繁昌している大国で、しかも和親を許可した上は、彼等外国人がどうして測量しないで居られましょうか」。

右文中の「一昨年」は嘉永六年で、プチャーチンが来航した時、謹一郎が露使を江戸に召見すべしと説いたことを言っている。既にその時謹一郎は測量も許可すべきことを述べていたのである。また最後の一文で極地の測量に及んだ段は、洋学者謹一郎の知識の広さを物語っている。

大局から判断すべし

次の一段で謹一郎は、一応拒否して相手が強気に出たら許すと言うような姑《こ》息《そく》な態度をとれば日本は外国に信義を失うだろうと述べ、条約文の字句の末に拘泥することなく、大局的立場から、是は是、非は非と自主的に決定を下すよう勧告した。

「外国人はこのように思っておりますから、それを一筋にお差し止めになっても、決して承服せず、遂には事を荒立てて、迫ってくると思われます。その時になって仕方なく御許しになるようでは、今後別の事を請願してきた場合、その取扱いに甚だしい不都合が生じるでありましょう。今後、外国人どもが請願する筋はまだ他に数箇条あるように見受けられますから、彼等が、日本は頑固で道理が判らない国だから、ただ力ずくで脅迫した方が簡単に埒が開く、というような了見を持ちますと、将来、別の問題が起った時の弊害は非常に大きいものになると心配いたします。今回もアメリカ船は、沿海へ接近した時、陸上からの攻撃があれば受けて立つ用意も整っていると、船中の大砲などを見せたそうで、既に力づくの強行手段もちらつかせております。

そうであるのに国内では、「御国禁」とか「条約外の事」などと言って、容易に測量を拒絶できるように申す向きもあるようですが、これは全く口先だけ、書面上だけの理屈に過ぎず、多人数が口を揃えて申しても、『所謂群犬の吠聲《べいせい》にて、画餅《がべい》の喫す可からざるものとも申すべく、一向御用に立ち申さざる空論と存じ奉り候』」。

謹一郎は続けて、外国と我が国の実力の違いも知らないまま、他人の尻馬に乗って無責任な攘夷を振り回す者たちを手厳しく論難した。

「そもそも、御国禁と言うようなことを言い出せば、外国船の入港を許したのをはじめ、外国人の上陸、散歩、買物も差し許した上、内海へ乗り入れて大砲をぶっぱなすなどのことも大目に見るなどとは何事でございますか。これこそ国禁を犯すとも国辱とも言うべきことで、残念至極のことと言えましょう。しかしこれをお許しになったのは、畢竟世界の形勢を見て、開国は已むを得ぬことと御洞察なさったからで、それ以後、条約の締結にまでお進みになったのですから、実に以って卓越の御偉略と存じます。そうであるのに、心得の無い者共は、開国を国辱のように言っておりますが、これは所謂目睫《いわゆるもくしょう》の論（目先の小論）であります。百歩譲って、仮にこれらの輩の申します通り、それが国辱であるとしても、この国辱を辛抱なさったのは全く戦争の危機を避け、国内人民の安寧のために決断されたことですから、今更測量願い位のことについて、御国禁とことごとしく申し唱えますのは、どの道、軽重を論ぜず首尾整わぬ議論でございます」。

万民のために平和を尊び、戦争を避け、すでに鎖国の祖法を一転して開国を決断した以上、測量などの細事にこだわるべきではなく、国内の有象無象の反対論は「一犬虚に吠えて群犬これに倣うもの」「絵に描いた餅」「目先の小論」と謹一郎は切って棄てている。

秘密主義から公明正大な強国へ

領事駐在問題の時と同様、沿岸測量の場合も、これが外国人による日本国内情勢の窺覦《きゆ》（スパイ行為）と見る武士たちが多かったようで謹一郎は今度はそのような意見の論破にかかった。

「且つ今回の測量願いを「窺覦」などと言いふらす向きも有るようですが、これ又、只今では時代遅れとなった議論で、我が日本の人気や風俗、武備の厚薄などは彼等の研究の方が、遥かに我が国人より立ち勝っておりますから、今更海岸の浅深くらいをお隠しなさったところで、それは女、子供の考えに等しく、却って未練な振舞として外国人に嘲られるくらいのものでありましょう。且つ、いよいよ隠し通せなくなった時には、かえってそれが恥辱となりましょうから、そのような卑怯未練な振舞をなさるべきではありますまい」。

このあたりから謹一郎の筆鋒は鋭さを加え、我が国民の宿弊である「狭い了見」に筆誅を加えた。謹一郎の主義主張が意気込みの籠った文章で述べられているから、原文を引く。

元々国地の形勢を秘し候事は外蕃にはこれ無き事、洋海は素より境界無き物に候えば格別、敵国にて、土地の案内、海路の深浅を心得候とて、直ちに侵入致され国家滅亡致すべくとの事は、埒《らち》もなき憶病者の申すべき説にて、その胸狭き了簡、抱腹《ほうふく》すべきの至りに候。彌《いよいよ》以って左様の訳に候わば、世界中、欧羅巴《ヨーロッパ》の各国並びに合衆国ども第一に滅却致すべき筈に候。然るに此の諸国は両間(海陸)に横行し、その強盛、日々駸々《しんしん》と進み候。

政事整い武備厳重に、進戦退守の懸け引き行き届き候わば、国土の形勢いか程敵人に測量致され候とて決して国家の害となる道理これ無く候。外蕃《がいばん》にては山の高低、海の浅深、城市の曲折まで、都《すべ》て刻板《こくはん》の上他国へ売り渡し候事は珍しからぬ事にて、品に寄り候ては砲台の位置、筒数《つつすう》までも更に相掩《あいおお》わず候。然るに道路を迂曲にして土地の広狭を匿《かく》し、暗礁洲沙を頼みて天険と誇るがごとき、偏《ひとえ》に児戯に殊《こと》ならず。

国の状況を外国に知られたからといって直ちに外国に侵入され国が滅びる、などとは憶病者の言うことで、もしそうなら英国、米国などは真っ先に滅びているだろう。西洋では沿海測量どころか、都市の地図や城塞の砲数まで隠さぬ所がある。それでも西洋の発展は著しい。だからそんな事で国の運命が変わるものではない。謹一郎はここで、日本の武士が、全てを局地戦の勝敗を基準として考えるために、生活の利便を犠牲にしてまで道路を屈曲させる「狭い了見」から抜け出せないのを、「埒もなき憶病者」と嘲笑し、「政事整い武備厳重」こそ国の強弱を決めると切言したのである。

「(地理学、測量学のような自然科学の発達によって) 経緯度を測定できるようになった現在は国土の大小などを少しも掩い隠すことはできなくなりました。また沿岸に暗礁や砂州があっても有事の際には測量できるものですから、以前から測量しなくても、それが戦争の命運を決めるようなことはありません。ですから逆に言えば、今度の願い筋をうまく拒絶できたとしても、最早これで安心とばかり、高枕で眠り込んでいるような時代ではないのであります。この処を御了解なされば、測量と武備とは全く別であることはお判りの事と存じます」。

測量は外国人の為ならず

以上、謹一郎は、沿海測量の許可、不許可は小事であると述べたが、次いで議論を一転し、測量の必要性、および日本人が狭い島国根性から脱却し、自由闊達な心をもつよう切望した。

「他方、幕府でもおいおい西洋の船を購入なさる御予定で、また諸藩にも洋船の製造を御許しになりましたが、これらの船は従来の日本形船と違って喫水線以下が深く造ってありますから、外国のことはさて置き日本近海の航路さえ不案内の現在では、暗礁に乗り上げる災害は目前に迫っております。ですから日本の周りの海の測量は、我が日本においても誠に緊急の必要性があるのです。

しかしながら我が国人は測量のような技術には極めて未熟であります。また歴史的な成行きから、我が国では幕府領、各藩領が錯綜しており、それら各藩は些細なことも他藩には知られないように包み隠すこせこせした制度に束縛されて、なかなか五十里百里走り廻って測量するような手広い仕事は為し難いようになっております。それゆえ、現今、精細の地図と申しても矢張り粗雑で実用に立ちません。伊能勘解由《かげゆ》（忠敬）の実測図のみは精密この上なく、経度、緯度にも合致しておりますが、これも過半は道路を歩いて尺を入れたもので、海中の礁沙等まではまだ手が届きかねております。

ですから今回アメリカ人が願い出でくれたのは不幸中の幸とも申すべきもので、彼等の願い通り御役人衆を派遣して上船させ、外に稽古のため五、六人も同乗させて、津々浦々まで精細に調べさせ、その地図を世に公表なさるような明快な処置をお取りになれば、外国人も一驚し、以後我が政府を尊敬して従うようになりましょう。

清の康熙《こうき》帝の代にフランス人に申し付けてシナの内地外地を精しく測量させたこともあり、その後乾隆《けんりゅう》帝も西洋人に命じ、西域を測量させた近例もございます。そしてその両図とも板に刻してシナの国内に流布致しました。清国が近年西洋人から禍を受けたのは、地図の有無とは全く関係がないのでございます」。

この段において謹一郎は一歩を進めて、この機を逃さず測量方法を米人に習うべしと建言した。康煕、乾隆帝に言が及んでいる所は漢学者謹一郎の面目であり、中国がしたのなら、と保守的な人々に思わせるための策略だったかもしれない。

豁達の気象のない日本人

前段で「些細なことも他藩には知られないように包み隠すこせこせした制度」を非難した謹一郎は、これから西洋に伍して国を発展させていくためには、心のもち方を変えるべしと進言した。

暗に居て明を観《み》ると申す道理もこれ有り候えども、大公至正の論は青天白日の下にこれ無くては相立ち申さず、外蕃の動静は心得たく、我国内の事は一切知らせざる様に、というごとき手前勝手な事は出来申さず候。事の漏洩を慎み候は軍機の呼吸を争い候時節ばかりにて、此は大切に秘密に致すべく候えば（ども）、平常、他邦に交わり候に右の振り合いを用い、問うにも答えず、請うても見させずと申す訳はこれ無き道理、別に憚《はばか》るべき筋にもこれ有る間敷《まじく》と存じ候。兎角《とかく》、鎖国の積習人々の肺肝に泌み込み豁達《かったつ》の気象これ無きは方今御国人の一僻にて、是迄は夫にても宜しかるべく候えども、是《かく》の如く外蕃の来往頻繁に相成り候時節、右様の僻習《へきしゅう》を打ち破り、人心を引き立て、果断英邁の御規模これ無くては始終外蕃の嬲り物に相成り、小々の事にも御動転在《あら》せられ候様相成るべく、深く恐れ入り奉り候。

「鎖国の習いが人々の心中深く泌みこんで、自由闊達の気象が無いのは現在の我が国民の悪癖」という箇所に代表される日本人批判は現在にも通用するもので、この一文は、日本人の疑り深さ、秘密主義、狭量などの欠点を剔刔《てきけつ》して余蘊《ようん》無し、と言うべき快文字である。

次いで謹一郎は、外国人はただ侵略しようという目的だけで日本に迫って来るのではないことを説いた。外国人と直接接した幕府の役人たちは外国人も普通の人であることを覚っていたのである。

夷人の心術悪ならず

「さて、前に申し上げた通り、外国人が今後おいおい請願すると思われるのは、第一に使節の謁見、次いで江戸や諸国の城下町見物、山岳の高低の測量、書籍類の所望などで、これらは遠からず申し出ましょう。（領事の）日本在住も引続き要求すると思います。これらは現在の条約には書かれていませんが、互いに往来する国となったからには、今更細々した小事について、いいの悪いのと争うのは無益なことでございます。

私が見ますところ我が国人と外国人と特に行き違いがあるのは双方の心底であります。我が国の御役人方は心の中ではなるべく外国人を遠ざけようと思っておられますが、少なくとも表向きの取扱いはそれなりに鄭重になさいますから、外国人たちは日本側の思惑とは違って、これ迄の旧いしきたりは皆御改革になり、西洋諸国と同様に御交際なさるものと思い込んでいます。それだから、日本は国土は豊かなのに科学技術の発展は遅れており、人民は怜悧なのに風習は固陋なのを見て、各国が色々な技術を争って世話し、日本人を啓蒙しようと競争するような有様になっています。私の経験でも、去年の春献上した器械は今ではもう造れるようになりましたかと聞いたり、汽車は是非お造りになるがよろしいなどと申しました。その他、鉄道の注文書を呉れたり、又は老中方や東西辺鄙の大名（薩摩など）へは書簡を送って、今後隔てなく懇意にしたいという様子も見えますが、これらは彼等がながち奇技淫巧《きぎいんこう》で民心を誑《たぶら》かそうとする悪計から出たものは思われません」。

段末の汽車のことなどは第四章第7節に述べたアダムスとの会話が下敷きになっている。

国家の根源は富国強兵にあり

最後に近づいて、謹一郎は以上をまとめ、国際親善を国の主義とした以上、測量を許さないのは矛盾であり、外国人も日本の国是を邪推するだろうと述べた。

「今度の沿岸測量願いも、アメリカ人の気持では、既に日米は友好国になり、アメリカ国船の難破救助の約束をなさったのだから、難破の原因にまで遡って礁沙の測量はお許しになる筈だ、と思っております。そしてこれを拒否すれば、それは首尾一貫しないことになり、その時はアメリカの船乗り共は、やはりあの国（日本）は難破船を見て見ぬ振りをする残酷な国と一途に決めつけるでしょう。米国政府でも、和親条約を取り交した国へ差し向けた船舶が難破したら政治的大事件になりますから測量を願い出たものでありましょう。こう考えれば、願い出るのは当然の理、お許しになるのも当然の理で、旧い御法度《ごはっと》を口実にして測量不許可を申し渡しますと、彼等の方では意外なことと受取ると思います。

これに加えて、この度の測量船の心底を忖度《そんたく》すれば、彼等はいちはやく日本沿海の図を製版にして未知の土地の地理探究の先鞭をつけ、他の国々にその功績を誇り、同時に日本人を啓蒙したいという希望もあるものと思われます。アメリカ人はこのような心で来たのに、一方の我が国では、測量を許すことは我が国の城郭を取り崩されることに等しいと心細く感じたり、外国人が日本各地を立ち廻ることは国の取締が立たないのだ、などと言いふらしたりしております。これらはいずれも測量の意味や外国人の心を取り違えたものに過ぎません」。

このように謹一郎は、外国が願い出るのも当然の理、我が国が許すのも当然の理、とし、また西洋人たちが新発見や新発明を争う気持も正しく理解している。そして最後に、国民に気力がなく貧乏国のままでは行く末が思いやられる、国家の繁栄は富国強兵にかかっており、海陸の測量などは些末のことと、次のように論じてこの長文の上書を締めくくった。

取締には大小これ有り、国勢強く、政令明らかに、上下和合、武備整い候を国家の取締立つと申し候。書面口上のみ、厳重抔《など》申し立て候とも、文恬武熙《ぶんてんぶ》(文武両官とも安逸を貪ること)、逢迎《ほうげい》(迎合のこと)を事とし、廉恥の風、地を払い、四海困窮致し候ては、外蕃来らず候とも国家は日々に縮まり申すべく候。左候わば、建国の御取締は根源大切に候えども願い筋御聞き届けの有無抔は微末の事、御心配にも及ばざる儀と存じ奉り候。御国民測量術修行《しゅぎょう》の為にも相成り候儀に付き、願い通り御聞き届け然る可しと存じ奉り候。　卯(安政二年)五月

蛇尾の結末

ついでに、この測量一件がどのような結末となったか簡単に述べる。米国測量船のロッヂイルは、日本側が因循姑息《いんじゅんこそく》で時間ばかりかかるので、事成らずと見て退帆してしまった。それでこの事件は竜頭蛇尾に終り、自然消滅の形になった。その後幕閣は左のような意味不明の通達を出した。

「(前略)…この度アメリカ船から測量願いが出たが、再来を期して退帆した。次に下田に来た時は厳しく断り、それでも聞かない時は米国に使節を差し向ける積りだが、国風制度が違うので、下田での談判が決着しない場合、模様によっては内海まで乗り入れ、どんな次第になるか判らない。こちらとしては穏やかに取扱うつもりでも自然の儀(実力闘争のこと)が起るかもしれないから、銘々その心掛けでいるように」

この通達では、穏便にせよと言ったのか断固戦えと言ったのか不明で、このような指令を貰っても、役人たちは判断に迷ったであろう。直ちに追い払え、と言わなかった所に謹一郎の上書の効果があったのだろうか。『幕末外交談』によれば、結局米国による測量は初代領事ハリスに頼んで中止してもらい、日本沿岸測量はこれから六年後の文久元年に、英国軍艦に日本人も乗り組ませて行われたそうである。

上書の先見性と近代性

以上の二つの上書、特に沿岸測量に関する上書は謹一郎の全身全霊の気魄が籠った文章で、田邊太一が「獨り識見の卓絶、議論の凱切《がいせつ》、朝陽《ちょうよう》の鳴鳳《めいほう》と称すべきは儒者古賀謹一郎が献言なり」と激賞したように、現在読んでも胸の透くような気がする。

そしてこの上書は測量問題の諾否だけを述べたものではなく、開国後の日本人の心のもち方に指針を与え、日本の将来の展望を開くために書かれたものという感が深い。中でも、日本人の島国根性、臆病、狭量などを歯に衣きせず論難した部分は爽快である。謹一郎が言いたかったのは、徳川封建の世の「狭い了見」に捕われていては世界に遅れる、外国人も普通の人間であるから伸び伸びした心をもって公明正大に開国し、西洋の進んだ科学技術を取り入れ、貿易を振興して富国強兵に務めるべきだ、ということであった。この謹一郎の言が行われていれば幕府は滅びるにしてももう少し見栄えよく倒れたのではなかろうか。これから数年後の萬延以後、幕府は攘夷家の言いなりであった京都（朝廷）の要求を容れて、「できる限り攘夷、非開国」と約束し、外国に開港延期や鎖港の使節を送り、多くは失敗し、そのため朝廷にも外国にも信義を失い瓦解せざるを得なくなった。時勢の流れで仕方がない面もあったが、この謹一郎の上書の精神が実行されなかったのは幕府のために惜しまれてならない。

また、この建言は、明治時代を予言したような先見性がある。勿論、測量許可とか領事官設置とかの内容は、現在から見れば卓見でも何でもなく常識的なものである。しかしこれが書かれたのは、明治維新の十三年前、尊王攘夷運動が盛んになる文久時代より五年以上前であることを忘れてはならない。安政二年の時点では多くの日本人、特に武士のほとんどは、外国人は皆邪教を奉じ、利にのみ聡く、砲術など形而下の技術には優れているが、その心持ちは禽獣に等しく、道義を弁えない夷狄であると思っていた。そう思わない人も居ただろうが、公けにはそう言うようになっていた。今でこそ当り前のことでも、その時代にこれだけのことが言える人は皆無に近かったので、謹一郎の洋学の知識と、それを口にする勇気とがこれらの上書を産んだのである。尊王攘夷の人々の書いたものにも純粋で胸を打たれるものはあるが、論理的に読むと、井の中の蛙、すなわち日本国内でのみ通用する考えで合理的でなく、また気宇壮大な所がない。それらの議論を読んだ後に謹一郎の上書を読むと、あたかも狭い谷間から広々とした平野に出たようで、男らしい勇気が感じられる。

謹一郎の文には、江戸時代に、それも儒者の手で書かれたものとしては、無駄な引用や衒学的な知識のひけらかしがなく、議論の繰り返しもなく論旨が一貫しており、非常に読み易い。この文と、佐久間象山が天保の終りに藩主真田幸貫に上った意見書や水戸斉昭の「海防愚存」などと比べると、その知識の正確、議論の公明正大、文章の近代性、儒者臭の無さなど、同時代のものとは思われないほどである。明治以前の多くの日本人が国防を議論する際に、戦闘の勝敗に目を奪われ、大砲や軍船ばかりを議論したのに比べ、謹一郎は国民の意気や政治的統制、あるいは国家全体の富強に目を向けている。これは謹一郎が天下国家を頭においた上で洋学を真剣に学んだ賜物であろう。儒者であって洋学者であった謹一郎は得難い人物だった。ただ、謹一郎の抱負は、彼が心から仕えた幕府によってではなく、彼が背を向けた明治政府によってほとんどその通りに実行された。人生の皮肉を感じさせられる。

3　安政三年の交遊

以下は外交問題ではないが、安政初期の謹一郎の交遊のうち、歴史的興味のあるものを『日誌』から三件だけ紹介しておく。

鍋島閑叟公と高島秋帆

安政三年正月に謹一郎は佐賀侯鍋島閑叟に呼ばれて、袴を胡服たっ付（筒袖、ズボンのこと）に変えること、洋学を修める者は役人に取り立てること、あるいは石炭産出量、火船（蒸気船）などの話を聞いた。また同じ頃、高島秋帆と「酒肴を置き倶に談」じた。この時秋帆は五十九歳で江戸に来て十五年経ち、一年前から幕府講武所の教授方頭取になっていた。謹一郎は一年半ほど前に秋帆の上書を読んだし、この会食の時も長崎の色々な話を聞いて「やや奇會（面白い会）也」と喜んだ。

安政の大獄の予感

『日誌』中に内政に関する記述は少ないが、安政二年一月十八日、下田から帰った直後の記述に注目すべきものがある。「祭酒面晤《めんご》。公方《くぼう》家一条、水筑岩瀬、橋氏大左。皆駭撃《はくげき》中之巨擘《きょはく》之由。真ニ可嗟《たんずべき》之至也。井尹伊鎮具眼人なり。僥倖《ぎょうこう》ヲ以て常とせば後々如何。禍端を生するも難計《はかりがたし》。如何如何」（句読点以外は原文まま）。将軍家定の跡目を一橋慶喜にしようとして、水野忠徳と岩瀬忠震が裏面で大いに活動していることを林祭酒（復斎）に聞いて、謹一郎は将来の成行きを危ぶんでいる。復斎は林述斎の子、岩瀬は述斎の外孫だから両者は叔父甥の関係にあった。この縁で復斎は岩瀬から話を聞いたのかもしれない。井尹は井戸対馬守、伊鎮は伊澤美作守

鍋島閑叟像（『鍋島直正公傳』第二巻，侯爵鍋島家編纂所，大正９年より）

で、謹一郎は下田で二人の話を聞いたのだろう。これら能力のある幕吏が一橋慶喜を嫌避《けんぴ》していたこと、謹一郎がそれに同感し、紀州慶福《よしとみ》（後の十四代将軍家茂）のような現将軍と血縁の近い人物を将軍にする方が順当だと考えていたことが分かる。「僥倖ヲ以て常とせば」というのは血縁などの正当な理由がなく、「年長、賢明」などの漠然たる理由で幸運にも将軍になる、という意味だろう。「僥倖」も反対理由の一つだが、伊澤などの幕吏や謹一郎には慶喜が斉昭の子という所に拒否反応があったのではなかろうか。橋本左内などの一橋推挙運動が京都で盛んに行われたのはこれから三年後の安政五年のことであるが、何にしろ「禍端を生ずるも計り難し」という予感は適中し、この運動は安政の大獄の直接の原因となった。

第六章　蕃書調所の創設

1　洋学所設立建白まで

『謹堂日誌鈔』の史料的価値

前章では謹一郎の外交問題への貢献を紹介したが、それらは安政二年（一八五五）のことで、本章で述べる洋学所関係の事柄はその前年の安政元年から始まっていたことであった。そして安政二、三年頃が謹一郎の忙しさのピークであった。以下では安政初期の三年間を中心に、蕃書調所創設のための謹一郎の苦闘を紹介する。

蕃書調所は安政三年に創立され、以後洋書調所、開成所と名前を変え、明治時代に大学南校、次いで東京帝国大学へと発展した。だから蕃書調所は我が国の大学の濫觴《らんしょう》である。調所創設の研究には原平三氏の労作『蕃書調所の創設』があり、大方の資料はこの研究に取り入れられたが、調所の設置計画段階における色々な人々の役割などにはやや不明な点が残されていた。この点で『謹堂日誌鈔之一』（『日誌』）は貴重なものである。なぜなら我々はこの『日誌』から調所創設の経緯を時を追って跡付けることができ、調所創立の発想から、その骨格の決定がほとんど全て謹一郎のイニシアティヴによって行われたことを明らかにすることができるからである。以下、蕃書調所の歴史を述べるに当って、原の研究と大久保利謙氏の『日本の大学』を参考にしつつ、『日誌』からの得られる知見を時系列順に紹介するが、本書は謹一郎の伝記であって調所の研究書ではないので、蕃書調所の歴史の全てを紹介する訳ではないことをお断りしておく。

蘭語通訳と洋式兵術の必要

最初に江戸幕府のオランダ語関係の役所について概説しておく。近世になって幕府は長崎のオランダ通辞以外、江戸にも蘭学研究のための役所を置く方が便利と考え、文化年間（十九世紀初頭）に幕府天文方の付属機関として蕃書和解御用を設置した。その中心人物が、後にシーボルト事件に連座して獄中で病死した高橋景保であり、その役所は浅草の暦局中にあったという。ここで『厚生新編』（ム・ヌール・ショメールの翻訳書）などの和訳が行われ、江戸の著名な蘭学者は多くこの天文台訳員となっている。嘉永の終りには、箕作阮甫、杉田成卿、竹内玄同、宇田川興斎などがおり、幕府で蘭書和訳が必要になると、これらの訳員に命じて翻訳させた。ペリー来航後、外国交渉が繁多になると、箕作阮甫と杉田成卿に翻訳御用を命じ、嘉永六年（一八五三）には箕作秋坪、市川斎宮、木村軍太郎、柴田収蔵などを加えて外交文書の翻訳に当らせた。

しかし外国の情勢探索や技術導入のためには、少人数で翻訳だけしていればいいというものではなく、蘭書を読める人材を大量に育成し、大砲、軍艦その他の洋式兵術の研究を実地に行わせることの必要性は具眼者の認める所であった。そしてペリー来航によってその気運は益々切迫したものとなった。まず嘉永六年七月、勝麟太郎はその「海防意見書」で、「海防教練の爲の学校を建て、和、漢、蘭の兵書、銃書の他、天文、地理、窮理、築城、器械などを研究させ」るよう建白し、「教授は幕臣のみならず各藩からも召し出せば、(生徒の内から)出藍(師を凌ぐ)の者も出るであろう」と述べた。同じ頃幕府はまた洋式海軍創設が焦眉の急であることを認め、オランダ商館長ドンケル・クルチウスや軍艦スームビング号の艦長ファビウスの意見を徴した結果、訓練生のオランダ語研修が必須であることを覚った。以上のように、外交文書の翻訳と洋式兵術輸入の必要から洋学の教育や研究が必要とされるようになったのである。

昌平黌の中でも洋学の必要は感じられたと見えて『日誌』嘉永六年十月初めに、洋学について昌平黌の同僚たちの建白書に署名を求められて困惑した、という記事がある。この建白は洋学不要論ではなかったのだろうが、極めて制約的、保守的な意見だったのだろう。「愚人愚説」と謹一郎は切って棄てている。

阿部正弘の外国事情探索指令

革新的意見、保守的意見が混在する中、老中阿部正弘は日米条約締結直後の安政元年(一八五四)五月の幕政改革意見で、「諸藩の陪臣(幕臣以外)でも外国事情に通じている儒者、蘭学者、兵学者、砲術家などを一カ月に一度ほど集めて、海防掛りからの諮問し、議論させてはどうか」と勘定奉行の意見を徴した。これに対し奉行側は諮問に賛成し「役に立つものを集めて海防掛り手附とし、外国の軍学や人情その他実用のことを研究、翻訳すれば、蘭語が読めず、事情に疎いお役人たちも外国のことに通暁することができて望ましいことである。今度海防掛り手附の者を置き、諸事研究させ、蘭書ももっと自由に読めるようにし、翻訳も行うようしたい。その場所は追って考える」という答申を行った。この答申は、海防掛りの下に西洋事情に通じた下僚の一団を置く、すなわち外務省を設置するという感覚であり、前述の勝麟太郎の意見とは少し違った感じを受ける。この諮問と答申が行われた直後の六月十八日に、阿部は、筒井、川路、岩瀬および謹一郎を異国応接掛に任命し、十二月に水野忠徳が加えられた。『日誌』にも、六月十七日にこのことが記されているが、謹一郎に事前の相談はなく、これがどんなことを意味するのか、本人にも判らなかったようである。

洋学所設置の建白書

次いで『日誌』の安政元年閏七月十六日には「(林祭酒を訪う) 酒肴の設があり、鶯溪も来會した。午後八時頃まで放談した。洋学校について、及び『國態大変革之儀』について建議するよう慫慂された。しかし単なる談話だから『か様之事ニテハ迷惑之至ニ付』どうしようか迷っている」という記事がある。林祭酒 (祭酒は校長と同義。林復齋のこと) は阿部と相談の上、謹一郎に洋学所取り立ての意向があるかどうか打診したのだろう。文中の鶯溪は復齋の子晃で、この時昌平黌の副校長であった。建白の是非に迷った謹一郎であったが、結局、閏七月いっぱい「学政及び洋学の儀」を考え八月六日に草稿を書き、浄写して、十二日に林祭酒に遣わした。「餘り愚論にて責罰を受け間敷《まじ》きやと考ふ。雖然黙而止者若使吾言叛心を布くのみ臣子之常分なり」

（原文ママ）という感想がある。筆写中に脱字が生じた文のようであるが、漢文の部分は「然りと雖も黙して止むは吾言をして心に叛かしむるがごとし」と読むのだろう。「罪を得ても、己の信念を率直に言上するのが、臣たるものの本分である」という意気込みで謹一郎は、洋学所のあり方に対する独自の考えを述べたのである。この最初の建白書は湮滅《いんめつ》してしまったが、『日誌』の八月二十二日の記載「祭酒と草函《そうかん》一条を論ず。予の言、或いは行わるるを得る乎《か》。喜ぶべし」は、この建白書が阿部正弘に受納されたことを暗示している。原の研究では、安政元年五月の勘定奉行の答申の後、翌年一月の勝麟太郎と小田又蔵による「見込下案」（後述）までの約八カ月間は空白であったが、実はその空白期間中に謹一郎のこの建白があったのである。すなわち洋学所の件は、安政元年五月までの勘定奉行たちの考えとは根本的に違う謹一郎の建言によって局面が一転し、これが阿部に受け入れられて、建言の精神が実行されるはずであった。ところが十月にプチャーチンが下田に来て、筒井、川路それに主導者の謹一郎までが不在になったためしばらく頓挫したものと思われる。

林家は頑迷固陋か

ここで洋学に対する林家《りんけ》の役割について一言しておきたい。『森銑三著作集』正編第七巻に岡鹿門の『蛍雪事業鈔』から引いて、次のような一文がある。「謹堂古賀先生、職を蕃書調所に転ず。大いに輿論に慊《あきた》らず。一書生、これを詠じて曰く、節義区々何足論　青雲有路豈難上　請看三世儒家児　変為西洋妖教長。然れどもこの遷《せん》、先生も亦た怏々《おうおう》として満たず。或は曰く、林学士、古賀氏の其の門に出ざるを忌む。故に其の職を美として、以て之を出すと云ふ」。文中「輿論に慊らず」というのは、謹一郎が洋学校長に転じたことを世人（あるいは鹿門自身）が不満に思ったということで、その気分が以下の七絶に詠まれているのである。詩の内容は、謹一郎が節義を捨てて、自らの立身のため西洋の妖術を奉じるようになったという意味である。尊王攘夷の「純粋な」学生が、世の中を立身出世という見方で眺める傾向が強かったことが、この漢詩に端なく表れている。蟹は自分の甲羅に似せて穴を掘るのだろう。

「然れども此の遷」以下は鹿門の考えであろう。こちらは林家に対する中傷である。しかし謹一郎は『日誌』に「予の言、或いは行わるるを得る乎。喜ぶべし」と書いているから「先生も亦怏々として満たず」という鹿門の評は誤りである。また林家は保守的ではあったが、林復斎が謹一郎を忌んで出したというのも納得できない話である。古賀家は既に三代に亘って御儒者であって今更復斎が嫌う必要もなかったろう。復斎の実兄で鳥居家に養子に行った耀蔵（甲斐守）は天保の改革時の悪役で、彼は甚だしく洋学を憎んだが、復斎の甥の岩瀬忠震は開国派の錚々《そうそう》たるものである。だから家系ということだけで人間は判断できない。喜んでした訳ではなくとも、復斎自身もペリーと和親条約を結んだ時の応接掛の筆頭であった。『日誌』中の文「洋学の儀建白せよと。及び国態大変革の儀（多分、鎖国から開国へということ）も同様建議せよ」から判断すると、復斎には復斎一箇の考えがあり、洋学取《と》立《たて》は時代の趨勢と観念していたように思われる。傍目《はため》は、えてして事柄を心理的好悪の情から判断しがちであるが、当事者は案外、論理的立場から行動するのではなかろうか。

2　洋学所頭取仰付まで

さて安政二年（一八五五）一月に謹一郎が下田から江戸に戻ると、洋学所の件は再び動き出した。まず一月二十四日に阿部は謹一郎を蕃書翻訳御用の責任者とし、筒井、川路、水野、岩瀬と相談して取り扱うよう命じた。次いで二十六日には翻訳所手附組頭《てつけくみがしら》が小田又蔵と勝麟太郎、手附が箕作阮甫、森山栄之助と決まり、小田と勝は早速「蛮書翻訳御用取斗方見込下案《とりはからいがた》」を起草した。

取斗下案

一、調所の名を「海防御用蛮書翻訳」としたい。これは名分を明らかにすることによって、後の禍をひき起こさず、夷狄に流れないようにするためである。
二、学問は漢学より入らしめる。それは、「夷狄を夷狄に学ぶ」という弊を防ぐため、翻訳してこちらの物に取り直し用立てるためである。
三、学校建物、教職員数、経費の見込。
四、書籍を収集すること。翻訳御用所ができれば翻訳は直ちにできるようになるであろう。
五、漢学で入学する学生の学力を判定し、その後彼等に外国語を学ばせ、世の中の役に立ついろいろな外国の学にまで及ぶことを目的とする。

六、教授は身分に拘らず人材を抜擢し、一芸に秀でる者は常人と異なる所があっても採用する。
七、西洋の器、漢土の節制、日本の気は世界の三長所だから、西洋兵書から翻訳にとりかかる。

右は筆者が判り易く書き直したもので、原文は右よりずっとゴチャゴチャしている。右の三、四項は事務的なことなので省略し、以下各項について説明を加える。まず第一項は、蕃書御用を勤めた後になって、「御制禁に触れ候」として罪せられる事が無いよう名義を明らかにしておきたい、杉田成卿などは甚だ恐れている、と書かれている。第一項に掲げるようなことではないようだが、天保時代の蛮社の獄などを肌で感じた洋学者の偽らざる心境だったのだろう。第二項は不思議な考え方で、和魂洋才というなら分かるが、学問の内容がヨーロッパのものでも、横文字でなく漢字で習えば夷狄に学んだことにはならないと考えたのだろうか。謹一郎が考えそうもないことである。

開物成務と異能の士

第五項はこの「取斗下案《とりはからい》」の眼目で、研究教育全般の目的を述べている。すなわち、地理、測量、窮理《きゅうり》、力芸、兵の五学と、エレキテル、合離、用水用風の諸術、製器の諸芸を研究し「不便利の品を便利に、為し難きを為し易く、無益の物を有益にすること、要するに人間の役に立つ『開物成務』を学の目当とする」という大所高所からの議論である。なお、「開物成務」という言葉は易経からの引用であり、これが後に「蕃書調所」を「開成所」に改名した時の語源である。

第六項の原文「挙異能之士」は以下のような精彩ある筆致で書かれている。

世間、蠻学など好み候者は、いづれ常態の人には少なく、所謂《いわゆる》異人と申すような者にこれあるべく哉《や》。その異人を多く集め申さず候てはこの学開け難く候。決して御誂え向きの人物はこれ無きことに御座候。右の所を兼々御心得成され置き、少しも異能の聞えこれある者はその筋に達し呼び出し、夫々《それぞれ》取糺し候様にも仕るべき哉。日本国の異能異材は残らず上《かみ》の御物《おんもの》に御座候。此の處、御手狭《おてぜま》に相成り候ては中々天下の材智は尽し兼ね、此の学開け候處、覚束無《おぼつかな》く存じ奉り候。異人物を常人と一所に差し置き候時は、自然と風儀移り、然る可からざる義もこれあるべき哉に付き、右は別館に致し、矢張りその内に頭取を立て、云々

この文や第五項の「開物成務」に及んだ文はさながら謹一郎の口吻《こうふん》をそのまま伝えたようで、前年八月の建白で「余りにも愚論で責罰を受けるのではないか」と謹一郎が思ったのはこのような所ではなかったろうか。洋学者には「常人と異なる所」のある者が多かったのだろう。或いは謹一郎は自分の事を考えたのかもしれない。この第五、第六項からは、調所を洋学全般の研究所とし、またそれを自由な雰囲気下に置きたいという謹一郎の意気込みが読み取れる。

第七項の「兵書、戦書」の項には、西洋の海戦、陸戦のやり方を知ること、すなわち敵を知ることが必要であるとか、西洋には大砲の弾を防ぐ方法があるが、孫子は「防ぐより避ける方がよい」と言っている、などと書いてある。「古方豈《あ》に今病に適せんや」と思っている謹一郎が書きそうもないことである。以上要するに、この「取斗下案」には、謹一郎、勝、小田など複数の人物の考えが混在し、

一貫した思想がないといえる。なお、この「下案」を書いた一人、勝麟太郎は、この年の八月に海軍伝習のため長崎に往き、以後洋学所とは無関係になった。この移動の理由については別の観点から第七章第4節で述べる。

目付系の書付と謹一郎の建言

右の「取斗下案」は翻訳御用の関係者だけに配られた案であって、これが老中の所まで申達された訳ではない。これがどう処理されたかは不明であるが、安政二年（一八五五）六月九日に筒井、川路、水野、岩瀬は連名で、「御用取斗方伺《うかがい》」（原平三氏の用語では「最終書付」、以下そう呼ぶ）を老中阿部正弘に提出した。注意すべき点はこの中に謹一郎の名前が入っていないことで、「最終書付」は謹一郎とは無関係に提出されたのである。「最終書付」は、必要事項のみを率直に書いた近代的なものであるが、兵学に傾いた印象を与える。すなわちその主要な内容は、外国の強弱を知るため主に兵書を中心として洋書を翻訳するとともに、洋書を集めて部門別に整理する、その際「新奇を好み、多事に渉らない」ように注意する、翻訳官を造るため蘭学稽古所を置く、稽古所の学生は、翻訳官には幕臣のみならず諸藩士の入学を許す、などである。阿部はこの書付に対し、「手重に之《これ》なき様、簡易に取調べ、猶、相伺う」よう指令し、七月九日に返却した。

一方謹一郎の『日誌』の六月十日の項には「建言畢《おわ》り祭酒へ廻す」という記事がある。この建言は洋学所に関するものであったと推定されるから、六月半ばの時点で阿部正弘の下には、六月九日に提出された勘定奉行プラス目付系の「最終書付」と、六月十日以後提出の謹一郎の「建言」との二種類の洋学所関係書類があったに違いない。次いで七月二十八日に謹一郎は登営（江戸城に上ること）して、川路、水野の両勘定奉行と目付岩瀬に対面し、それぞれ談判に及んだ。阿部が二つの書類を読んで、両者の内容に齟齬《そご》している点が多いので、擦り合わせを命じたためであろう。謹一郎は談判の結果を「難談至極の事なり。しかれども騎虎の勢、已むを得ざる次第なり。嘆息なり」と感想を洩らしているから、双方の立場が食い違い、議論が合わなかったことが分かる。謹一郎は「騎虎の勢」で、兵書だけでなく一般学を講じるよう、また異能の士を自由な環境で学問に励ませるよう、三人を相手に奮闘したのであろう。

生涯最良の時

そして遂に八月三十日、謹一郎は登営して、二丸御留守居《おるすい》兼「洋学所頭取」を仰せ付けられ、続いて阿部正弘の口から直々に「御手前は益々右御用筋等の心得これ有り、猶、出精致し御用相勤め候様に」との言葉を賜った。そして「古賀謹一郎へ。洋学所御用向きのことはその方に仰せ付けるから、出役の者どもを指揮して、御用に立つ者が大勢出て来るように励んで貰いたい。今後、筒井、川路、水野、岩瀬の四名を相談役とするが、その方が主職であるから、教育その他、責任をもって行い、一通りの事は一存にて決定し、老中、若年寄等へ申し出るように…（後略）」という内容の書付を読み聞かせられた。これによって、筒井以下四人の立合いはあるものの謹一郎は、洋学所の頭取（校長）に任命された訳である。阿部自らの口から「お手前はその方面の心得があるから、今後も出精して御用を勤めるよう」激励されて謹一郎は感激したであろう。謹一郎の公的生涯で最も得意の時ではなかったろうか。こうして洋学所が謹一郎に一任されたことによって、洋学所（後の蕃書調所）の内容は、兵書を中心とせず、むしろ「新奇を好み、多事に渉」って一般学に近いものになったのである。

洋学所頭取となった謹一郎は安政二年暮に、長年住み慣れた昌平黌官舎を引き払って、一旦、九段坂上、蛙原にあった祖父精里の別荘「復原楼」に移った。蛙原は現在の靖国神社構内ではなかろうか。その後幕府から神田神保町に役宅を賜ったものと思われ、文久三年（一八六三）改正の尾張屋清七の切絵図には、現在の駿河台下交差点の三省堂書店辺りに古賀謹一郎という名前が見えている。ここから九段下の蕃書調所までは一キロ足らずである。この後、明治元年までの十年余、謹一郎とその家族はここに住んだと思われる。この期間の前半は、謹一郎が蕃書調所の経営に尽瘁《じんすい》した時期であり、歴史的に言えばこれが謹一郎の生涯の山場である。そしてその後半は謹一郎にとって精神的に最も不快な時期、また阿琴の死や幕府の滅亡など最も悲痛な時期となった。

阿部正弘の人物

洋学所を謹一郎に任せる決断をした老中阿部正弘はこの頃三十六、七歳であったが、二十代から老中を勤めた練達の政治家であった。彼は保守的な川路や水野（もっと保守的な人たちは論外として）とも良く、嘉永の頃までは急進的変化を好まない立場であったが、外国関係が急迫して来るにつれて立場を変え、謹一郎のような旧習に捕われない実務的な建白を好むようになったのだろう。日本近海測量一件の上書といい、洋学所取り立てといい、謹一郎は阿部の下であったからこそ思い切った建言と実行ができた。蕃書調所を成したのは謹一郎であるが、阿部正弘がそれを成さしめたといっても過言ではない。阿部について謹一郎の思い出がある。安政四年正月の調所開所式の折、老中以下出席して教授の蘭書講義を聞いたが、ほとんどの人は洋学の講義を聞いても理解できず居眠りしていた。ただ「（阿部公は）終始注意して熱心にこれを聞き、些かの惰容《だよう》（倦み疲れた様子）なかりき」という様子だったという。彼はこの年の六月に三十九歳で世を去ったから、この頃から身体の不調があったに違いないが、政治家としての義務観念がこのような立派な態度をとらせたのだろう。

3　蕃書調所の理想実現へ

「洋学意見書」

洋学所頭取となり、かなりの自由裁量権を得た謹一郎は自らの抱負を実現すべく、直ちに（安政二年（一八五五）九月）筒井、水野、岩瀬宛に意見書「洋学所之儀ニ付奉伺候ヶ条」（以後「伺書」）を提出した。以下に重要な部分を意訳して掲げる。

一、洋学所としては小川町火消し屋敷を渡されたい。ただ、嵩高《かさだか》な品や火業（鉄砲、火薬類）なども扱うから、水辺の広い土地も必要である。

二、三、部屋の配置法や、各人の長所を取って仕事をさせること、など（省略）。

四、武備、航海の書物を取り調べるのは当然としても、手隙《てすき》の者にはそれ以外の書物、例えば天文方書物中の有益なものの翻訳も行わせたい。

五、書物の収集（省略）。
六、諸芸事は書物ばかり調べるのでは国益にならないから、実地経験ができるよう役所内に設備を整えたい。武器製造、分析術などはせめて手本（現物モデルのこと）だけは揃えなければ諸芸事が粗略になり、役所を創設した甲斐がないと思う。
七、学校での教授法や試験は、いちいち伺いを立てず、出役教授連で相談して自由に行いたい。
八、新役所取立ての趣意は、海内万民《かいだいばんみん》のため有益な芸事（科学技術）の発展であるから、それらが早く世間に広まるよう、身元正しく人物が良ければ幕臣のみならず陪臣、浪人の入学も認めたい。また追々、寄宿寮も設けたい。
九、邪教の書以外なら、西洋の書物、図面類、また実物の器械、兵器類を諸向き（各藩や個人も含むのだろう）から問合せがあれば、貸して模造させ、世間一般に通用するようにしたい。
十、洋学者は希少価値があり、各藩でも高い手当を払っている。だから洋学所出役には、他の出役より高い扶持を宛てがって貰いたい。そうでなければ良い洋学者は集まらないだろう。また手当は、身分や貴賤によらず当人の学力によって決め、幕臣、陪臣、浪人打ち交じった学校にしたい。
教官十五人の手当見込
教授三人　研究、教育の中心となり取締を行う。三十人扶持、勤金二十両　など（一部省略）
十一、事務（俗事）方は、役所内に住み、火事に気をつけ、物品管理や金銭出納に当る。
洋学所附二人　御目見得以上　百五十俵高、七人扶持　など（一部省略）

十二、研究（芸事）には翻訳物書写などの役をする書物出役が欲しい。天文方に準じて、教官一人につき一名の書物出役を想定している。これには、三人扶持プラス一カ月一分二朱から三分までの給金で、御目見得以下の次男三男、厄介を当てたい。

実験の重要性、研究教育の自由化、世俗化

この伺書の第六、七、八、九、十条は謹一郎の抜群の開明性を示したものといえる。第六条で力説された実地体験の重要性は、自然科学研究の基礎である。実地観察を重んじる傾向は既に医学の分野では古方家や蘭方医にみられたが、化学や機械、電気など自然科学全般にわたって実験の必要性を見通したのは、謹一郎に長崎でファン・デン・ブルックの実験を見た経験があったからに違いない。

実験の重要性よりもっと特筆すべきことは、第七条以下に書かれた教育研究の自由化、科学や技術の一般化、世俗化についての意見である。我が国では江戸時代まで、歌道、茶道、剣道などの技芸のみならず、砲術や算術、医術など学問の分野にまで家元的制度があり、奥義を秘伝として門人に免許を与えるような形で伝承が行われて来た。また教育研究内容はいちいち幕府の許可を受けなければならず、教授法も教授（師範）と弟子の身分によって種々の区別や制約があった。昌平坂学問所でも受講者の身分によって教室が分けられていたのである。それに比べ謹一郎の伺書は洋学所開設の意義を、「海内万民のため有益の芸事お開き」、即ち単に幕府のためでだけはなく、我が国全体の科学技術のための施策と捕え、日本の発展のためには一日も早く科学技術が行き渡り、若者のうちから有用の材が現れるように幕臣以外各藩の家来や浪人にも入学を許可し、洋学所所蔵の書籍や模型なども、類似品を製作したいという申し出があれば貸し与えて世間一般に普及させたい、という開かれた気分が横溢している。また教官の任用も、学力の上下によって決め、身分や貴賤などを問わない、という身分制度を打破した実力本位の近代的経営法を提唱している。

前章の沿岸測量に関する上書と同じく、この伺書も内容の開明性と論理明解な文章とによって謹一郎の張り詰めた気持の躍動が伝わってくる感じがする。これが洋学所創設の精神だったのである。

筒井など立合は以上の伺書を閲読し、第三、四、七条の削除と第一条の設置場所の変更以外はほとんどそのまま認め、十一月に阿部に提出した。削除した三条は洋学所内部の運営に関する事で阿部に伺うまでもないと判断されたのだろう。また第一条の小川町火消し屋敷は安政二年十月の大地震で焼失したから、別地を探すことになったのは当然であった。右の伺書を読んだ阿部は第十条の「幕臣、陪臣、浪人打ち交じり」の部分は、「旗本、陪臣、浪人身分までも打ち混じ取扱うのは御家法に無いことだから、このような場合、混雑仕らざる様心得て取り扱え」と注意を与え、十二条の書物出役の給金に若干の修正を加えて、全項を承認した。これによって洋学所はいよいよ実行段階となった。

蕃書調所の洋学者

『日誌』から安政二年後半から三年前半の記事を抜粋すると、まず、安政二年九月十日に手塚律蔵が入門し、十一日に松木弘安（後の寺島宗則）が来見している。十五日には「箕作阮甫今日謁見済。一寸来訪せり。緒方洪庵の談あり」という記事がある。箕作はこの時、将軍家定に謁《えつ》を賜わったのである。九月二十四日朝には箕作阮甫が来て学館諸事について話し、昼に至った。手塚、松木、箕作の来見や緒方についての話などは皆、洋学所出役についてであっただろう。

箕作阮甫は当時我が国の蘭書翻訳では第一人者であり、本巻末に附載した謹一郎の読書目録中にも阮甫の訳書が沢山ある。阮甫は医学から入ったが、後年は地理、科学、軍事、政治などあらゆる分野の本を訳し、川路のブレーンとして長崎にも同行した。漢学を古賀侗庵に学んだので、謹一郎とも旧知であった。この後、箕作阮甫はしばしば謹一郎を訪れ、教授の人選や洋学所建物の設計などを商議している。

十二月二十八日には岩瀬忠震から、洋学所の場所として飯田町九段坂下竹本図書頭屋敷をあてるこ

箕作阮甫像（呉秀三『箕作阮甫』大日本図書，大正３年より）

蕃書調所跡

とが決定した旨通知があった。「九段坂下の竹本屋敷」は現在、地下鉄「九段坂下」駅前の昭和館がある場所で、大通りに面して「蕃書調所発祥の地」の記念碑が建てられている。こうして場所も決まり、洋学所設立は現実的なものになったが、実際に「伺書」の理想を行うには色々の方面で現実と戦わなければならなかった。

役人根性との闘い

安政三年（一八五六）一月十九日に洋学所の具体的な職員、規則などについて、謹一郎は川路、水野、岩瀬と目付部屋の傍で立談した。『日誌』には、この日の会話内容が丁寧に記録されている。意味不明の箇所もあるが、会話内容は概《おおむ》ね次のようである。まず、事務方、即ち勤番や勤番組頭について、川路、水野はお目付として夫々の配下の者を入れたいと思い、謹一郎は役人の数を減らしたいと思い、互いに鬩《せめ》ぎあった。謹一郎は「豺狼《さいろう》かくのごとく多くては、とても好事業は建て難し」、「新役所（を）御取立（になっても）役人多人数立入りて僅かに一部の書を譯しては一向つまらぬ也」のような感想を記している。奉行、目付方が口を差挟み、多くの役人を拵えようとすることを嫌った謹一郎の気持ちが表れている。次いで個別の人事では、謹一郎は勤番に横田源七を入れたかったが、これはならなかった。川路と水野は小田又蔵を考えたがこれは謹一郎の反対で流れたようである。「（小田又蔵は）骨力《こつりょく》とは言難し。是は呂恵卿《ろけいけい》、蔡京《さいきょう》の流也。（横田源七は）憤激に過ぎ、大言を吐けども君子小人の別あり。筑革（筑は水野、革は川路）二氏、目を糊《こ》せられ瞽《めくら》に均し。愍《あわ》れむべし」。呂恵卿と蔡京はともに宋時代の人で好んで反復、謀略を行った者たちである。次いで「身分」の事が議論になった。伊澤謹吾（下田奉行伊澤政義の子）を起用することについて、川路、水野が「三千石以上の子息（謹吾のこと）と評定所出役の倅《せがれ》と種々の物混じたり」と反対意見を述べたが、古賀と岩瀬が押切った形で、伊澤謹吾は書物出役となった。

第三に昌平黌から人材を取ることが話題になった。謹一郎は、良い人材を取ると林祭酒が怒るから、二流の人材でよいという意見をもっていた。これに対し、本来保守派の川路と水野は昌平黌が衰微しても構わないと言い、岩瀬は昌平黌から人材を引き抜くことには強く反対した。謹一郎は、水野と岩瀬はともに偏頗の論であると批判しているが、一流は取らなくてもいいと考えた所は岩瀬に近い。古賀と岩瀬はともに昌平黌の俊才だったから母校の衰微を願わなかったのだろう。一般的に古賀と岩瀬は改革派、川路と水野は保守派と見做《みな》されており、それは大体正しいのだが、この昌平黌問題では保守と改革の立場が逆転している。歴史上の個々の問題は一般論では簡単に割り切れないという一例である。他方、安政初期の江戸の若者の風潮が洋学に流れ始めていたのは争えない事実であって、昌平黌の秀才連、中村敬輔（後の正直）、田邊太一、伊澤謹吾（後の木下大内記）、武川五郎二郎（後の山口泉處、信濃守）、塚原重五郎（後の但馬守）などは昌平黌にありながら洋学を勉強した。時代の流れというものであろう。

謹一郎と川路、水野、岩瀬の立ち話は出役教授の話に移り、謹一郎は、箕作や杉田のように学力あるものに初心者の蘭語教育をさせるのは勿体無いから、その門人たちに教授させたいと言った。前節の伺書の第十条にある教育担当教授、即ち句読教授のことである。結局謹一郎の意見は通って、句読教授は安政四年以後十数人まで増員された。

蕃書調所という名称と難儀在地

こうして議論の末、人選なども決まっていったが、安政三年二月十一日に洋学所の名が「蕃書調所」と決定された。それまでは「蕃書翻訳御用取調所」「洋学所」「新役所」などが混用されていたが、安政二年九月に幕閣は正式名称を決めるよう謹一郎などに通達し、その中で「職方館」などはどうかと諮問している。「職方」は周時代に四方からの貢物《みつぎもの》を取扱った官職で、川路あたりの衒学臭が感じられる。学問は漢学であって、西洋の技術に洋学という「学」の字を用いるのを嫌ったのだろう。「蕃書調所」と決まったことを謹一郎は余り気にしていないようで、『日誌』には、名前などは牛でも馬でもどうでもよく、それより実際問題の解決、即ち奉行方の注文や蘭学者の頑固さの扱いが苦労の種だ（難儀在地）と書いている。例えば箕作阮甫は洋学所改名につむじを曲げ、「俗吏支配」を受けるのが嫌だから、出役の儀は断わりたいと言って来た。また三月には、斉藤源蔵が来て、水野忠徳が源蔵に対し「謹一郎は一癖《ひとくせ》ある男故、萬一、御為筋《おためすじ》の儀申立て候を拒み候えば拙者え内々申し出」るよう命じた、と告げた。水野は謹一郎の洋学が幕府を危うくする方向に進むのではないかと懸念したのである。このように色々の故障が現れるので謹一郎は腹を立て、「頑嚚《がんごう》を會し何等の事業を做《な》し得る哉。難儀の至り。」と愚痴をこぼしている。頑（頑固）は阮甫ら、嚚（議論がうるさいこと）は奉行、目付連を指す。しかし阮甫は間もなく「頑論氷釈」して出役に応じた。

4　蕃書調所の人事と場所

『謹堂日誌鈔之二』は安政三年四月四日で終っているので、残念なことに我々は、その後の調所の発展を謹一郎の肉声で知ることはできない。以下では主に既刊の文献を参考にして、安政三年以降の調所関係の事柄、即ち人事、研究と教育、書籍などについて概説する。

調所建物の建築

謹一郎は蕃書調所頭取であったが、幕府は安政三年（一八五六）十一月末に大久保忠寛を「蕃書調所総裁兼帯」とした。すなわち謹一郎の上に置いたのである。謹一郎は不満であったが、大久保はまもなく（翌年四月）駿府町奉行に転役したから、謹一郎はまた調所の頂点に立ち、文久二年（一八六二）五月までその職に止まった。要するに、蕃書調所の初期、六～七年の経営は謹一郎の独断で行われたといってよいであろう。安政三年いっぱい竹本邸を新しい学校にするための改築が行われ、それが全て終ったのは十一月であった。この工事中、謹一郎は毎日調所（旧竹本邸）に通っていたが、この時に書いた随筆集『巵言日出』巻一の中の一則に「今日聞くのは牛馬の声、見る物は皆、肌脱ぎや裸の無礼な姿、うんざりさせられるようなものばかりだ」と書いている。

蕃書調所の人事

蕃書調所取り立て直後、即ち安政三～五年の調所職員のうち、教授と教授手伝いは左の通りであった。

教授　　箕作阮甫、杉田成卿（安政三年四月）

教授手傳　川本幸民、高畠五郎、松木弘安、手塚律蔵、東條栄庵、原田敬策、田島順助（安政三年四月）、村田蔵六（大村益次郎、安政三年十一月）、木村軍太郎、市川齋宮（安政三年十二月）、西周助（西周）、津田真一郎（真道）、坪井信良（安政四年）、杉田玄端、赤沢寛堂（安政五年）、村上英俊、小野寺丹元、箕作秋坪（安政六年）

これらの人の多くは謹一郎が以前から知っていた人物である。例えば、高畠五郎は謹一郎門下で、長崎交渉の際にも謹一郎に随行し、中山道の難路で「人は両足、馬は四足」と嘯《うそぶ》いて馬から降りなかった高畠生である。調所創設に当って謹一郎の洋学及び洋学者知識がいかに有用であったかが分かる。右の人物のうち、教授および教授手伝はほとんどが幕臣ではなく、諸藩から扶持を貰っていた陪臣であった。例えば箕作（津山）、杉田（小浜）、川本（三田）、高畠（徳島）、松木（薩摩）などである。陪臣の教授たちは「出役《しゅつやく》」であって、その職にある時だけ給料を貰い、その子が世禄《せろく》を継ぐ訳ではなかった。ただし、文久二年以後に教授職並以上は直参《じきさん》（幕臣）にした。

右にあげた人々とは別に、調所の人事で謹一郎が尽力したのは、堀達之助の場合であった。堀は長崎通辞であったが、蘭語のみならず英語に通じたので、ペリー来航の際には森山栄之助、名村五八郎とともに通訳を務めたが、安政二年、外交文書の処理に関して罪を得て入獄する羽目となった。謹一郎はその才を惜しみ、尽力して安政六年に出獄させ、調所の職員とした。堀は累遷して教授となり、専ら英語を教え、蘭英辞書から日本初の活字版英和辞典である『英和対訳袖珍《しゅうちん》辞書』を作った。この辞書は洋書調所職員、千村五郎、竹原勇四郎、箕作麟祥の協力を得て堀が編集したもので、文久二年（一八六二）に初版が出て以来、明治初期に至るまで数回版を重ねた我が国の洋学史上重要な意義をもつ辞書である。『蕃談』の中の次郎吉の言に「英語が国際語で、我国に於ける江戸方言のようである」というのがあったが、謹一郎はそんな事を思って堀を調所に入れたのではなかろうか。

蕃書調所の盛衰と場所の変遷

歴史の短い蕃書調所にも盛衰があり、最初の場所、九段坂下旧竹本邸はせっかく改築したにもかかわらず、安政四年（一八五七）秋から翌年正月までアメリカ領事ハリスの江戸出府中の宿として召し上げられ、その間、調所は番町の和学講談所に移ったという。その後井伊直弼が大老になった安政の終り頃、調所は非常に衰微し、存続が危ぶまれたほどであった。なぜなら井伊は開国の決断者ではあったが、西洋の学芸文物を嫌い、長崎の海軍伝習をオランダ人に受けることを止めさせ、講武所の銃隊訓練の洋式を廃し、廓門《くるわもん》の守衛の洋式銃を弓に戻すなど復古的施策を行ったからである。その結果、蕃書調所も廃して医学館の付属にしようという議さえあり、田邊太一は謹一郎が「最早洋学の運尽きたり」と嘆息したのを耳にしている。そして遂に九段坂下の土地は取り上げられたが、謹一郎の奔走の結果、安政六年（一八五九）七月（一説では萬延元年（一八六〇）六月）に小石川門内小川町（一説では御臺所町永井玄蕃頭邸）へ移転した。その後、文久二年（一八六二）五月に洋書調所という名称となって一橋御門外護持院ヶ原（現在の如水会館、共立女子大学のあたり）に移転し、その翌年開成所と名前を変えた。なお、謹一郎は文久二年の移転を契機に蕃書調所から去っている。

幻に終った緒方洪庵の大坂洋学校

文久二年から五年後の慶應三年（一八六七）、謹一郎は緒方洪庵の嗣子洪哉《こうさい》（後名、惟準《これよし》）に頼まれて洪庵の墓碑銘を撰した。緒方洪庵は蘭方医、適塾の主として余りにも有名であるから説明は省くが、その碑銘中に蕃書調所の発展計画に及んでいる所があるのでその部分だけ紹介する。謹一郎は、洪庵の薫陶を受けたものが天下に遍《あまね》く、学業に優れたものの多くがその門より出たことを述べ、「世に大功あり」と賞賛した。次いで次の文がある。「予、嚮《さき》に洋学校を董《とう》せし時、その（洪庵の）名を聞きて心に之を嘉《よみ》す。而して敢えて薦めず（蕃書調所の教官として推薦しなかった）。意に（心中では）、君をして浪花に居らしめばその教ゆる所反って廣からんと言う。将《まさ》に上言して、懐徳書院に倣って西学の郷校を本地（浪花）に起し、君を任じて之《これ》を主《つかさど》らしめんとす。幾《いくばく》もなくして、予、職を去り、その事止む」。懐徳堂は中井竹山、履軒兄弟によって大坂に栄えた儒学の学校で適塾のすぐ近くにあった。謹一郎は、幕府から資金援助をして適塾を洋学一般にまで発展させ、漢学の懐徳堂と並んで大坂に洋学の根拠を築き、それを洪庵に任せようと考えたのである。謹一郎の辞職によってこれは行われなかったが、彼が広く天下の人材を求め、その人を適所に置こうと努めたことが分かる。

5　蕃書調所の語学と科学

オランダ語教育法

蕃書調所の開校式は建物竣工後の安政四年（一八五七）正月十八日に行われ、実際の蘭語教育もこの頃から始まったらしい。謹一郎の抱負は「海内万民《かいだいばんみん》のため有益な芸事（科学技術）の発展」であったが、安政時代は語学学校としての役割が大きかった。開校時の生徒数は百九十一人で皆幕人であった。当初は希望者が殺到して千人の中から素養のありそうな二百人を選んだという。安政中期の江戸の幕臣たちにとっては開国は既に既定の事実であって、洋学は一種の流行だったのだろう。

開所の当初から幕人なら「御目見得《おめみえ》以下総領《そうりょう》次男三男厄介に至るまで年齢等に拘らず稽古」に出向いて良いことになっていた。安政五年五月からは、萬石以下と陪臣《ばいしん》（諸藩士）にも稽古が差し許された。誰にでも開かれた平等な教育という謹一郎の抱負は大体達成されたのである。入学手続きも簡単なもので、小短冊に本人の名前と役職（親掛かりの場合は親の役職）および住所を書いて、調所か謹一郎などの自宅へ持参すればよかった。素読稽古はその日からでも受けられた。服装も入学初日のみ麻上下で平日は略服勝手であった。会読、輪読、素読稽古は皆、朝八時から夕方四時までで、入所および出所時に記帳さえすれば、何時に来ようが、帰ろうが勝手で、正月を挟んでの二十日間、五節句、八朔、および盆の四日間のみが休みであった。「諸事手軽」をモットーとした謹一郎の考えが反映しているように思う。

箕作や杉田などの教授連は翻訳が主でほとんど教育はせず、学生を直接指導したのは句読教授たちであった。教授法は所謂個人指導で、句読教授が机の前で待っていると生徒がやって来て一人一時間くらい、一々文字を指してオランダ語を教えたのだそうである。入学者は多かったが怠惰な生徒は学校に来なかったから、熱心な者はかえってよく教えて貰えたらしい。以上は句読教授だった赤松則良の話であるが、赤松は後に榎本武揚らとオランダに留学して海軍術を習い、帰朝後は明治政府に仕えて海軍中将になった。森鷗外の最初の妻、登志子の父である。

英仏独語と西洋書籍

『福翁自伝』や遣米使節の報告などを読めば分かるように、オランダ語以外の西洋語、特に英語の必要性は安政六年頃には強く感じられていた。蕃書調所でも前述した堀達之助、千村五郎、竹原勇四郎、箕作麟祥、西周などを教官とし、萬延元年（一八六〇）には英語の授業を始めたようである。次いでフランス語も村上英俊、林正十郎（欽次）、小林鼎輔などの教官で文久の初めには授業を開始した。ドイツ語も市川齋宮と加藤弘之が中心となり、文久二年（一八六二）には正式の学科となった。このようにオランダ語以外の西洋語の本格的語学教育は蕃書調所において始められたのである（但しフランス語は函館のメルメ・カションの方が早かった）。

洋学者にとって最も重要なオランダ語書籍のうち幕府が所有していたのは高橋景保や高島秋帆などを罪した時に没収した本と購入本で、これらは紅葉山文庫にあり、その多くは幕府天文方に貸し出されていた。それで調所を創設した時、謹一郎は紅葉山文庫の洋書を調所に移管し、また貸し出されている洋書全てを一旦調所に返却するよう要望した。しかし結局、安政四年正月の開所時には「洋籍はただ十六巻あるのみ」という状況だった。その後調所の発展と共に蔵書数は急激に増加して、安政の終りには六〇〇部近くになったという。

科学及び技術部門の設立

調所創設の本来の意図は「有益の芸事お開きのため」であったのだが、実際には芸事（諸科学）部門の取立ては人員や器具の問題などがあって容易ではなかった。あるいはこの方がありそうなことであるが、井伊直弼の復古政策の時代には、調所の拡張を建議すること自体憚られたのかもしれない。それ故これらが設けられたのは、萬延元年（一八六〇）三月三日の井伊大老の死後で、語学科に遅れること三年余であった。最初の学科創設は、萬延元年五月の精煉学と画学科設立に関する謹一郎の上申書に始まった。老中に提出したその伺いは次のようである。

「蕃書調所では、これまで学生に西洋書物を読むことだけを教えておりましたが、これでは西洋学の広範な分野に全く手をつけていないのも同然で、科学技術振興の御趣意も開けず、且つ、御国益筋（実利実益）も顕われないと思われます。そこで今後は書物翻訳ばかりではなく、出役共が心得て居ります学科は、熱心な学生がいれば、それぞれ授業をさせたいと存じます。言語学、精煉学、画学などはとりあえず必要の学科ですので、学生がいれば、執り行うつもりであります」。

精煉学

こうして萬延元年八月に、実質的には川本幸民が主任となってまず精煉学科が設けられた。精煉学は現在でいう化学（川本幸民の命名）で、火薬を始め種々の実用的な物質を取り扱い、従って「御国益筋も相顕《あいあら》われ」やすかったから、西洋芸事の中で最初に開かれたのであろう。後には柳川春三、桂川甫策、宇都宮三郎など著名な人物を擁するようになった。調所では幼稚ではあるが既に実験が行われ、薬品の製造、定性分析を行った。文久三年（一八六三）に雇われた辻新次の談話によれば、ある日、老中などの巡視の際、石炭乾留による瓦斯燈を点じて見せたり、鉄、銅、銀イオンを含む溶液に青酸カリや食塩を投じて、青、赤、白などの色を現出させて彼等を驚かせたという。謹一郎が安政元年（一八五四）に出島で蘭医ファン・デン・ブルックに見せてもらったような事を約十年後に日本人がして見せたのである。

また宇都宮三郎の懐旧談によれば、元素の種類や各元素の原子量のような事を日本人が初めて知ったのはこの調所精煉方の者たちで、「又、他の舎密家（せいみか、化学者のこと）たちは銘々試験を重ねて、夫々の製薬等を致したもので、互いに秘して他人には知らさぬ様にしておった。然るに化学所にては勉めてこの秘法を破ることに致した故、この時より漸々この秘法と云うことは止んで来た」という。謹一郎の「開かれた学問」という理想の一端が実現されたと言えるであろう。ただ目的とした教育方面では入学者は非常に少なく元治慶應時代でも四名に過ぎなかったという。

器械学、物産学、数学、画学

精煉学に次いで、萬延元年十月には器械学の主任に市川齋宮が任じられた。安政元年にペリーが幕府に献呈した汽車模型や電信機は竹橋御《お》蔵《くら》に死蔵されており、これらを動かすことが市川の最初の仕事であった。また彼は加藤弘蔵（弘之、後の東大総長）とともに萬延元年にプロシャ国使オイレンブルグ伯が献じた電信機や写真機の伝習にも赴いた。ここでも教育を受ける生徒はほとんど居なかったようである。

翌年の文久元年（一八六一）四月に謹一郎は物産学取り立ての建白を行った。その趣旨は「物産学は国家経済の根本であるが、この研究は面倒で、長年懈怠《けたい》（おこたり）なく取り調べなくてはならない。特に外国貿易の際、国内産物、即ち国産の動植物や金石（鉱物）類の品質の善悪、高下を明白に知っておく必要がある」というもので、まず伊藤圭介が召し出された。伊藤はシーボルトとも交流のあった著名な博物学者であったが、謹一郎が調所を辞した翌年の文久三年には攘夷運動が盛んになり、洋学も目の敵にされる有様だったので、伊藤は嫌気がさして江戸を引き揚げてしまった。その後は田中芳男が引き継いで、フランスから来たハダカムギ、トーモロコシ、チューリップ、ヒヤシンスなどの西洋植物の栽培をしたり、パリの万国博覧会（慶應三年）に出品する昆虫採集をしたりした。ここにも生徒は居なかったようである。

文久二年二月には数学科が創設され、神田孝平《たかひら》が教授出役を命じられた。その後数学科は教育方面に発展し、慶應年間には生徒が百五十人位も居たそうで、これらの多くは海陸軍奉行支配の兵科学生であった。

画学は他学科より早く、安政四年に絵図調方《えずしらべかた》として、当時やや著名な画家川上萬之丞（冬崖）を出役に任命し、文久元年に画学と改名された。この改名に合わせて謹一郎は画学教授方二名を置くことを建議したが、勘定奉行は昌平坂学問所に唐画部門がないのに、蕃書調所に洋画を置く必要はなかろうと反対した。設計図も図画であるが谷文晁や池大雅も図画だから、日本画しか知らない奉行方はそう思ったのだろう。これに対し大小目付および外国奉行は、「唐画と西洋画は天淵《てんえん》の違いがあり、唐画は気を主とした玩弄物であるが、洋画は実用を主として、外国には学校もある。測量図には法則があるし、「真を写し取ること」は物産、窮理、兵学、造船学にも関係があり、窮理学と共に是非学生に学ばせるべきだ」と答申した。結局画学は一科にはならなかったが画学出役が置かれ、学生も多かったという。測量図や製図及び透視図などを教えたのだろうか。

日本最初の活字新聞

最後に活字、即ち活版印刷について述べる。幕末期の近代西洋式活版は安政三年（一八五六）に長崎奉行所の西役所でオランダの機械を用いて蘭文印刷を行ったのが最初とされている。蕃書調所の機械は嘉永二年（一八四九）にオランダが幕府に献上したもので、スタンホープ手引印刷機と呼ばれ、ローマ字活字がついていたという。それは安政四年までどこかの蔵で眠っていたが、謹一郎が市川齋宮に頼んで動かせるようにしたのである。市川は榊令輔とともに色々工夫して、萬延元年（一八六〇）には最初の洋文書物『ファミリアル・メソード』の印刷を行った。その後文久年間には邦文活字も作られて、二十数部の書籍が版行されたが、それらは大別して洋学教科書、シナ発行の翻訳書の復刻版、および翻訳新聞の三種に分類される。前述した堀達之助の「英和対訳袖珍辞書」は第一の分類に属する。第三の翻訳新聞は、バタビアのオランダ総督府の機関誌、Javasche Courant 中の外国記事の翻訳で、日本における活字新聞の嚆矢である。やり方は、教授が記事を読んで口訳し、これを筆記方が筆記し、これを活字に組んだ。この筆記方は萬延元年十二月に置かれ、調所の筆記関係を広く扱ったが、この新聞筆記もその仕事の一部だった。

筆記方出役の取締は吉田賢輔で、彼は漢学と共に英学を習い、蕃書調所から外国奉行方に転じ、維新後は慶應義塾や共立学舎の教授、明治五年（一八七二）以後は大蔵省に出仕し、洋書翻訳を行った。彼は『物理訓蒙』という明治五年の小学校教科書の著者であり、『日本開化小史』（岩波文庫、昭和九年、九六頁）には吉田賢輔先生として出てくるから田口卯吉の師でもあったらしい。吉田は終生、謹一郎を師としてその家庭に出入りし、謹一郎死去の際にも枕元にいた。『茶渓古賀先生行略』は彼の手になるものである。

洋学の夢

以上で蕃書調所の内容を述べ終った。蕃書調所の語学教育は隆盛であり、書籍は追々充実し、幼稚とはいえ幾つかの自然科学部門の設置が行われ、文久二年（一八六二）には一橋御門外護持院ヶ原の広い場所に洋書調所として新しい一歩を踏み出す迄になった。蕃書調所には明治時代の大学のような飛躍的発展と言うものはなかったが、その原因は攘夷という時代の風潮にあり、外国人お雇い教師を連れて来ることも、大量の留学生を送りだすこともできなかったからである。そうはいっても、時代の推移とともに蕃書調所は、初めの目的だった理工学方面のみならず、哲学、法学、経済学、統計学のような人文科学においても日本をリードする人材を輩出した。例えば西周、津田真道、加藤弘之、神田孝平、杉亨二などはみな蕃書調所から出た人々である。その他、江戸幕府派遣留学生の多くが開成所の学生であったことを思えば、謹一郎の洋学の夢の幾分かは実現されたといえるだろう。謹一郎は調所を引く時「追憶すれば八年前、予、乏しきを承《う》けて（才能もないのに）洋校を創立す。屬員足らず、洋籍はただ十六巻あるのみ。況んや物議、喧嘩（さわがしい）にして、事々掣肘《せいちゅう》さるるをや。爾来《じらい》、苦心拮据《けっきょ》、幸いに今日に有りて漸く緒《ちょ》に就くを得たり。士子の材を成すこと後日に望みあり。予敢えて労を告げず、亦た浮白（飲み残した酒）を以って自ら慰むべし」（『茶渓古賀先生行略』）という感慨を述べたが、たしかに蕃書調所の士子たちは「材を成した」のである。

蕃書調所が洋書調所と名前を変えた文久二年（一八六二）謹一郎は引退し、同時に学問所御用は全て免除となった。謹一郎はこの人事に不満を持っていたのだがそれについては第七章第4節で述べる。

第七章　引退と著書二編

1　『巵言日出』

不遇の五年間

文久二年（一八六二）五月、四十七歳の謹一郎は蕃書調所を免職になった。その時の経緯はよく分からないが、特にお咎めを受けた様子はない。その二年後の元治元年八月、今度は大坂町奉行に任じられたが、謹一郎は病気を理由に大坂赴任を断った。赴任できないほどの重病ではなかったようだから、謹一郎には思う所があったのだろう。木村喜毅（芥舟、咸臨丸でアメリカに赴いた軍艦奉行木村摂津守）の後年の評語に「（古賀増）……町奉行に任ず。辞して任に赴かず。吏務《りむ》はその長ずる所にあらざるべしといへども、又深く時勢に察する所あるが為なるべしとて、人、その遠識を称せりとなり」とある。辞退の理由は何にしろ、謹一郎を町奉行などに任じるのは幕閣に人を見る眼がなかったせいである。せめて外国関係の役職につける訳にはいかなかったのだろうか。結局、慶應二年（一八六六）末に製鉄所奉行になるまでの四年半を謹一郎は全くの無為の裡《うち》に過ごした。

この四年半の間に謹一郎は、『卮言日出《しげんにっしゅつ》（卮はさかずき）』巻二と『度日閑言《たくにちかんげん》』という二つの著述をした。前者は元治元年（一八六四）初夏に書き終えたが、その序文に「失職後、所管する所がなく暇のみ多い。日々、つまらない者に馬鹿にされて実に不愉快だ」とあるから、謹一郎は好んで調所を退いて悠々自適の境涯を楽しんだ訳ではなかったのである。引退と共に御足高《おたしだか》千俵はなくなっただろうから、元来裕福でない謹一郎は経済上から見ても楽しむ気分にはなれなかっただろう。元治元年の翌年、慶應元年の謹一郎は「看花を以て課となし、悪作一百餘篇を得」たが、「矢口《しこう》（口に任せて）漫吟、頗るその無益を覚」えたので、慶應二年には専らオランダの書を読み、その蘭文の梗概とそれに対する評語（感想）を記すことを日課とした。これが『度日閑言』である。

『卮言日出』

このように文久から慶應にかけて、謹一郎は人生で最も不愉快な時期を送ったが、その間に書かれた漢文の随筆『卮言日出』には、彼の文明観、人生観、および感情が露骨に表白されていて非常に興味深い。『卮言日出』巻一は八年前の安政三年（一八五六）、蕃書調所の改築工事中に書かれ、二十六丁、百四十五則の短文からなっている。元治元年に書かれた巻二は、十九丁、百六則である。両者とも、その時代の政治情勢、特に攘夷と開国問題への感想、シナ歴史に対する見解、一般的倫理道徳などのほか、自己の生活や境遇への怒りや諦観、あるいは謹一郎がいう所の「小人」に対する憎悪の念などが激しい言葉で表現されている。『卮言日出』は個人名を欠き、また具体的事件の叙述に乏しいので史料としては物足りないが、謹一郎の性格を知る上には恰好の書である。

なお『巵言日出』の一部は昭和初期に森銑三氏によって紹介された。氏は、日支事変から大東亜戦争に至る時代の我が国の世相に対する批判として、幕末期の謹一郎の感慨を引いて論じており、面白い読み物となっているが、本書では謹一郎の思想や性格の分析を目的とするので、森氏の読み方とは自ずから異なる所がある。以下では『巵言日出』の内容を、一、西洋文明、二、攘夷と攘夷論者、三、小人と季世（季世は澆季の世、仏教用語で言えば末世のことである）、四、自己、五、その他、に分けて紹介する。以下の引用で例えば（1・19）は巻一の十九番目の則であることを示す。原本に各則の番号は附されていないが、便宜上筆者が番号付けした。

2　西洋文明

火器と刀槊とでは火器必勝

謹一郎は物質文明に関しては西洋の優位を文句なく認めていた。例えば、我が国には既に筆墨や陶磁器があるから、鉛筆やガラスは不要という固陋家に対し、

○鉛筆と筆のどちらが便利か、ガラスと陶器のどちらが清潔かと問えば童子でも答に迷わない。形

而下のものに蕃とか和とかの名を付けて国粋主義を鼓吹すべきではない（1・19）

と言い、武器や経済に関しては、

○火器《かき》と刀槊《とうさく》とで勝負すれば火器必勝である。どこに不可解の深理があろうか（2・9）

○武器なら火器（大砲や小銃）、理財（富国）なら貿易、四面海の我が国なら舟楫《しゅうしゅう》（特に蒸気船）が必要であることは明々白々の道理（1・12）

と述べて、国粋家、攘夷家の頑迷固陋を嘲罵している。富国強兵のための貿易振興は謹一郎が繰り返し説くところであった。謹一郎はまた科学技術が、政治、即ち国の浮沈に及ぼす影響を深刻に捉え、

○昔の発見発明は偶然から発した、例えば化学分析は錬金術方士の説から、また日月星辰の動き即ち暦術は砂漠夜行の民から起こった。このように古代の発明は意図されたものではなかったが、現在の蒸気機関、電機の如きは自然の深奥を探って得たもので、これらを単に「機関の末」といって済ませられるものではない。但し、このような言は腐儒の嫌う所である（1・125）

と書いている。「誠意正心」や「修身斉家治国平天下」の言葉で表されるように、心のもち方が政治

の善悪をきめるとする儒家の教えでは国家を指導することはできず、今後西洋諸国と伍していくためには、科学技術を意識的に運用しなければならないと謹一郎は考えたのである。現在の「科学立国」を百五十年前に述べたものである。

キリスト教の浅陋

しかし、謹一郎は西洋心酔ではなく、「東洋道徳西洋芸術（器物）」主義であった。そして謹一郎における西洋道徳の問題はキリスト教にあった。西洋人自身が、自分たちの道徳の基礎はキリスト教にあると言い、居留地に教会堂を建てることなどに固執したから、謹一郎始め我が国の教養ある層は皆その通りに受け取って、聖書を研究すれば西洋人の道徳の基礎が分かると思ったのである。そして聖書の最初の章「創世記」から読み始め、その荒唐無稽に驚いたのである。謹一郎は言う、

○孔子が書を編纂した時、鴻荒不経《こうこうふけい》の言は皆削除して載せなかった。これこそ識見というものである。日本神話の開闢《かいびゃく》を説くのを聞けばその陋《ろう》は明らかであるが、聖書を読むとその妄、その浅はもっと酷い。西洋哲学の孟浪杜撰《もうろうずさん》さを西洋技術の精巧さと比較すれば雲泥の差である。人の精力には限りがあって、技芸（形而下）に優れると哲学（形而上）に劣るのだろうか。西洋人もそのうちキリスト教を棄てて周孔（周公と孔子、儒教の聖人）の正教を奉じるようになるに違いない（1・26）

この判断は間違っていたが、ここには二つの問題が含まれている。一つは宗教、道徳、哲学の分離の問題である。謹一郎の時代の日本人は、この三者を判然と分けて考える習慣がなく、これらを渾然一体の「道」と捉えていたから、謹一郎も西洋の「道」の代表として聖書を読み、右のような感想をもったのであろう。この時代には、ギリシャ哲学や認識論など種々の西洋思想は日本では知られておらず、科学と宗教の闘争も余り知られていなかったから、謹一郎がこのような結論を出したのも仕方がなかったのかもしれないが、二十世紀になって西洋人がキリスト教を疑う時代が来ても、彼らは道徳や哲学の分野で周孔の教えを奉じるようにはならなかった。

第二は周孔側の問題、即ち謹一郎の考える形而上学(倫理道徳)とは何であったのかということである。儒教においては宗教的感情は皆無に近く、また、その教えの中では哲学と道徳および政治が分ちがたく入り交じっている。謹一郎は儒教の哲学的思弁には興味がなかったように見えるが、それでは彼の儒学がどのようなものかと言えば、それは、「ある事物が人間の社会のために、何の役に立つか」という問を立てることによって、その事物の価値判断を行う学であると言えるのではなかろうか。そしてこの場合の「役に立つ」とは、昔は「民を安んずる」ために役立つことであり、謹一郎の時代にはこれに加えて「富国強兵」によって外国の侮りを受けないことであって、空想とか心情とか動物愛護とかのように、直接役に立つかどうか分からないこと、あるいは人間社会以外のことは切り捨ててしまうようなものだったと言えるだろう。津田左右吉博士の言を使えば「浅薄な合理主義」と言えるかもしれない。現在の我々は西洋科学の濫觴はギリシャ時代の寧ろ「空想的な、役に立たない思弁」であることを知っているし、謹一郎が蛇蝎のように嫌った宗教もいつか人類を救うことにならないとは限らないであろう。筆者の感想を言えば、物質に関することでは腐儒の域を脱した謹一郎も、哲学的にはその羈絆から抜け出せなかったような気がする。

東洋道徳西洋芸術

ただ謹一郎のために弁護しておかなければならないのは、当時の世界的状況、即ち、愛を唱えるキリスト教国民が異国民を搾取して植民地にし、多くの土俗の宗教を圧迫したこと、またキリスト教国同士でも悲惨な戦争を繰り返し行ったことに謹一郎が強い印象を受けていたということである。謹一郎は、クリミア戦争の死亡者五十余万（これは過大評価だろうが）であることを述べ、

○造物（天）の人を生むは、何ぞただ陣亡《じんぼう》の用に供するためならんや。……同じく一弾丸小地球上に栖《す》む。まさに協力して治平を謀るべし。何ぞ彼我の有を恩怨し（互いに嫉みあって）、渓壑《けいがく》を厭わず（貪欲をむき出しにして）両剛相傷《あいいた》み、血を玄黄《げんおう》（天地）に流すに至るや。蓋《けだ》し小黠《しょうかつ》にして大《だい》痴《ち》（細かい所には気が付くが大局を誤る馬鹿者）なり（1・126）

と西洋道徳を弾劾した。このようであったから謹一郎にとっては、「道に古今無し、器《うつわ》に古今有り（1・132）」で、道徳的にはキリスト教より周孔の方が優れていることは議論の余地がないことであった。

3　攘夷と攘夷論者

尊攘派は皆殺し以外良策なし

元治元年（一八六四）に執筆された巻二での攘夷派糾弾の筆致は激烈である。元治元年は、前年八月十八日のクーデタで京都を逐われた三條実美ら過激派公家と長州藩とが禁門の変を起した年であり、これまでに攘夷派は、ヒュースケンその他の外国人を暗殺し、東禪寺に討ち入り、下関で外国船を砲撃していた。このような状況であったから謹一郎は真剣に日本の亡国を心配した。

謹一郎は『卮言日出』の中で、漢時代の王室一族の者が天子に対して叛乱を起したことを罵り、此等凶逆の徒は殺してしまう以外、どうしようもない（2・3や2・46）と書いているが、これはシナの歴史に託して、日本の現状を諷したもので、水戸の攘夷論者か朝廷の三條一派の事を言ったものであろう。直接、尊攘の浪士に怒りを発したものとしては

○今、俗子、一丁も解せず、麹蘖《きくげつ》（酒のこと）これ嗜み、日又日、沈々酣々として謔浪咲傲《ぎゃくろうしょうごう》（大言壮語）す。満口ただ閭閻撩衣露醜《りょえんりょうい》（人前で衣を乱し下品の行いをすること）の語を聞くのみ。これに対せば人をして嘔噦《おうえつ》を思いて已まざらしむ。……（2・27）

がある。この頃は、昌平黌の書生にも尊攘を主張するものが多くなり、中村正直や謹一郎に悪口を浴びせた反洋学の張紙が出るほどであったから、謹一郎の耳にも彼らの壮語が聞こえて、このような一文を草したのだろう。また、死を軽しとして攘夷を疾呼する者たちを、金との主戦論を主張した宋時代の儒者になぞらえ、

○王政は教（節義、この場合攘夷）より養（生かすこと、この場合、和平）を先にすべきで、節義に殉じることを一般人にまで強制するのは酷薄不情の大腐言である（2・14）

とこき下ろした。謹一郎は、「奸黠《かんかつ》な外夷」に敗北しないためには彼等と和平しなければならず、富国強兵のためには貿易以外に方法はないという意味において、日本の開国の必然性を理解していたから、口先の攘夷論に我慢ができなかったのである。

しかし謹一郎は結局、攘夷の問題はなるようにしかならないと匙を投げた。

○天、将に暮れんとすれば、智士有りと雖も決して招日（太陽を呼び返す）の妙策無し。必ず夜深漆黒黝《よう》闇《あん》に至って后、再び曙す。一晝一夜一治一乱、智士獨り日出天明を待つを知る（2・76）

謹一郎が望んだ「日出天明」は意外にも尊攘の薩長が政権をとってから訪れた。不思議なものである。

4　小人と季世

小人に対する異常な憎悪

公家や攘夷派を嫌悪した謹一郎はまた、当時の幕府、特にその俗吏に深い憎しみを抱いていた。所謂「小人」に対する感想は『卮言日出』巻一では百四十五則中の四十則近く、巻二でも百六則中十五則位あり、平均すると五分の一以上を占める。所謂「小人」に対する謹一郎の憎悪は異常と思われるほど強く、「世を憂える」とか、「贈収賄の横行を憤る」とかの客観的正義感以上のものが感じられる。例を挙げると、

○官位を公けに受けるが、それは賄賂を贈ったからである。昼間の貂蝉《ちょうぜん》（高官の冠）は暮夜の痔舐《じてい》（諂い）から来る。醜々々、穢々々……（2・17）

○権勢を挟んで人を力で強制する。うまく行かない時は蔭に廻って人の欠点を暴き出し、又、朋党を結んで攻撃する。これらは最も汚いやり方で、醜悪の極みである（1・41）

○この世は愚者が群をなしているので、奸黠（狡く立ち回る）な者がその志を逞しくすることができる。小人を制御するは、彼等以上の智術と剛毅果断が必要である。やや優柔不断だと彼等にしてやられる。所謂先んずれば人を制すである。又、殺すべき時に殺さないと、大賊が発するようになる（2・20）

などである。似たような感慨は枚挙に暇がない。これらの短文では、高官と小吏を問わず所謂「小人」は、己の利益のためには手段を選ばず賄賂や追従によって出世し、威福を恣にし、正義の士を圧迫排斥し、仁義礼儀廉恥の風は全く無いもの、すなわち聖教の賊、国家の害虫として描かれている。儒教の「善人に非ざれば悪人」という二分法に従って人を分類したものと言えよう。

小人の代表者　小田又蔵

筆者は、この憎悪は謹一郎独特の性格に加えて何か個人的な経験から発するものがあると思っている。ただ、それを窺わせるのは次の一則のみである。

○古人曰く、小人といって馬鹿にしてはいけない、獅子も兎を撃つのに全力を尽すではないか、と。自分は以前、一小人と共に仕事をしたが、彼の狡賢い策略や裏切りは非常に学校行政に害があった。それで自分は時に少し忠告を与えたが、彼は全く反省しないのみか、反って報復しようと思い、同じ仲間の権力のある人物と謀って自分を搆陥《こうかん》した（陥れた）。嗚呼、小人を馬鹿にすべきでないことはこのようである。彼を排除する時は必ず全力を用いて、徹底的に行うべきであった。今や噬臍《ぜいせい》（ほぞをかむ、後悔すること）（2・15）

この事件は謹一郎が蕃書調所頭取だった安政二年から文久二年の間に起こったことで、その間に謹一郎が「搆陥」されたと感じたのは、安政三年十一月に幕閣が大久保忠寛を「総裁兼帯」として謹一郎の上に置いた時と、文久二年に蕃書調所頭取御免になった時の二度ではないかと思われる。以下零細な史料から、この時の事情を推測してみる。

安政三年の時の史料としては、兵四郎なる人物からの小田又蔵宛の手紙の一部「(古賀先生)ブラ付役に相成り、不平の事と察せられ候」が文献として残されている。この手紙の書き様は決して謹一郎に同情的ではない。むしろ兵四郎はこのことを喜び、同志の小田又蔵に報じているように感じられる。安政二年初め頃、小田は勝麟太郎とともに「蛮書翻訳御用掛手附組頭」であった(第六章第2節)が、この年の冬には具足奉行となって大阪に赴き、以後六年間祗役した。すなわち小田は、謹一郎が洋学所頭取を仰せ付けられた数カ月後に調所から大阪に転じ、そこで上記の手紙を受取ったのである。次に、文久二年に謹一郎が調所を退いたのは五月十五日であるが、その直前の五月一日に小田が外国奉行組頭から転じて、蕃書調所組頭となって戻って来ている。即ち、今回は小田が入ると同時に謹一郎が辞めたのである。

これに加えて謹一郎は第六章第3節で述べたように、「(小田又蔵は)骨力とは言難し。是は呂恵卿、蔡京の流」すなわち小人と考えていた。また洋学所で小田と同僚だった勝麟太郎は安政二年八月に海軍へ配置替えになったが、その時謹一郎は『日誌』に「檯𣰦《たいだい》俗子機心悵絶」と書きつけている。檯𣰦は暑い盛りに礼服をつけて他人に伺候する、真面目くさった人を言う。「機心」というのは策略である。謹一郎と勝の間柄は良かったから、穿って考えれば、小田などが策略を用いて、その勝を謹一郎から引き離したのかもしれない。少なくとも謹一郎はそう感じたのではなかろうか。以上のことから筆者は、謹一郎の頭にあった「己を搆陥した小人」は小田又蔵ではないかと想像している。

人材、登用されず

小人への憎しみと似たものとして、徳川末期の官僚主義の跋扈《ばっこ》を歎いた則もいくつかある。

〇天下の事の半ばは有名無実である。試みに色々な王朝の末期の状態を見てみるといい。表面上、文物や制度はきらびやかに整っているが、人間は小さくなり、賞罰は不当である（2・77）

という則には、蕃書調所時代に俗吏の掣肘《せいちゅう》を受け、規模壮大な施設をなし得なかった無念さが現れているように思われる。

聡明な謹一郎は今後、「澆季《ぎょうき》」の徳川幕府が維持できるとは思わなかっただろう。また、これからは人材の登用が必要であり、そのためには門閥制度の打破が必須であることも理解していたであろう。しかし謹一郎は徳川家の忠臣であったから、『卮言日出』の中で政治体制や身分制度の変革を明瞭に語ったところはない。身分制度に対する鬱屈は僅かに、

〇人は不幸にして自分の価値を知らない小人の配下となり使われることがある。その時は唯々諾々と従い、黙しているしかない。いつの時代にも誰か認めてくれる人がいるだろう、という人もいるが、そんなものではない（談、何ぞ容易なる）（2・83）

という一則や、

○之を用うれば則ち帝王の師たり、用いざれば山谷間の一病叟のみ。凡そ士の鼠となり虎となるは上の用と捨に在り、その人の自ら任ずる所に非ず。然れども有用の大材を山谷に埋没せしむるは、亦理乱《りらん》（治乱）の関係する所なり。嚴海珊（人名）の句「従赤松遊非本心」（仙人と遊ぶのは本当の望みではない、治国の宰相に成れれば成りたいという意味）、道《い》（言）い盡したり、留侯の方寸（2・101）

という感想に現れている。前則は、川路と自分のことを脳裏に描いたのだろうか。我を知って重用してくれる人は阿部正弘のように稀にあるが、滅多にないものである。「談、何ぞ容易なる」は封建制度に対する悲痛な抗議であろう。後則は留侯張良を例にひいて、謹一郎自身を含めた「有用の大材」を活用できない現在の人材登用法に対して、満腔の不満を吐露したものである。

5　自　己

傷つき易い心と克己

謹一郎は好悪の情が激しく、心の傷付き易い人だった。日記や著作を見る限り家庭的にはそのような所は見られないが、自ら持する所が高いため、社会的対人関係に不本意なことがあったり、僅かの侮辱を受けたりすると、それを非常に鋭く受け止める性質であった。前節に紹介した小人に対する激怒にはそれが露わに表現されている。『巵言日出』にはそのような己の感情を抑制しなければならぬという則と抑えても抑えられない感情の噴出の則とが交互に現れる。己の性格を率直に反省したものは一則だけあり、

○自分は幼少のころから躁急という欠点があった。些細なことでも気に触ると憤怒の念が沸き上がってくる。これまで事を行う時、これがために悔いを遺すことが多かった。これは度量が狭いためである。克己の工夫は、まずこの怒りを抑えるというところから始めなくてはならない（1・52）

このような性格を陶冶し安心立命の境地に至ろうとして、謹一郎はある時は儒教的克己、ある時は道教的諦観によって感情の昂まりを抑えようと努力した。そのような多くの則の中から二例を挙げる。

○乾坤一大戯場也《けんこんいちだいぎじょう》、君子小人雑沓すれども、一旦曲闋《や》めば、唯幾片の白骼髏を餘す。好悪妍媸《けんし》、渾《み》な無なり。古、此の如く、今、此の如く、後代亦此の如し（1・33）

（世界は君子も小人も登場する芝居のようなもの。劇が終れば、白骨のみが残り実体はない。善悪美醜、全ては無。過去、現在、未来絶えて変わらぬ）

○今日の我が身は囚人と異なるところがない。何かをすれば自分の思いとは逆になり、何かを言えば人と衝突する。失意と不平は口では言えないほどだ。しかしここで顧みれば、恍然として自ら悟るところがある。それは、天が自分を苦しめるは反って深く自分を愛してくれているのではないか、ということである。眼前の各事は盃の中の蛇の影や海上の蜃気楼のような実体のないものかもしれない。こう思えば胸の閊《つか》えが豁然と開けた気がする。三伏の熱暑の日に一陣の清風を得たようである（2・52）

しかしこれらの諸則の間には自らの不遇を怒り、歎く言葉が繰り返し現れる。一則をあげれば、

「遂に悟れず」

○……「世の中での活動がうまく行かない時は、別の事で気分を変えると良い」という箴言があるが、私は気分を変えるところ（好散場）が見つからない。私の身は籠に閉じ込められた鳥（籠樊《ろうはん》の鳥）のようだ。人に制せられて、自分で決められない。老子の言に、吾の憂、吾が身有りてより始まる、というのがあるが実にその通りだ（1・138）

謹一郎は今自分に必要なのは忍耐であることは覚っていた。研究や趣味の世界に「好散場」を見出せれば良かったのだろうが、謹一郎はそのような世界を持たなかったようである。これに加えて自分

の識見に自信を持っていたので、その時の状況を「籠樊の鳥」のように感じた。そしてその原因は小人の陰謀にあると考え、一途に小人を憎み、己の不幸を歎いたのである。

このように嘆いたり、ふっと気が変わったりしているが、巻二の終りに近い部分には、

○自分が世にあって何かほんの僅かでも人に役立つことがあろうか。……自分は愚昧で文章にも品格がなく、位階は抱関撃柝《ほうかんげきたく》（門番夜回り）などの賤役と似たようなものだ。識見は迂闊、粗大で人に容れられず、言行は勝手気侭で礼法に合っていない。こんな風だから、立派な功績を挙げる事など出来はしないのだ（2・88）

○嘆也、涕《てい》也、慍《おん》也。満前の鬼魅、我を窘《くる》しめ我を厄す。此の極に至っては、庶《ねが》わくば終南進士（鐘馗のこと）に檄《げき》して、劈《さ》き且つ啖《くら》い、醜類を盡殲《じんせん》して始めて快（2・92）

のようにほとんどヒステリーのような諸則がある。元治元年の謹一郎は四十九歳、無役とはいえ押し込められていた訳ではなかったから「囚人」（2・52）と云うのは大袈裟であろう。また位が「抱関撃柝」というのも言い過ぎである。筆者は医者ではないのでよくは分からないが五十歳頃の男はある意味で精神的な危機であるというから、謹一郎も強い鬱的状態にあったのではなかろうか。

6　性悪説と中国人の学問批判

性悪説

『巵言日出』にはこの他に「分に安んじるというがその「分」とは何か」などの哲学的考察、人を使う上の要諦、「国家百年の計など建てることができようか」という政治的考察、漢の高祖劉邦のことを淮陰侯韓信が「将に将《しょう》たり」と評したことに対する感想など、いろいろの則があるが多くは省略する。ただ、謹一郎の儒学の特徴として性悪説に関する一則は見逃す訳には行かない。小人や攘夷家をあれほど憎んだのだから、謹一郎の人間観察が性悪に赴くのは当然であった。

○荀子の性悪論は長年の間、貶《おとし》められてばかりいる。しかし二千年来の学者の中で、この性悪説を脱却した者が何人あろうか。歴史を振り返ってみれば、多くの人は荀子のように思っているのにそうでないふりをしている。見苦しい態度である。荀子は墓の中で冷笑しているだろう（1・17）

『西使續記』中にも荻生徂徠への尊敬を記した所があり、謹一郎の儒学は純粋な朱子学（濂洛関閩《れんらくかんびん》の学）ではなく、教育しなければ人は悪の道に赴くという性悪説に傾いていたのである。

中国人の学問の三欠点

筆者の目から見た『巵言日出』の興味ある論点をあと一つだけ述べる。それはシナの諸外国に対する関係を述べた諸則である。

○中《あた》らずと雖も遠からざれば、後来必ず中る。遠からずと雖も中らざれば、到底必ず中らず。古来、唐山人（シナ人）の域外（外国）を説く、類《おおむね》然り。沃土《よくど》の不材《ふざい》（物産豊富の国に賢い人が出ないこと）茲《ここ》に至るか（2・6）

○老泉（蘇洵）に「審勢審敵」の説があるが、それは単なる空論に過ぎない。彼は「勝つこと易し」などと言っているが、趙宋（宋）は勿論のこと、開辟《かいびゃく》以来、唐山人が化外《けがい》の民に易々と勝ったことなどない。（中略）確かにある場合に楽勝したことはあるが、それも北狄（北方民族）に勝っただけのことである。今、外蕃（欧米）の兵制兵備は北狄の万々倍である。老蘇など書生の空論は全く的外れだ（2・10）

○唐山は周孔の祖国である。しかし今日、外蕃が唐山を取扱う時にはただ軽蔑心があるのみである。実際、国の強弱は全く形而下の問題で、これを人の身に例えれば、脳が主とはいっても五官、四肢および百体の作用が止めばたちまち脳の働きも止み人は死んでしまう。だから三者（五官四肢百体のこと）を養うのは脳を壮《さか》んにし、生命を保つ所以である。唐山人は形而下の問題を不問に附し、理と気など実体のない道理だけを云々する。これがいつも敗北する原因で、周孔もこの無用の空論を喜ばないだろう（2・80）

以上の三則、即ち、外国の実情を述べると必ずピントが外れること（第一則）、実際に勝ったことはほとんど無いのに勝ったような大言壮語の言論ばかりが横行すること（第二則）、空論のみで具体的対策がないこと（第三則）は、シナの宿弊を鋭く衝いたものである。ただ、現在の我々から見ると、謹一郎が「シナは仁義道徳の国」という思い込みから脱却していないのは不思議な気がする。謹一郎ほどシナ歴史に通じていれば、シナの儒学は歴史執筆のための表面上の倫理観で、実際政治や社会体制はそれとは全く別の原理で動いていることは当然察してよかったはずである。津田左右吉氏に「江戸三百年の儒者たちのうち、シナに渡ってその実際を観察しようという気を起したものは一人も居ない」という言があるが、日本人が考えるような儒教道徳がシナ本土でどれほどの力を持っていたかを、謹一郎の目で見てもらいたかったという感は拭えない。

7 『度日閑言』

『ネーデルランツセ・マガセイン』

謹一郎は嘉永の初め頃のオランダ語勉強をそれから十数年経った文久年間に再開した。そして慶應二年（一八六六）には抄訳書『度日閑言《たくにちかんげん》』を書き始めた。謹一郎は『度日閑言』の序文で、「自分は囲碁ができないし、花を見て詩を作るのも無益であることを悟ったので、西洋書を読むことにしたが、既に老年であり物を忘れ易くなったので書き留めることにした」と述べ、「著述は博奕看花とは違うが、要するに紙上の空言に過ぎない。全く世のためになる訳ではないが、しないよりはましであろう」と、この訳述が閑人の娯楽であることを強調している。

『度日閑言』はオランダ雑誌の抄訳と謹一郎の評語からなる全二十五巻、千数百丁の大冊で、八百弱の項目が含まれている。各項目は、例えば「光山」「鼻値」などの原題目がつけられ、次いで全訳あるいは抄訳が漢文で書かれ、その後に謹一郎の感想が、例えば「完璧氏曰」「計非氏曰」のように名氏付きの漢文で述べられている（以下では評語と呼ぶ）。名氏は謹一郎の標語に関連ある漢文の二字を取ったもので、例えば第一巻冒頭のダイヤモンド（光山）に関する項目では、藺相如完璧（藺相如、璧《たま》を完《まっと》うす）から完璧の二字を取っている。また各項目の末尾には、原本、年度、頁がつけられているので、現代の論文の参考文献のように直ちにその出所が分かる。謹一郎の正確好みである。『度日閑言』は慶應二年二月から書き始められ、三年弱で全巻が書き上げられたと思われる。

『度日閑言』のほとんどの項の底本は、謹一郎がいう所の『荷蘭瑤函《おらんだようかん》』すなわち『ネーデルランツセ・マガセイン』である。マガジンの語源を辿ると、古代アラム語（シリア、メソポタミア地方の言語）で「宝の函」という意味があるそうだから、謹一郎が「瑤函」と訳したのには根拠があったのだろう。この月刊雑誌は大衆の知識啓蒙を目的としてアムステルダムで発行された。戦後の日本でよく読まれた『リーダース・ダイジェスト』のようなものである。幕末期に、創刊の一八三四年から一八五六年までの各号が日本に輸入され、それらは現在も東京国立博物館に収蔵されている。この雑誌を謹一郎が最初に知ったのは嘉永元年（一八四八）で、その時から翻訳の希望をもっており、箕作阮甫らが訳した抄訳が文久年間（一八六一～六三）に、『玉石志林《ぎょくせきしりん》』という書名で洋書調所から発行された。『度日閑言』の各項目はそれ以外の所からとったのである。

『ネーデルランツセ・マガセイン』には、自然科学、歴史、地理、各国風習、蕃地の奇習、名士小伝、各地の奇話、三面記事的な事件、笑話など極めて雑多な項目があり、謹一郎が翻訳する際の題目の選択にも特に傾向のようなものは見られない。『度日閑言』から得られる知識は非常に広いものであるが、ただそれは良くいえば「教養」悪く云えば「雑学」に類するもので、福澤諭吉の『西洋事情』が、本人の見聞に加えて、体系的に西洋の文物、制度、歴史などを教える形になっているのとは異なっている。また、中村正直の『西国立志編』のように青少年を発憤させるように書かれたものでもない。ただ『度日閑言』は、その評語が西洋を批判的に見ている点、古代から近代まで洋の東西を通観している点などに特徴がある。しかし結局、版行はされず僅かの写本があるのみで、世間にはほとんど知られずに終った。

登場する人物

『度日閑言』の項目は余りにも雑多なので何らかの形にまとめることは至難であるが、できる限り分かり易く分類してみる。

名士小伝或いは逸話には、王侯、政治家では、テミストクレス、アレキサンダー大王、クレオパトラ、ネロ、アッチラ大王、シャルルマーニュ、エリザベス一世、フレデリック大王、ピョートル大帝、コルベール、ワシントン、ナポレオン、ヴィクトリア女王などの著名人を始め、現在でもそれほど知られていないミトリダテス王、シャルル十世、プリンツ・マウリッツ、ヲーメル・パカ、カメハメハなど、古代から近代にわたる大国、小国の人物が登場する。

また宗教家ではエリア、マホメッド、ルーテル、文人や画家では、タッソー、キケロ、ミケランジエロ、エラスムス、セルバンテス、ロペ・デ・ベーガ、レンブラント、ルーベンス、ダヴィッド、ヴォルテール、ウォルター・スコットなど、女性ではシャーロット・コルデー、ナイチンゲール、探検家ではキャプテン・クック、自然科学者や工学者ではチコ・ブラーエ、リンネ、ホイヘンス、デイビー、A・フンボルト、ファーレンハイト、ワット、などがいる。以上は代表的人物を挙げたまでで、この他にも沢山の人物がある。これらの人物は小伝になっている場合もあるが多くは逸話、言行の類いである。

名士小伝は歴史の一部であるが、それ以外にも、青銅器時代、ピラミッドやバベルの塔、ロトの妻の塩柱、ギリシャ、インカ帝国、ムガール帝国、オーストラリア植民、喫煙、綱渡り、トランプ、拳闘、文字筆記法、葡萄酒、女学校設立、死刑執行人、断食、食卓の飾りつけ、潜水設備、望遠鏡、軍楽など、ある特定の事柄に関する歴史も色々ある。

登場する土地

地誌も沢山あるがそれらの多くは、ある地方の広袤《こうぼう》、歴史、民族、人口、産業、伝統、風習、気質などのうちのどれか一つか二つに焦点を当てたものである。特に多いのは風習である。『度日閑言』中の地誌が対象にしている国名、地方名のごく一部を第一巻から二十五巻まで掲載順に抜き出してみると、キルギス、フィンランド、アフガニスタン、ロシア、ギリシヤ、メキシコ、清国、ボルネオ、サンマリノ、チベット、オーストラリア、インド、アラビア、チリ、スペイン、エジプト、フランス、蒙古、ジャワ、レバノン、タヒチ、日本、ブラジル、アメリカ合衆国、アビシニア、シャム、トルコ、セネガル、キューバ、北極、アンドラ、アルジェリア、マダガスカル、トンガ、イギリスなどがある。六大陸全てに亘っており、北は北極から南は赤道直下まで、小はアンドラのようなピレネー山中の小国から、大はロシアまである。

産業は特に謹一郎が意を用いた所なので、ある地方や都市独特の産物を紹介した項目もかなりある。シャウキス・デ・ホンズ（ジュネーヴの近く）の時計工業、フランスの鏡製造技術、西洋印刷術の盛大、イギリスのペン先の製造数、マイセンの窯業、ウィースバーデンの炭酸水、北海の鱈からの肝油製造、ケルンのコルク産業、ブラジルのダイアモンド採掘、真空鍋による砂糖製造法、真珠貝の養殖法および採算、オランダの死馬解体業、ドイツのマッチ製造業などである。

自然科学など

自然科学も天文地学、物理、化学、博物学などあらゆる方面がある。例えば、日蝕の理論、魚類の卵数、マダガスカルの巨鳥、狐の生態、海底火山、月面測定、数学の組み合わせの数、ファーレンハイト温度計の発明、木の外皮のガラス化、原子の重量、世界の食糧生産額、温素の実在（これは誤りであるが）、電気メッキ法の発明、鳥類の骨組織、新旧大陸の猿の分類、蒸気機関の仕事率の計算法、鳩の移動距離、台風の風速および圧力、蜃気楼、殺虫蜂の生態、毒きのこの分類、地球の生成と内部状態、人体静電気、木星の衛星蝕からの光速の計算、蜘蛛糸の構成、グリニッジ天文台、蝗の生態と害、彗星の尾などである。勿論、どの学問分野も系統立ったものではなく興味本位ではあるが、とにかく明治以前にこれだけ広範な科学知識をもっていた人はほとんどなかったろう。

医学は、人間至上主義の儒教が大切にするものなので、謹一郎も健康や医学に関する沢山の項目、即ち、脳の重さと賢さの関係、移植による鼻の再生、ローマの夏の不衛生の原因、関節の潤滑能力、寄生虫の種類と中間宿主および地方性、一酸化炭素中毒、夢遊病、飲酒と健康、人間の水分の代謝、床擦れとウォーターベッド、胃中の消化速度実験、バイオリズム、パリの精神病院、肺活量と血液循環、解剖学の始祖ベサリユス、などを訳している。

政治、戦争、社会、法律では、帝王と臣下或いは人民との関係、各国の相続法、ヨーロッパ諸国の乞食の生活、種々の国の盗賊と刑法、クリミア戦争の悲惨、戦争時の英雄談や女傑談、人道的美談、鉄砲の進化、東インド会社の規則、など雑多な項目がある。この外、道徳的箴言、悲劇的事件、個人的奇話、滑稽談などは枚挙に暇がないが、纏めようがないので割愛する。

滑稽に対するピント外れの評語

各項目に附せられた謹一郎の評語は妥当で常識的なものが多いが、時にそれが余りに儒教的で、ピント外れの感を受ける場合がある。特に筆者が違和感を覚えることを二つだけ述べる。一つは滑稽談に対する感想が極めて道徳的であることで、もう一つは、動物に対する反応が紋切り型で、動物の行動そのものへの興味がないことである。以下に例をあげる。

巻八に「花児《かじ》評」というのがある。子供の花児（乞食のこと）がケチで有名な婆さんに金を乞うたが案の定くれない。子供は「何だ、エバ」と罵った。婆さんが「エバとは何のつもりだ」と聞いたら「アダムに林檎を寄越さないで一人で喰っちまったじゃないか」と答えた、という話である。これに対する感想は「今、眼前の人物は皆エバ（と同じ）である。志あるものは無力で有力者は志がない。

天下の事、壊盡す」である。謹一郎はこの話の滑稽を解した上で、幕末の現状に止むに止まれずこの言を発したのかもしれないが、本当に滑稽が好きな人なら、婆さんとエバ、子供とアダムなどの対比を面白がるのではなかろうか。

もう一つ、巻九に「醵銀《きょぎん》」というのがある。フランスの大学で会議終了後、皆から慈善金を集めるため、一僧が帽子を持って回った。この席にケチな学官ロセスが居たが彼もこの時は醵金した。しかし僧はこれを見逃し、再び帽子を進めた。ロセスが既に入れたというと僧は「おっしゃる通りでしょうが私はうっかり見落としました」と言った。その時ヴォルテールが隣の席に居たが、「私はそれを見ましたが、貴方が「入れた」とおっしゃったのは信じられない気持です」と言った。謹一郎の訳か筆者の重訳か、どちらかに間違いがあるかもしれないが、とにかくこの話は、行為と言葉（意識）の微妙な綾をヴォルテール一流のウィットで表現した滑稽談だろう。謹一郎の評語は「言行は一致すべきである。一人はその投を疑い、一人はその言を疑う。これはおかしいことだ。ロセスは投げるふりをして実は投げなかったのだろうか。ロセスは身は官職にあってこのように鄙しい心を持っている。実に軽蔑すべきものだ。一回の嘲りの言くらいで有耶無耶《うやむや》にできるような事柄ではない」というものである。謹一郎はロセスの心術を憎むことに急にして、ヴォルテールの機警を笑う暇《いとま》がなかったのだと思われる。

謹一郎は決して滑稽を解さない人ではなく、西使日記の前文で書籍のことを書いた所や、自分の行列の貧弱ぶりを広島の子供たちが馬鹿にしたことなどでは己を客観視して笑っている。しかし事が少しでも道徳的な行為に関して来ると、まずその是非善悪を考えずにはいられなかったのだろう。儒者の窮屈さと言えるかもしれない。

役に立つだけが動物の価値

『度日閑言』中には動物に関する項がかなりあるが、謹一郎が動物を褒めるのは、人間の忘恩の徒と比べて、犬が恩を忘れなかったというような紋切り型の道徳的行為の場合のみであって、それ以外の場合動物に対する同情はないようである。巻二の「獺猵《かわうそ》」の評語には「鷹、猫、鵜などは毒害のものだが人間の駕御《がぎょ》を受けて、鳥や鼠や魚を取る。これは孫武（孫氏の兵法の孫武）が貪欲な人間や詐欺を行う人間を使うのと同じことである。毒害だけで人に馴れない動物は殲除するのみ」とある。要するに人間の役に立つことだけが動物の存在価値という訳である。

また、巻五の「禁苦生物」は、英仏独およびスイスに「禁苦生類（動物愛護）会社」が設立され同時に法律も制定されたことを報道し、人間は生類の長であるから妄りに他生物を虐待すべきではなく、また年少時に残酷な事をする人間は長じた後も盗賊や殺人者になるものが多いことに注意を喚起した項である。これに対する謹一郎の感想は次のようである、「西人は既に救貧院を設け、今や禽獣に及んだ。博愛衆に及ぼすことは堯舜さえ難しとしたのに今や西邦は唐虞（堯と舜）の上に出たのだろうか。いや全くの間違いである。西人は他国を侵略して残忍を極めている。『嗚呼《ああ》、人民何の罪かある、禽獣何の徳かある。予は「禁呑滅会社（他国を侵略するのを禁じる会社）」を建てんことを欲するのみ』。ここでは動物愛護法自体より、それから連想して人間社会の政治問題に話が飛んでいる。心情としての愛護心を謹一郎がもたなかったのは、儒教の「仁」が人間以上に達しなかったこと、即ち「浅薄な合理主義」に止まって仏教のような真の宗教的高みに至らなかったことがその原因ではなかろうか。ちなみに謹一郎の家庭では猫が飼われており、明治十七年には二度子猫を産んでいる。謹一郎も嫌いではなかったのだろうから、違った教育を受ければ謹一郎の考えも変わっていたかもしれない。

8 『度日閑言』の中の落語種

筆者は『度日閑言』中の笑話のひとつが、我が国の落語「蒟蒻《こんにゃく》問答」によく似ていることを発見した。第一巻の七番目に「形語《けいご》」なる題目の項があるが、この意訳は次のようである。

西洋種の無言問答

一六〇三年スコットランド王ジェームス六世が英国王ジェームス一世として即位するため倫敦《ロンドン》に赴いた際、各国使節もそれに同行した。その中にスペイン使節もいたが彼は奇怪な技を持っていた。即ち各国の主要な学師（学問ある教会僧のこと）と言葉を交さず身振り手振りのみで会話し、意思を疎通できるというのである。彼は道中、王に向かってこのことを話し、「ただイギリスでは私と会話できるほどの人はいますまい」と誇り顔に嘯いた。王は大いに嘲って、「それは考え違いと云うもの、ここから北に六百英里、アバディーンという所にそのような男がおるわい」と答えた。使節は驚いて、

「そこが地の果てでも、陛下の即位式が済み次第、私が参って教えを受けとうござる」と答えた。王の言は出任せだったのであるが、一旦口に出してしまったからには引っ込みがつかず、人を馳せてアバディーンに遣り、大学の教師たちに事情を説明し、「力を尽してかの使節を屈服させ、天晴れ名を挙げよ」と命じた。

既にして使節はアバディーンに至り歓迎会の席上、「形語を解する人は何方か」と訊ねた。大学教師らは窮して、「彼は北部地方を旅行中なればしばらく待たれよ」と答えた。これに対し、スペイン使節は屈託せず、一年でも待つという有様なので、遂に教師たちは一計を案じた。ここにアバディーンの牛殺しにジョージなる者が居た。彼は片眼で、強情、しかも出鱈目《でたらめ》のうまい男（造話者）だったが、教師たちはこの男に顚末を語り、彼にいい加減な名前と僧職を与えて、使節と対峙せんことを求めた。ジョージは欣然として求めに応じたので、愈々《いよいよ》対決が行われることになった。

当日、ジョージはマントを着け、鬘《かつら》を被って大学講堂の教授用椅子に座り、教師などは各々自室に待機して成行き如何と息を殺して待って居た。これは静かな所で存分に「形語」を行わせるために意図的に二人だけにしたのである。スペイン使節は講堂でジョージと相対するや、まず一指を立てて天を指した。これに対しジョージは二本の指を立てて天を指すことでこれに答えた。使節はすかさず三指を展げて、ジョージに問うた。ジョージは固く拳を握って突き出し、目を怒らして使節を睨み付けた。使節はこの怒りに遇うや、レモン一個を袋から取り出し、これを高く捧げた。ジョージもまた大麦のパン一塊を取り出して、使節の通りに天に捧げた。使節はこれを見て深く一礼し、退いて諸教師の居る個室へと戻った。

諸教師は争ってスペイン使節に、対話の始末を語らんことを求めた。使節は言った、「彼の人の学識、妙悟、誠に驚くに堪えたり。その尊崇すべきことインドの宝石もただならず。まず我、一指を以って天を指す。これ、天上只《ただ》一神あるの意なり。彼の人、乃ち高く両指を立つ。蓋《けだ》し、自ずから父子両個あるを答うるなり。吾また神聖三物一和の喩《たと》えを言わんと欲して三指を展ずれば、彼、立ちどころに一拳を立つ。蓋し、三体は畢竟《ひっきょう》一体の意（三位一体）を答うるなり。吾、レモンを示して、神の人類を恵むこと深厚にして、ただ生命必需の用を給するのみならず、かくのごとく美味なるものを与え給うことを賞讃するに、彼の人パン一塊を出してこれを示す。蓋し、聖書に謂う所の生命の本源を示すのみならず、兼ねてその（パンの）能《よ》く百物に冠たることを告ぐるなり」。こうしてスペイン使節はこのような方に会えて大幸であったと述べ、欣々然としてその地を去った。

諸教師も好い結末が得られたので安心したが、中にお節介な者が居て真実を詮索しようと思い、牛殺しが帰ろうとする時彼を呼び止めて言った、「ジョージよ、お前はお客さんとどんな風に応対したのかね。どうしてあのスペイン人はお前を偉いと思ったんだい」。ジョージは次のように答えた。「あいつはイヤな野郎で、人間の中じゃあ一番の威張り屋ですぜ。まあ聞いておくんなせえ。あいつはあっしの片眼を馬鹿にしやがって、指を一本出しやがった。それでおれは二本出して、拳は二つあるぞって言ってやったんだ。そしたら横着な野郎じゃないか、今度は鼻の前に三本出して、お前と俺で合わせて三つ眼だな、って言いやがる。まだ言いやがるかって頭に来たから、拳を固めて、貴様の脳天がった。もう少し居たら殴りつけてやるんだったのに惜しいことをしたもんだ」。（原文ではスコットランドはスコシア、ジョージはゲオルゲなどであるが、右の訳文では現代英語表記に改めた）

に一発喰らわしてやるぞってしてみせたんだ。それなのに奴は懲りずに、レモンを出して見せやがった。ありゃあきっと、俺たちの国は貧乏だから、こんな甘《うま》いものを見たこともなかろうって言おうとしたんだ。それで俺もパンの大きなやつを出して、俺たちにゃあ、このパンがあるからお前たちの甘いものなんか要らねえんだって言ってやったんでさあ。そしたら彼奴め、這いつくばって逃げ出しやがった。もう少し居たら殴りつけてやるんだったのに惜しいことをしたもんだ」。（原文ではスコットランドはスコシア、ジョージはゲオルゲなどであるが、右の訳文では現代英語表記に改めた）

以上で「形語」の項は終っている。参考までに「蒟蒻問答」の主要部分は次のようである。

日本種の無言問答

ある事情で、蒟蒻屋の六兵衛が偽坊主になり、越前永平寺の僧托善という諸国行脚の雲水と一ト問答する。六兵衛が無言の行を装ったので、托善はまず両手の親指で丸い形を拵えた。六兵衛はこれを見て両手で大きな輪を拵えてみせた。托善はハッと頭を下げたが、今度は両手を出して十本の指を広げてみせた。六兵衛はこれに対し片手を出して五本の指を広げた。托善はまたハッと恐縮、さらに指を三本出すと、六兵衛は即座に右の人差指を自分の眼の下にあてた。これを見て托善は飛び下がって這々《ほうほう》の態《てい》で逃げ出した。逃げ出した理由を問われて、托善は、「拙僧が（丸を作って）、日の本は、と伺いましたところ、（両手を回して）大海の如し、とのお答え、次いで（指十本で）十方世界は、とお尋ねすると、五戒で保つ、と速やかなお諭し、最後に三尊の弥陀は、と畳みかけましたら忽ち、眼の下にあり、との御説破、とても吾輩の及ぶ所ではございません」と答えた。一方、六兵衛の方はカンカンに怒っている。「あん畜生はこの辺りの乞食坊主に違いねえ。俺の家業を知ってやがって、お前んとこの蒟蒻はこれっぱかりだろうと小さな丸を拵えやがった。だから、何言いやがる、こんなに大きいやと大きな丸を作ってやった。今度は十（個）で幾らだてえから、五百（文）だと言ったら、シミッタレた奴で三百にまけろと値切りやがったから赤んべえをしてやった」。

スコットランドと日本の話だから、教養側の解釈の種がキリスト教と禅宗、無教養側の怒りの種が片眼という肉体的欠陥と蒟蒻屋という商売になっているなどの違いはあるが、両者が極めて似ていることは改めて論じる迄もないだろう。筆者は「蒟蒻問答」の成立時期などを調べたが、それは「形語」からの転化ではないようであった。しかし何か基本の話から転化したのではなかろうか。また謹一郎は「蒟蒻問答」を知らなかったようで、「形語」の評語には落語の引用はなく、スペイン使節の無礼を咎めるような、妙に道徳的な感想になっている。

第八章　幕府の瓦解と隠遁

1　幻の朝鮮使節

さて、慶應二年（一八六六）の末に謹一郎は再び起って製鉄所奉行に挙げられ、翌年三月には目付となり、筑後守に拝せられた。筑後守を選んだのは祖先が一時、筑後の古賀村に住んだからであろう。製鉄所奉行は町奉行よりは適任であったろうが、僅々三カ月だから為すこともなかった。次いで目付に挙げられた理由は対朝鮮交渉のためであった。

最初の近代日朝外交交渉

李朝朝鮮政府は一八六六年の早春、当時在住していたフランス人宣教師六人を殺し、同時に多数の朝鮮人キリスト教徒を死刑を含む刑に処した。また同年夏、難船したアメリカ船を焼打ちして乗船していた二人のイギリス人を殺した（シャーマン号事件）。宣教師殺害の報を聞いたフランスはローズ提督の率いる東洋艦隊を派遣し、朝鮮の港を封鎖すると共に江華島の要塞を攻め双方に死者が出た。この情報を知って、慶應三年二月に外国総奉行平山敬忠《よしただ》は「国威を発揚し信義を萬国に輝かすため」断然調停に乗り出すべきことを将軍に上申した。あるいはフランス公使ロッシュが使嗾したのかもしれない。将軍慶喜以下の幕閣は介入を決意し、平山を正使、謹一郎を目付として朝鮮に派遣することにした。平山は通称謙次郎、省斎と号し、この時図書頭であった。彼は岩瀬忠震と親善で、安政年間にはともに日本の開国に尽力したほどの人物であったから、この時もなかなかの意気込みを示し、大砲付きの軍艦で兵隊二大隊を引き連れ朝鮮に渡り、六カ月ほどで埒を明け、朝鮮使節も引き連れて帰国したいと上申した。

しかし徳川時代の日朝関係は常に対馬の宗氏を仲介に立てなければならないので交渉が二度手間になる上、臆病で保守的な朝鮮政府は色々な口実を設けて使節派遣を拒もうと図った。こうして遷延しているうちに、戊辰戦争が始まって、朝鮮使節問題は実現されることもなく忘却の海の中に消えてしまった。謹一郎個人にとってみれば、朝鮮使節は彼が御国のために尽そうという意気込みを持つことができた最後の機会であり、また実際、漢洋両学に通じた謹一郎ほどこの仕事にふさわしい者はいなかったから、この計画が流れたのは残念なことであった。

2　幕府の滅亡と阿琴の死

幕府の滅亡と彰義隊の全滅

第二次長州征伐の失敗、将軍家茂の死、内部意見の不一致、積弱の旗本など、いよいよ末期的状況になった幕府の状態を見て、慶應年間の謹一郎の心は、幕府の無能力、薩長の暴虐および諸藩の忘恩の振舞に対する憤懣に満ちていた。慶應三年三月に書かれた『度日閑言』の跋《ばつ》はその頃の謹一郎の気分をよく表している。ある日、友が来て、『度日閑言』を読み、評語の文に怒りや罵りの語が多いのに驚き、謹一郎にその訳を尋ねる。謹一郎が、そういう積りではない、ただ感興が沸いて文字を下すと自然にこうなるのだ、と答えると、友が「君は、オランダ書の内容そのものに感情を掻き立てられるのか、あるいは「他人の酒盃を借りて」胸中の不平を洩らすのか。実際、目前の天地の有様は、「可罵可笑可嘆（罵るべく笑うべく嘆ずべき）」ものが多い。君が憤然として嘲罵するのは当然かもしれない」と言った、というのである。謹一郎は幕末の国内情勢を、「可罵可笑可嘆」と見ていたので、蘭書を読んでも、それに触発されて幕末の情勢を憤らずにはいられなかったのである。

そして遂に明治維新となった。我が国の最善の先覚者だった謹一郎にとって、日本の近代の夜明けともいうべき明治元年（一八六八）が、公私にわたって、最も悲しむべき年になったのは運命の皮肉である。この年の始め幕府軍は鳥羽伏見の戦いで官軍に敗れ、江戸の人々は今後の成行きを危ぶんで混乱と恐怖のうちに投げ込まれたが、その最中、謹一郎の最愛の女《むすめ》阿琴《おこと》は心配の余り病に倒れ、四月三日に不帰の客となった。そしてその一カ月後、悲しみの中にあった謹一郎を江戸開城と彰義隊の全滅という第二の悲痛な出来事が襲ったのである。

明治維新を徳川幕府に対する裏切り、忘恩と見るのは、君臣という儒教倫理からの解釈であって、生きている政治はそのような道徳的立場から理解できるものではないだろうが、幕府側から見ればこれも一面の見方ではあるだろう。謹一郎は明治十七年になっても彰義隊を哀惜し、その命日の五月六日には上野の墓に詣っている。そして日記に「上野に入る。新緑満林、花空にして客亦た空。今日、彰義隊忠士、遇害《ぐうがい》の期なり。香火《こうげ》寥々、拝人、一名もなし。而して九段招魂社祝祭、各戯連挙す。予、竹如意《ちくにょい》を執りて唾壺《たこ》を撃砕せんと欲するのみ」と書き付けた。招魂社は今の靖国神社で、最初は戊辰戦争で死んだ官軍の兵士の慰霊のために建てられたものであるから、謹一郎は招魂社を憎み、その祭などは粉砕してやりたいと思ったのである。謹一郎にとっては最後まで、彰義隊は忠臣義士で官軍は「薩長の逆賊」だった。

阿琴の死

謹一郎には男子がなく、正妻小林氏が産んだ他の女子は早逝《そうせい》したから阿琴は掌中の珠のように育てられた。それで阿琴の死後、謹一郎は彼女のために碑文を撰し、石に勒《ろく》して名を留めようと図った。その墓碑は高さ一メートル弱の小さなものであるが、今も大塚先儒墓所の古賀家の塋域《えいいき》に建っている。謹一郎の情が表出された唯一の文章であるので以下に全文を引く（もと漢文）。

阿琴は我が長女、即ち義子鋭（鋭は名前）が初配なり。室人小林氏の出（正室小林氏の子）。天保十二年辛丑九月十五日生。先人（侗庵）鐘愛し名を賜い、阿琴と曰う。慶應四年戊辰四月三日亡。季、僅かに廿八。春来、国事、日に非にして（幕府が滅びること）、官（幕府）、旗人（幕臣）の眷族《けんぞく》を四郊に避けしむ。女、憂懼し、預めその（自分が）予及び鋭兒と別れんことを悲しみ、悒々《ゆうゆう》として楽しまず。二月初八、俄《にわか》に疾に罹り、全身痿《い》して動く能わず。起臥飲食皆人に需《もと》む。昏々として睡《すい》止まず。病五十五日、煩悶、苦楚《くそ》（苦しみ）を享《う》け盡《つく》して遂に逝く。痛夫（いたましいかな）。女、幼《いとけなき》より多病、服薬無数。屢《しばし》ば、重篤の極に至って免る。危難中、自ずから福分あるに似たり。今病、固《もと》より必死の症に非ず。合家（一家中）、日に平快を望んで、而して救わず。予、実にその不幸を哀しむ。

筑後守古賀増長女阿琴の墓（上部）

女、貞静寡言、跬《き》歩も閑を踰えず（半歩の間も礼儀にかなった振舞をする）。初め、世間の狡詐貪鄙《きょうさどんぴ》の行いを解せず。終身、虚妄の言を吐かず。弱體と雖も一家に董臨し、儘《まま》、賢夫人と称するに足る。性、孝にして父母の命ずる所、生来未だ曽て一も違わず。予、出行或いは遠役すれば、女、想慕して已まず。相見れば則ち安んず。五年前、鋭入贅《にゅうぜい》（婿養子になる）す。兒（鋭のこと）、循謹《じゅんきん》、女、柔婉。琴瑟調和し家中間言《かんげん》（仲違いの言葉）なし。老年の一大楽たり。何ぞ料らん、二竪《じゅ》（病魔のこと）逞虚《ていきょ》し（勢を逞しくし）、涕《なみだ》を以って咲《わらい》に代えんとは。

女、眉目秀朗、軆《たい》一七、八歳の小娘の如し。今春、腹塊を錯認して妊となし、始めて牙《き》を染め（お歯黒をつけること）、眉を去る。飲食微小にして別に嗜好なし。只、吃芬《きっぷん》（喫煙）を喜ぶ。病間精神恍惚、煙《えん》を索《もと》めて吸服す。女、既に弱し。予と室人と愛護すること、心に刻して忘れず。長大すと雖も猶、宿昔幼時の如し。風寒、暑湿毎に常に蒲柳の質を恐れ、（遂に）支うる能わず。嗚呼、女、生別離を悲しみ、以って病を釀《かも》す。今反って死別離に化す。予の衰腸、寸々に裂く。

銘に曰く、女也何死非其季。呼之不来涙潸然。聲容在目不能忘。鬱々松楸隔重泉。

（女よ、何ぞその季に非ずして死す。之を呼べども来らず、涙潸然《さんぜん》たり。

聲容、目に在りて忘るる能わざるも、鬱々たる松楸《しょうしゅう》〔共に墓地に植える木〕、重泉《ちょうせん》を隔つ）

慶應四年戊辰四月　　　　　　　　父　筑後守　古賀増　誌

阿琴は品が良く、小柄で初々しい女性であったようである。『西使日記』や『西使續記』には昌平黌の官舎に戻った喜びが書き記されているが、その喜びの多くは阿琴の笑顔だったのだろう。阿琴の死は謹一郎から生き甲斐の大半を奪ってしまったのではなかろうか。

3 『百笑百妙』

変人儒者たちの田舎暮し

さて、新政府ができた後、旧幕臣たちは徳川氏の所領駿河に遷ることを命じられ、謹一郎も明治元年十月末に一家をあげて静岡の地に隠棲することになった。この頃の謹一郎の動静の若干は、明治元年から四年の間に書かれた幾つかの著作の序文などから窺い知ることができる。

移住直後に謹一郎一家が住んだのは大岩村という所だったらしい。その大岩村で明治二年（一八六九）七月に謹一郎は中村正直と約二十首の漢詩を唱酬し、中村はこれに自詩十数首を加えて『百笑《ひゃくしょう》百妙《ひゃくみょう》』という漢詩集を編んだ。『百笑百妙』からは幕府瓦解直後の幕臣の感慨が窺われ、また文化都市江戸から田舎の果てに遷された学者の一種の文化ショックもほの見えて面白いので、数首紹介する。まず最初、中村が蟬の声をショウショウショウショウ（笑々々）と聞いて感慨を詩にし、これに対し謹一郎が韻を踏んで和し、以後、笑、妙、調などの韻を踏んで互いに唱和した。初めの頃の詩は相手を褒めたり、世の変遷を詠嘆したり、世俗を離れた隠遁の境涯を自ら楽しんだりする、漢詩の常套的なものが多い。中村はその詩の中で「劉公讀書窮萬巻　雙目如電無遁照　餘力耽讀泰西書　夷言嘲哳聞微嘯」（古賀先生は万巻の書を読み、眼光紙背に徹している。余った時間で洋書にも目を配り、オランダ語を操って世を批判される）のように謹一郎を形容している。両者の応答が四、五回を越えると、生活の匂い

が窺われる詩が現れる。例えば謹一郎の詩、

○抹殺傖人背後笑　始成千古獨立妙　口頭常語誤我生　齉臭至老難改調
貧厨米空鼠啄疎　燈下蠅頭五更照　三家村裡讀書聲　和他蛩蜥與猿嘯
田夫指我為風漢　短簡一言既壓倒　五穀不分口咿唔　如此怪物所謂傲
田夫有眼品評妙　使我半日解頤笑

（傖人《そうじん》背後の笑を抹殺し、始めて千古獨立の妙を成す。
口頭の常語、我が生を誤り、齉臭《としゅう》、老に至って調を改め難し。
貧厨《ひんちゅう》、米、空にして鼠啄《そたく》、疎なり。燈下の蠅頭《ようとう》、五更に照る。
三家村裡《り》、讀書の聲、かの蛩蜥《きょうし》と猿嘯とに和す。
田夫、我を指して風漢と為す。短簡の一言既に壓倒さる。
五穀分かたず、口に咿唔《いご》。かくの如き怪物は所謂傲なり。
田夫、眼有り、品評の妙。我をして半日頤《おとがい》を解きて笑わしむ）

（田舎者の親爺が蔭で笑っているが、そんなものを無視して始めて千古獨立の域に達したというものだ。とは言っても口先の陳腐な言葉によって人生を迷わされ、本のしみの臭いが年をとってもついてまわる。貧しい台所の米びつには鼠の齧るほどの米もないのに、明け方まで燈の下で蠅の頭のような文字を読み、三家ほどしかない貧村の中に、読書の声が虫の鳴く声や猿の叫び声とに雑じって流れる。田舎ものたちは吾輩のこ

とを気違いと思っているが、その簡単な言葉にはたじたじとせざるをえない。米と麦も区別できないのに、口では偉そうに漢文なんか唱える。このような怪物は単なる威張り屋だ。百姓も案外物を見る眼があって穿った品評をするものだ。これを聞いて吾輩も、半日笑ってしまった）

は、田舎者と学者の感覚のずれを笑ったものである。

幕臣の明治維新観

ほかに自分の健康や日常に及んだ詩もあるが、謹一郎らしいものとしては次の二首がある。

○方朔偸桃王母咲　瑶池亦要胠篋妙　李北海元劫海賊　異日書法兼才調
仙人盗賊名臣混　伏奸誰能然犀照　悠々天地長如此　盡供先生不平嘯
董狐已死直筆亡　二十二史是非倒　人間決無挿脚地　好弄烟霞事嘯傲
此時痛哭殊不妙　有酒宜飲咲乎咲

（方朔〔東方朔〕桃を偸《ぬす》んで王母咲う。瑶池亦た胠篋《きょきょう》の妙を要す。
李北海もと海賊に劫《こう》せられ、異日の書法、才調を兼ぬ。
仙人盗賊名臣混じ、伏奸《ふくかん》誰か能く然犀《ねんさい》して照らさん。
悠々たる天地、長《とこしえ》にかくの如く、盡《ことごと》く先生の不平の嘯に供す。
董狐《とうこ》已に死して直筆亡び、二十二史の是非倒る。

人間《じんかん》決して挿脚《そうきゃく》の地なし。好し、烟霞を弄して嘯傲《しょうごう》を事とせん。

此の時痛哭するは殊《こと》に妙ならず。酒あり、宜しく飲んで咲《わら》い、また咲うべし

（東方朔が桃を盗むのを見て西王母が笑う。瑶池〔天国〕でも泥棒をしなければならないようだ〔薩長が国を盗んだのも仕方がない〕。李北海〔唐の名臣〕は海賊に捕まったが、そのお陰か、書が上手くなった〔自分も静岡に移されたが人間万事塞翁が馬である〕。〔このように〕世は善悪取り混ぜて色々であり、隠れた罪悪を明るみに出そうとする人もなくなった。悠々たる天地は永久にこんなものと思って、不平でも眺めているしかない。董狐〔晋の歴史家〕が死んで直筆する者はなくなり、歴史上の是非善悪は分からなくなった。この世に信じられる立場がないのなら、仙人に倣ってこの世を余所に見るのがよい。怒ったり哭したりするより、酒を飲んで笑って過ごそう）

○一夕夢回抱腹咲　追遡夢境奇々妙　祖龍再出坑儒生　武城弦歌無音調

吾亦潜身伏四方　遥望焚書火光照　聖経賢傳盡灰燼　生民塗炭禽獣嘯

放聲一慟遽然覺　夢乎真乎心翻倒　倏忽百年亦一夢　餘得嶙峋骨猶傲

痴人説夢頗得妙　事類児戯君莫咲

（一夕《いっせき》夢回《めぐ》って腹を抱えて咲う。夢境を追遡《ついさく》すれば奇々妙たり。

祖龍《そりゅう》再び出でて儒生を坑《あな》にし、武城の弦歌音調無し。

吾亦た身を潜めて四方に伏し、遥かに焚書《ふんしょ》の火光の照るを望む。

聖経、賢傳、盡く灰燼《かいじん》。生民塗炭し禽獣は嘯《うそぶ》く。

聲を放って一とたび慟《なげ》けば遽然《きょぜん》として覺む。夢か真か、心、翻倒す。

倏忽《しゅくこつ》百年亦た一夢。嶙峋《りんじゅん》を餘し得て骨猶傲《なおごう》す。

痴人、夢を説いて頗《すこぶ》る妙を得たり。事、児戯に類すれども君哂《わら》う莫れ
（ある晩の夢に腹を抱えて笑った。その夢を思い出すと奇々妙々である。秦の始皇帝が生き返って、儒者たちを生き埋めにし、武城の繁栄も鳴りをひそめた。自分も見つからないようあちこちに潜伏し、書物が燃やされる光を遠くから眺めて居た。孔子様などの尊い本は灰燼に帰し、庶民は塗炭の苦しみに遇い、獣たちは元気付いて吠え回っていた。自分は声をあげて泣いたが、その声で目が覚めた。夢か現かとしばらく心が落ち着かなかったが、こうしてみると私の一生の百年なんかもただの夢である。でもまだ何とか山奥に隠れて、とにかく生きている。馬鹿な者の夢でもなかなか穿ったところがある。児戯に類することだが、笑わずに聞いてくれ給え）


この詩は始皇帝の焚書坑儒と薩長に追われた自分を類比したもので、現在から見るとピントがずれているようであるが、むりやり江戸（詩中の武城）を退去させられた幕臣はこういう感じを抱いたのであろう。

中村正直の詩

中村の詩の内容は謹一郎より変化に富んでおり、我々の眼から見ると分りやすい。

以下に中村の詩も幾つか紹介する。慶應二年、中村は幕府の英国派遣留学生取締と

してヨーロッパに渡ったが、その時の外国見聞を追懐して次の詩を作っている。

○憶昔睥睨海若笑　火船波浪驚迅妙　盤案盛来盡異味　吹楽奏出皆奇調
葱嶺遺跡訪廃寺　歴山洪業感落照　尖塔百丈誰所造　俯仰萬古臨風嘯
三年倫敦繁華場　幾回聞歌酔欲倒　如今空山侶猿狖　青松白百容我傲
眠食之外策無妙　時話舊遊對君笑

（憶う、昔、海若《かいじゃく》〔海の神〕を睥睨《へいげい》して笑えるを。火船の波浪迅妙に驚く。
盤案《ばんあん》盛り来るは盡《ことごと》く異味、吹楽の奏出するは皆奇調。
葱嶺《そうれい》の遺跡、廃寺を訪い、歴山《れきざん》の洪業《こうぎょう》、落照に感ず。
尖塔百丈誰の造る所ぞ。萬古を俯仰して風に臨んで嘯く。
三年倫敦《ロンドン》繁華の場。幾回か歌を聞き酔うて倒れんとす。
如今《じょこん》、空山に猿狖《えんゆう》を侶《とも》とし、青松白百《はくひゃく》、我が傲を容る。
眠食の外策の妙なるもの無し。時に舊遊を話し君と對して笑う）

（ああ、昔、海を眺め渡して会心の笑みをもらしたこともあった。蒸気船は波を蹴って快速力で進むし、食事には西洋料理が皿いっぱいに出て、ラッパの響きも初めて耳にするものだった。インドの山では昔の寺の跡を訪れて夕照えの下にアレキサンダー大王の偉業を偲んだし、誰が作ったかも分からない百丈のピラミッドでは、砂漠の風に四千年の昔を思った。三年のロンドン住いでは何度も繁華街に出て西洋の歌を聞きながら酔っ払ったものだ。それが今は無人の山中で猿たちを友にし、松林の中で一人傲然と嘯くだけだ。食って寝るほかにすることもない。時に先生に昔話をして笑い合うくらいだ）

静岡の田舎に幽居して、三年前の洋行を思い出すと「恍として夢の如き」感があっただろう。中村の哲学的、宗教的一面を現わし、後年のキリスト教入信を予言するような詩としては、

○造物欲人楽而笑　製成萬物窮神妙　我欲為小蟲洗冤　強以理窟入韻調
空中有氣傳光線　千紅萬紫色色照　體中有機如槖籥　百蟲報禽聲々嘯
謂美為醜佳為悪　嗟々世人耳目倒　宇宙是我大學校　我作是言心豈傲
山中有蜩聲音妙　人聞死々我笑々

（造物人をして楽しみ笑わしめんと欲し、萬物を製成して神妙を窮む。
我、小蟲の為に冤《えん》を洗《そそ》がんと欲し、強いて理窟を以って韻調に入らしむ。
空中氣あり、光線を傳え、千紅萬紫色色に照らす。
體中機あり、槖籥《たくやく》の如く、百蟲、禽に報じて聲々に嘯《な》く。
美を謂って醜と為し、佳を悪と為す。嗟々《ああ》世人の耳目、倒《さかさま》なり。
宇宙は是れ我が大學校。我この言を作《な》す、心豈に傲ならんや。
山中、蜩《せみ》の聲音《せいおん》妙なるあり。人は死々と聞き、我は笑々）

（造物主は人を楽しませ笑わせようと、沢山の面白く珍しいものを作ってくれた。私はここで小さな虫たちにも造化の妙があって軽視すべきでないことを人々に知らせるため、無理に理屈を詩にしてみる。空中にエーテルがあって光線を伝え、赤から紫までの虹の色を照らすように、小さな虫の体の中にも鞴《ふいご》があってそれぞれの虫がそれぞれの声で鳴き、鳥たちがそれを覚る。人はこのように美しい虫たちをきたないと言うが、これは人間の目や耳が間違っているのだ。宇宙こそ我々の学校である。このように言う私は驕っているのだろうか。山では蟬が妙なる声で鳴いている。人はシーシー〔死死〕と聞くが私にはショーショー〔笑笑〕と聞こえる）

があり、虫や蛇や肥溜など、農村生活の不快な面にウンザリした詩には次のようなものがある。

○飄零無家土隅咲　矯情狂言山居妙　邨夫昏頑穢如丐　開口只聞鴃舌調
坐上蟲蠟掃不盡　屋浅旦暮厭日照　蛇虺縦横草木深　夜間蚊雷聒于嘯
尤悪糞氣無散時　往々撲鼻欲躓倒　一言約之苦而已　恐是天意警我傲
獨有堅忍工夫妙　後来破涕得真咲

（飄零《ひょうれい》家なく、土隅に咲《わら》う。情を矯《た》め、狂《ま》げて山居を妙と言う。
邨夫《そんぷ》昏頑、穢きこと丐《かい》の如く、口を開けば只だ鴃舌《げきぜつ》の調を聞くのみ。
坐上の蟲蠟《ちゅうがい》掃けども盡きず。屋浅くして旦暮《たんぼ》日照を厭う。

蛇虺《だき》縦横草木深く、夜間の蚊雷《ぶんらい》、嘯よりも聒《かまびす》し。
尤も悪《にく》む糞氣の散じる時なきを。往々鼻を撲って躓倒《ちとう》せんとす。
一言これを約すれば苦しきのみ。恐らくは是れ、天意我が傲を警むるならん。
獨り堅忍工夫の妙ありて、後来、涕《なみだ》を破って真咲を得ん）

（私は落ち着く所がなく風に吹かれてさまよい、隅っこの地で苦笑している。そして真情を隠し、田舎住まいも良いものだと心にもないことを言っている。実際は田舎者は物を知らず頑固で、その上乞食のように穢《きたな》い。口を開けばひどい田舎訛りの乱暴な言葉遣いである。読書をしていても虫が次々と飛んで来るし、軒が浅いので朝夕、日が射し込み暑くて堪らない。深い草むらには蛇や蝮が走り回り、夜になると蚊のぶんぶん飛び回る音がギャーギャー声のようにうるさい。もっとも厭なのはいつも肥の臭いが漂い、時には転倒する程強く臭う。一言にして言えばただただ苦である。これは天が私の傲岸を懲らすためにしているのだろう。そう思って道に精進し、心の持ち方を工夫し、いつか涙を払ってこの生活を笑えるように努力しよう。）

そして明治二年も漸く秋になり、中村はやや元気を取り戻した。ここには引かないが、隅田川の月や王子の秋色を懐かしんだ一首で『百笑百妙』は終っている。

4 『西国立志編』序と『蕈説』

明治三年（一八七〇）の春夏の頃、文部省は大学制度の整備確立を計画し、多くの学者を政府に徴した。謹一郎もまたその筆頭として明治政府から「大学大博士」として招聘された。しかし謹一郎はこの招聘を二度にわたって断り、その後、明治十二年に文部省が、東京学士会院（現在の日本学士院の前身）を設置した際にも「老懶《ろうらい》」を理由にその会員たることを辞退した。「前朝の遺臣は二君に仕えず」という儒教の道徳を守り抜いたのである。あと十歳若ければ、後の「明六社」のような幕臣が中心となった文化的結社に加入することも考えただろうが、五十代の半ばに達した謹一郎は最早自分の出る幕ではないと達観し、今更他人と交際するより、淋しくはあっても読書の一生を過ごそうと決心したのであろう。筆者が所蔵している一軸にはその頃の謹一郎の心持ちが表現されている（口絵参照）。

前朝の遺臣は二君に仕えず

○煙蓑雨笠遠黄埃　放浪形骸詩境開　避世迂名尤上策　新生幸未食嗟来

（煙蓑雨笠《えんさうりゅう》、黄埃《こうあい》を遠ざかる。放浪の形骸詩境開く。避世迂名尤も上策。新生幸いに未だ嗟来《さらい》を食《くら》わず）

（都会の塵埃から離れ、雨には蓑笠を着て歩き回る。江戸からは逐われたが新たな詩心が湧く。世を避け名を隠す隠遁生活のお陰で、有難いことにまだ嗟来（傲慢な態度で与える食事）を食べないで済んでいる。「未食嗟来」の一句が眼目である。謹一郎の身になってみれば、攘夷を口実に謀叛を起して天下を取った反逆者たちが何を言うか、今更彼等の下でおめおめと官吏になれようか、という気持であったろうと思われる。周の武王と同じく、「逆に取って順に治めたもの」というのは滝川幸次郎氏の明治維新評であるが、謹一郎は「逆に取って」という箇所には衷心《ちゅうしん》から賛同するだろう。

『西国立志編』

明治三年の晩春か初夏に謹一郎は大岩村から長谷という所に移居した。この年に書いたものは『蕈説《たんせつ》』初巻と次巻、および中村正直の有名な翻訳書『西国立志編』の序文がある。『西国立志編』は、中村が明治元年四月に留学先のイギリスから持ち帰ったサミュエル・スマイルズ著『セルフ・ヘルプ』を、書き下しの日本文に訳したものである。『西国立志編』は、所謂洛陽の紙価を高からしめるほど非常に売れて、貧に苦しんでいた中村は救われたという。『西国立志編』の内容は、青少年に「勤勉な学習なくしては何事も成就せず」「為し難き事に逢っても屈せず、忍耐心をもって勝つべし」そして何よりも「品行を高尚にすべし、然らざれば才能ありといえども観るに足らず、利運を得るといえども貴ぶに足らず」ということを悟らしめる所にあって、「立志」はうまい訳である。本文は処世上の一般論とともに、ディスレリ、ピールなどの政治家、シェイクスピア、ワーズワースなどの文人、ガリレオ、ワット、アークライトなどの科学者や技術家などのエピソードをふんだんに盛り込み、具体的な例を挙げて青少年の奮起を促している。

中村は序文で、「ある客が来て、西洋書を訳すなら何故兵書を訳さないのかと自分に問うた」という所から始めて、自分が思うには「西洋諸国が世界に覇を唱えたのは決して兵が強いためではない。人民が天道（キリスト教）を篤く信じ、自主の権を持つからで、その基本は人民が真実良善を愛し、風俗が美であることに由る」と述べ、次いで「世界各国は兵力ではなく、学問文芸の道で相交わり、利用厚生の道で互いに助け合うべきである」と力説している。そして「一人の心が善良になってこれが一家、一国、全世界に広まれば、どうして甲兵銃砲を用いることがあろうか、一人の命は全地球より重く、匹夫の善行も国全体に関係する。自分としては刑罰も軽くして、いつかは『禮教盛んにして、兵刑廃す』という世の中を見たいものだ」と結んでいる。この序文は、欧米人がキリスト教と科学に揺るぎない自信をもっていた十九世紀の楽観的進歩思想の典型であり、イギリスに留学した中村がこの思想に強い影響を受けたことを示している。実際の世界はこうはならなかったし実際の人間はこの序文に書かれているようなものではない、と批判するのは容易であるが、とにかく『西国立志編』は希望に満ちており、若者を感奮興起させることができる本であった。

謹一郎の序

この本の序文を頼まれた謹一郎は次のように書いた（元漢文）。なお、この頃謹一郎は沙蟲老人と号していたので文末にそう記している（なお沙蟲は人に砂を射かける水中の毒虫である）。

「序。歴史上、一事業を立てた人々を見てゆけば、皆、百折不回（七転び八起き）の気概を抱き、自己を信じることが固く、確信をもって志を立てている。右顧左眄せず勇往邁進し、世間の毀誉褒貶など一切気にしない。また、失敗しても意気消沈しない。このようであって始めて、希望していたことが成し遂げられたのである。しかしこのような志は、普通の意気込みで得られるものではなく、その意志がその人の霊そのものになりきって始めて持つことができる。だから、事の成否は全くその人本人に依り、他人とは無関係である。豪傑の士は、文王無しといえどもなお興る、というのはこの處を言うのである。

このごろ友人中邨敬宇が、自ら翻訳した『自助論』を出して私に序を求めた。読んでみるとその本には、欧州諸国で、辛苦して一事業を立てた俊傑が歴挙してある。私は手を打って、外国にもまたこの説があるか、と感心した。その上、このような話を集めて本にするという思いつきが面白い。

一個の男子が身を立てる際の骨子は実にこの處にある。この處を捉えて失わないならば、その人が後来成し遂げる事業には、必ず卓然として見るべきものがあろう。『自助』という言葉は確かに、子輿氏（曾參）の云う不動心（心を動かさず）の意味と合致する。年少の人を鼓舞すること、この言葉より良いものはない。敬宇の著眼は極めて適確である。私は老いて、もはや為すこともない。期待するのは青年たちである。この感慨を以って序とする。庚午（明治三年）秋仲下浣　沙蟲翁古賀增題」

『西国立志編』は政治家、軍人の事は比較的少なく、文人、学者、芸術家、発明家、教育家、人道家、伝道者などの行跡を引くことが多いから、中村の序文のように平和的、文化的に読むこともできるし、謹一郎のように「千万人と雖も我行かん」と読むこともできる。スマイルズの原序を読むと、著者の主意にはもっと功利的な所もあって「少年時に苦労すれば老年の安楽を享ける」ということも書いてあるのだが、中村と謹一郎は各々の道徳律に従って序文を草したのであり、両者の特徴をよく表したものになっている。

『蕈説』

中村が『西国立志編』を訳している頃、謹一郎は『蕈説《たんせつ》』をオランダ語から訳していた。

序に謹一郎は、「多くの食べ物があるのに、態々《わざわざ》毒に中《あた》るかもしれない蕈《きのこ》を食べることはない、というのは正論であるが、食いしん坊は甘《うま》いものを食べたいものである。だから良い蕈と悪い蕈を分別すべく、西洋書を読んで数説を得た。もっと良い本もあるのだがまだそれに及ばない。これを読んで非命の禍を逃れる人がいればよいと思う老婆心から訳した迄である。先人が言うには、宰相に一日の善行があるように乞食にも一日の善行があるということだ。元の時代に人間の品《しな》を十に分け、九儒十丐《きゅうじゅじっかい》（九番目が儒、最下位の十番目を丐《かい》（乞食））とした。してみると自分はすでに乞食と隣り合わせである。それなら空言を以って世に益するのも、『頗る一日の善事を行うに似たり。亦、良相たらずとも、寧ろ良丐たるの意なり』」と書いている。『蕈説』初巻の本文は『ネーデルランツセ・マガセイン』から、きのこに関する九回の記事を抜き出して漢文訳したもので、三十一丁ある。純然たる植物学書で、蕈の種類やそれらの特徴および人工的生育法などが書かれている。

『蕈説』初巻を書き上げた翌月の明治三年九月に、謹一郎はリンネ（漢語訳は林那）の植物学書の蕈の部、すなわちリンネウス原本（本草書）第三十二冊、第十等、菌類という部分を見てその精確さを喜び、三十三日間かかってそれを漢文五十六丁に翻訳した。この原本や『マガセイン』は静岡の幕府の所蔵書庫にでもあったのだろうか。序文で謹一郎はこの書を「未曾有の精説」と呼び、「君（リンネのこと）綜覈辨明《そうかくべんめい》の大功」と賛辞を呈している。そして唐山（シナ）の書中の蕈の説明は、「陳仁玉の『菌譜』、潘之恒の『廣菌譜』、李時珍の『本草綱目』、呉林の『呉蕈譜』など、六、七百年間に唯二十余頁に過ぎず、卒略《そつりゃく》不備、また、言って詳《つまび》らかならず、陳々相仍《ちんちんあいよ》る（前書の繰り返し）。些《いささ》かも発明する所無く、之を読んで甚だしく益を得る所なし」と酷評し、我が坂本浩然の『菌譜』の方がずっとましであると述べている。ただ、リンネの書には図が少なく、また北地の蕈に詳、南地に略であり、及び良毒の区別にやや分明を欠くという三憾《さんかん》があるが、西洋の文明は日に新たに精上精を加えるから、後世に期待したいと記した。

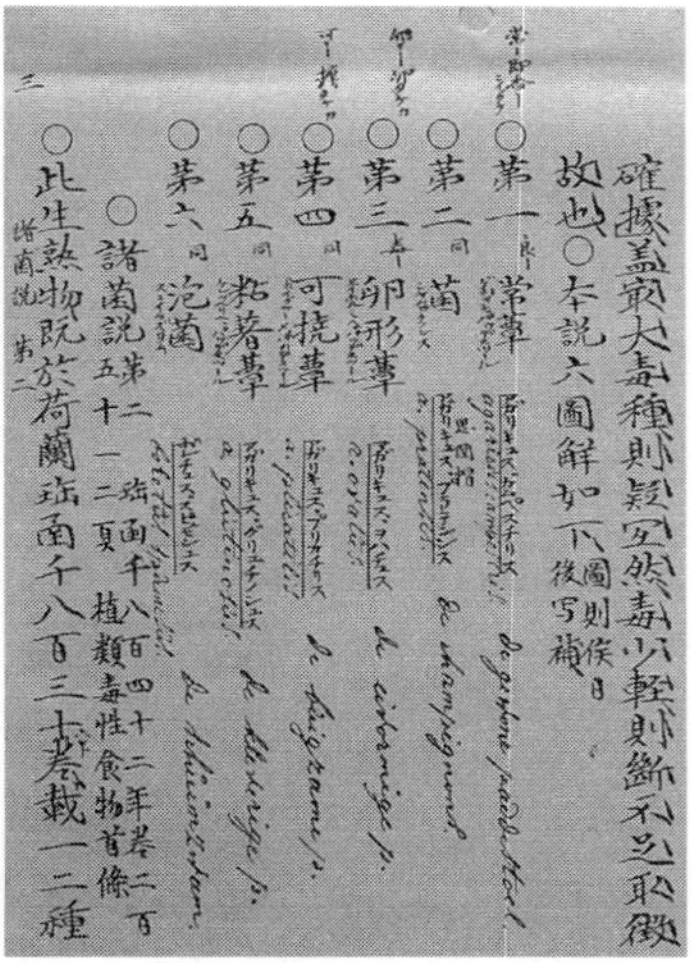

『蕈説』初巻の一部（東洋文庫蔵）
カタカナやアルファベットが用いてある。

最後に例によって、こんな本を訳して何の裨益する所があるかと笑われそうだが、叱罵嘲笑は人の好む所に任せ、自分のような山谷窮居の隠人にとっては蕈は常食であり、「蕈《たん》の味を知るは、予に逾《こ》ゆる者なし、蓋《けだ》し、蕈は薇《び》に近し、故に之を考究す」と結んだ。薇はわらびで、首陽山に隠れた伯夷叔斉が食べたとされるものである。以上の序文から、謹一郎が若い頃から、食物植物学に興味をもって多くの和漢書を見ていたこと、自然科学は西洋を尊信し、シナの学問を捨て去っていることが窺われ、また謹一郎が己《おのれ》を良い乞食（良丐）、或いは伯夷叔斉になぞらえていたことが分かる。

5　忘恩の徒と忠義の人々

親藩、譜代の忘恩

明治四年にも謹一郎は静岡にいた。この年の三月に謹一郎は前年の自然科学書『蕈説』から一転して、勇気、献身、義務というような人間の情意の発動を描いたオランダ書『勇蹟紀事』を翻訳した。原序を読むと、この書はオランダ陸軍軍人に敢闘精神を教え込むための教育読本であることが分かる。謹一郎はこの本に感動した。散文的、合理的であった謹一郎の性格の裏側にある彼の倫理道徳的感激性の一面を示している。

序文で謹一郎は「死（死に方）を択《えら》ぶことは人間の大事であり、特に戦闘において勇無きは、不孝不忠と同じく聖教の逆賊で、叛《はん》と降《こう》は恥ずべき行為である」と述べ、「この書はオランダ兵の勇壮な事蹟を集めたもので、その義烈の風は尊敬に値する」と賛辞を呈している。しかし謹一郎の脳裏には、鳥羽伏見の戦いやその後の戊辰戦争のことがあったのであり、それは「（この書に登場するオランダの兵卒は）客作児《きゃくさくじ》（金で雇われた人）一様の賤夫《せんぷ》のみ。累代《るいだい》の門族の食禄十数万石に至るにあらず、三、四百年豢養《けんよう》（養われること）の深恩に沐《もく》するにあらず。その去就、軽きが如し。而して国の為、主の為、肝脳地に塗《まみ》れるの死……」という文に如実に現れている。謹一郎は徳川慶喜が鳥羽伏見に幕兵を置き去りにして江戸に戻ったことや、井伊、藤堂、尾張徳川家など譜代や近親の藩が戈《ほこ》を逆様《さかさま》にして幕府を攻めたことに深い憤りを覚えていた。また彰義隊と会津藩などには強い同情の念を抱いていた。その心の鬱積がこの序文に現れたのである。『勇蹟紀事』の内容は、戦闘場面での勇気ある行為であり、朝廷側か幕府側かという政治的判断局面ではないのだが、儒教道徳に忠実であった謹一郎には、恩義のある徳川宗家に殉じない行為は全て背信と写ったのであろう。なお、謹一郎は知らなかったのだろうが、書誌学的に言えば『勇蹟紀事』のオランダ語原本は既に文久二年に小寺弘によって、『泰西兵話』として翻訳、刊行されていた。

東北諸藩への鎮魂歌

忠孝に発した壮烈な行為に感激した謹一郎の文はこの『勇蹟紀事』の序以外に二つ残されている。一つは謹一郎がまだ若かった弘化年間に書いた「記孝子乙藏復仇事」で、これは常陸国武茂郡の農夫乙蔵が十二年の苦労の末、父の仇を討ったことを賞賛した簡単な漢文であるが、もう一つは明治十三年七月に書いた「戦死舊一關藩士碑」である。戊辰戦争の際、官軍側についた秋田藩との戦いで東北同盟側の一関藩の武士七十余名が全滅するという事件があった。謹一郎は人から頼まれてこの人たちのために碑文を草したのである。碑文の依頼者はわが国最初の国語辞典『言海』の編者大槻文彦かもしれない。蘭学の名家大槻家は一関の出で、文彦の父盤渓は謹一郎と知り合いであった。盤渓は蘭学ではなく漢学を修めたが普通の漢学者とは違って開国派であり、戊辰戦争の際は仙台藩士として東北同盟側で活躍した。謹一郎がこの碑文を書いた明治十三年には盤渓は死んでいたが、謹一郎は明治十七年に、盤渓の七年忌に参列するよう文彦から招待さ

戦死舊一關藩士碑
（岩手県奥州市前沢区三浦辰郎氏撮影）

れているほどだから、碑文の依頼者が文彦、あるいは殁前の盤渓であったことは充分考えられると思う。

碑文の中で謹一郎はまず、自分は幕朝の遺民であり、東北戦争の是非、曲直、邪正は言う能わず、言うを欲せず、言うに忍びないが、また黙止し難い所があり、特に殉難の事を聞けば惻然《そくぜん》として傷むべく、粛然として敬すべきを感じる、と始めて、七百年の封建制度の道徳の下ではその主君のために戦い死ぬのは「大義の存する所、天地神明に対して恥じざるもの」と断じた。次いで一関藩士の殉難を述べた後、このような悲劇は東北各地で起ったのであり、一関に限ったことではないが、自分があえてこれらの七十名を哀弔する理由は、一関を例に取って全東北を弔うためである、と言い、「そもそも善は善であり、決して成功や失敗あるいは他人の評価によって変るものではない。仇敵の人でもその時の興奮がさめれば、善は善として必ず相手の行為を尊敬するものである。もし当時これを殺害したとしても、後日には却《かえ》ってこれを廟に祀《まつ》る。これは矛盾のようであるが、これこそが人間に人間の心がある証拠であり、天地古今、常にそうであった。『乃ち一関兵人の死栄は生辱に勝ること萬々、亦た以って地下に瞑目すべし』」と結んだ。この一文は幕府側で非命に倒れた者たちへの謹一郎の鎮魂歌であり、隔世の我々から見ると全く公論であると感じられる。この文は明治十四年四月に郵便報知新聞紙上に発表され、その碑は一関市祥雲寺に現在も建っている。

君の醜貌を厭わず

明治九年に謹一郎は元の昌平黌祭酒林學齋に頼まれてその兄林鶯溪（晃）の墓誌銘を書いた。鶯溪は復齋の長子で文政六年に生まれ、明治七年に五十二歳で死んだが、着実な学問と温厚な人格の持主であったという。彼は生まれつきの駝背《せむし》であったので、誕生の際、父の復齋は悲しんだが、佐藤一齋は、人間の禍福、幸不幸は時を経て後に分かることであると言って慰めた。後に鶯溪は立派な学者となり、昌平黌の副校長として復齋を助けた（第六章第1節）。この時、復齋は悦んで一齋に厚く謝したという。鶯溪は駝背であったので妻帯するまいと思ったが、復齋が強く勧めて阪井右近将監の女《むすめ》を娶《めと》らせた。「夫人、懿徳《いとく》あり。舅姑《きゅうこ》を奉じ、叔妹《しゅくまい》に接し、婉順《えんじゅん》ならざるなしと云う」と書かれている。君の醜貌を厭わず、事を敬して直筆したことに感銘を受けた。鷗外の書いた安井息軒の夫人や、鶯溪の夫人など、封建時代の教育を受けた女《おんな》には頭の下がる所がある。

第九章　明治十七年の生活

1　「本当の」幕末史の公刊をめぐって

東京に戻る

明治元年（一八六八）の秋に静岡に移った謹一郎一家は始め大岩村に住み、後、長谷に遷ったが、五年間の田舎暮しの後、明治六年に東京に戻り「浅草向柳原町二丁目一番地」に住んだ。現在の浅草橋五丁目付近である。明治時代の向柳原町二丁目一番地は松浦壱岐守の屋敷全体を指したと思われ、非常に広いが、屋敷の西側は蓬萊園という名園で、現在の柳北小学校、柳北公園および忍岡高校一帯である。だから謹一郎の住居は屋敷の東側だったのだろう。切絵図で見ると謹一郎の家から数百米ほど西南には小林藤之助の屋敷があるから、妻小林氏は実家の近くに遷り住んだことになる。またそこから美倉橋通り（現在の清洲橋通り）に出た所には医学館がある。これが本章第3節に述べる、後に新柳湯という銭湯になった建物だろう。向柳原から南東に出ると、茅町を通って浅草橋、柳橋、両国橋まではすぐである。謹一郎はしばしば浅草橋の鉄道馬車駅を利用しているし、花見や月見に墨堤《ぼくてい》や両国橋を歩いている。

謹一郎は東京に戻った後も一切の社会的活動をせず、一人の市井《しせい》の老人として世を忘れ、また世に忘れられて過ごした。明治十七年（一八八四）の日記にはこの年の謹一郎の動静が丹念に書かれているが、そこから浮かび上がって来る晩年の謹一郎の姿は、それまでの十年間も最後の一年と似たようなものであったことを推定させる。謹一郎は明治十七年の十月末日に亡くなるのであるが、元来几帳面で気力旺盛な人であったので、死ぬ三日前まで一日も欠かさず、毎日約二百字の漢文日記を書き続けた。そしてその日記に現れる謹一郎は、活発な好奇心こそ失っていないが世の中から忘れられたことをそれほど残念に思っておらず、むしろそこに安心を得て、家族や日常の些事に一喜一憂する普通の老人である。しかしさすがに昔は幕府の高官で、日本有数の洋学者だった謹一郎であるから、友人たちから聞いた話や自分の眼で見た社会観察などからは、興味深い明治の歴史が自ずから現れて来る。以下幾つかのテーマに分けて謹一郎の明治十七年を紹介する。

幕末歴史見直しの気運

歴史的な意味でこの日記に価値があるとすれば、それは、明治期における幕末歴史撰述の裏面運動が日記を通して浮かび出てくるという点にあるだろう。この時までに発行されていた幕末史は、岡鹿門《ろくもん》『尊攘紀事』明治十五年、くらいだったが、この後、島田三郎『開国始末』二十一年、内藤耻叟《ちそう》『安政紀事』二十一年、勝海舟『陸軍歴史』『海軍歴史』二十二年、同『開国起原』二十六年、木村芥舟《かいちゅう》『三十年史』二十五年、福地源一郎『幕府衰亡論』

二十五年、同『懐往事談』二十七年、同『幕末政治家』三十三年、中根雪江『昨夢紀事』二十九年、川崎三郎『幕末三俊』三十年、田邊太一『幕末外交談』三十一年、雑誌類では、栗本鋤雲、内藤恥叟、高瀬眞卿の『江戸會雑誌』（後『江戸會誌』に改名）二十二年、文科大学の教授連の『旧事諮問録《きゅうじしもんろく》』明治二十四年、戸川残花の『舊幕府』明治三十一年、と続々公刊されたことを見れば、明治十七年にはすでに歴史書発行気運が高まっていたことが予想できる。これは、明治も十七年になると社会が安定してきて、必ずしも尊攘側でなく、真実の幕末史を明らかにしても発行禁止にはならない、また今調べておかないと江戸時代のことが判らなくなる、と多くの人が感じるようになっていたことを意味するのだろう。なお、以上の諸著作のうち、岡は仙台藩士で尊攘側、内藤は水戸藩で、井伊直弼側の島田に対抗して水戸側の歴史を書いたものであるが、その他は大体幕府側から見た開国の歴史を書いたものである。謹一郎の日記には、勝、木村、福地、田邊、栗本などの人々が姿を見せ、歴史撰述に対する各人各様の思惑や、それについての謹一郎の感想が書き留められていて興味深いものがある。以下時を追って紹介する。

「徳川氏実録」撰述計画

明治十七年一月九日、平山省斎が気温七、八度の寒さの中を突然謹一郎宅に現れた。平山と謹一郎は安政元年（一八五四）冬の下田祇役《しえき》の時始めて会って漢詩のやり取りをし、慶應三年（一八六七）にはともに朝鮮使節に任じられた旧知の間柄である。平山が言うには、旧幕府の人たちが相会し、政府の金を貰わず自前の資金で「徳川氏実録」を撰述し後代に残したいと思う、それで今月十三日に上野の東照宮事務所に来て貰えないか、ということであった。「予、鈍且つ耄と雖も義として辞す可からず、よって首肯《しゅこう》す。然れども意中頗《すこぶ》る畏縮、亦、已むを得ず」というのが謹一郎の感想である。筆者はこれを読んで思わず一笑した。漱石の『吾輩は猫である』の中で苦沙彌先生が朗読会の賛助者名簿に署名するよう頼まれた際「どんな義務があるのですか」と躊躇する場面を想い出したからである。謹一郎も苦沙彌先生同様、一人で閉じ籠った牡蠣《かき》的生活を好み、公の席に連なるのはイヤで堪らなかったのだが、儒者という立場上「義」を捨てる訳にもゆかず、「不得已」がその結論となったのである。ところが十三日に「東台會」に行ってみると参会者は、板倉松叟（勝静、老中）、松井康英（元の松平周防、老中）、平山省齋、山口泉處《せんしょ》、杉浦梅潭《ばいたん》（兵庫、号は赤城）、松平春嶽および謹一郎など僅か十二人、寥々《りょうりょう》の至りであった。諸人が意見を述べ、本の内容や体裁について議論しているうちに平山は謹一郎に執筆の役を押し付けた。抵抗したが、謹一郎の言うことは聞いて貰えない。謹一郎は「浩然として退志あり」と日記に書きつけた。

意識的にこの会に参加しなかった人の考えも日記に書かれている。昌平黌の時の弟子だった会津藩士秋月胤永《たねなが》（悌次郎）は次のように言ったという。「舊幕人が幕末実録を残そうと謀っているが、自分は固辞する。なぜなら真実の歴史が判ると当世（現政府）の妨げになるからである。漢土でも次々代の王朝に至って始めて真実が明らかになる。現在の政府のことは、盛んな国ならば曲筆しないわけにはいかないだろう」。この秋月の言は悠長なようだが必ずしも当っていない訳ではない。現に著者には、徳富蘇峰の『近世日本国民史』は幕府に辛く、公家や薩長側に甘いと感じられる。また現代でも東京裁判の如きは秋月の言う「勝朝（この場合連合軍側）の事、又、不得不曲筆」の好例である。

勝海舟の妨害

さて謹一郎は何とか責任ある役を逃れようと、十六日に山口泉處の所に出かけて応援を頼んだ。偶然、座に矢田堀鴻や栗本匏庵が居た。山口泉處のことは本章第3節に改めて述べる。矢田堀鴻は通称景蔵で、勝麟太郎などと海軍伝習生として長崎に赴き、オランダ海軍術を学び、幕末には海軍総裁となり、明治期には海軍省などに勤めた。栗本鋤雲は幕府の医師であったが、後、函館で種々の業務に携り、その才を認められて幕府の外国奉行に昇り、フランスに派遣された。明治期には報知新聞主筆として活躍したのでよく知られた人物である。彼等は三人とも昌平黌出身だったから謹一郎の弟子筋に当る人たちであった。彼等は同情してくれたが、特に名案がある訳でもなく謹一郎の苦慮は続いた。ところが二月になると東台会そのものの雲行きが怪しくなり、二月十四日には平山が再び訪れて次のように言った。「最近、松平（周防）が自分の所に来て『この頃、勝海舟を訪ねて「徳川氏実録」の事を告げ、その撰述の趣旨は、幕末における貴公（勝）の立派な行いなどを湮滅《いんめつ》させないためである、と言うと、勝は、自分の苦心の跡が後世に残るなら有り難い、資金が必要なら自分が負担しても良い、と涙を流して喜んだ』と語った。しかし実際はその逆で、自分（平山）は、勝が向山黄村をあちこち遊説《ゆうぜい》させて廻り、旧幕臣による歴史撰述を沮《はば》もうとしていることを知っている。向山は勝から資金の自由使用を任されたので勝の言いなりなのである」。なお、向山黄村も優秀な幕臣で明治期の漢詩人として名高い。

向山黄村の遊説

この時はまだ向山は謹一郎の所に来ていなかったが、一週間ほど経った頃果たして彼が現れて、先人侗庵の著書を借りたいと申込んだ。無論、借書は口実で、真意は勝のための遊説だった。向山の言い分は大略次のようであった。「今、政府は修史館を設け幕末史を撰ぼうとしている。だからもし「徳川氏実録」の説が修史館の説と齟齬《そご》した場合、政府は「徳川氏実録」は虚妄《きょもう》であると言うだろう。その時は「徳川氏実録」の説がもし真実であってもそれを抹殺しない訳にはいかない。そういう状況だから、もし別説があるのなら、政府の修史館に申し出てそれを採択して貰うようにすべきである。勝氏もそう思っている。聞く所によると伊藤参議（博文）は「徳川氏実録」のことを聞いて殊《こと》に悦んで、それは良い、必要な資金援助はするから速かに撰述を始めてくれと言ったそうだ。だから幕臣たちが資金は皆自分たちで手当し、政府からは一円も貰わないというのは道理に反する。事実を言えば政府は旧幕人を畏《おそ》れ憚《はばか》って、彼等が何か回復運動を起そうとしているのではないかと疑っている。今度の件を許可したのも真意は地下に隠れて運動している人物を探し出そうとしているのである。だから古賀先生は本件を謝絶して関与しない方がよい」。伊藤が本当に地下運動家を探索する積りであったか否かは判らないが、この年九月には自由党員が宇都宮で三條実美らの暗殺を謀り、これに附随して茨木事件、加波山事件などの反政府暴動が起っており、安定して来たといっても明治十七年の世の中は決して静謐ではなかった。要するに向山はやや脅迫的言辞を弄してまで、明治政府に対立する形の著作を止めさせようとしたのである。

向山がここで言っている修史館とは、明治政府により維新直後に開設され、後、色々な組織改変を経て、東京帝国大学史料編纂所となった施設のことである。修史館では、南北朝や明治維新後の史料編纂とともに、重野安繹（もと厚之丞）らが中心となって徳川時代の史料編集にあたったから、向山や勝はそのことを言ったのである。結局、修史館は史料を集め出版する仕事に従事し、自らの観点からの「通史」（『大日本編年史』）は書かなかったのだが、明治十七年ごろはその予定があった。漢学の影響が強かった明治初期には、通史というものは、社会の推移を客観的に叙述するというより、是非善悪を論じるものとほとんどの人が思っていたから、歴史書は人々の正邪に深く係わっていたのである。丁度、大東亜戦争後の「東京裁判」が客観的歴史とされるようなものである。明治初期には、尊王攘夷の人々を忠臣義士とするか無謀な跳ね上がりとするか、が問題であったろう。

さて以上の日記から、勝が幕臣らの個人的歴史撰述を阻もうとしたのは確かであると思われる。勝は薩長のスパイとして多くの幕臣に嫌われていたから、彼等の忌憚《きたん》のない記述を恐れたのではあるまいか。謹一郎は向山の話を聞いて「顧問執筆等愚困」と答えた。これは歴史を執筆する気はないことを示したのだろう。謹一郎は本来したくない仕事なので向山の話を聞いていよいよイヤになったものと思われる。向山が来た二月二十日の時点の謹一郎の感想は「黄村の言なしと雖も、余、豈に平山の彀《こう》中に入らんや（思うようになろうか、という意）、平山の説なしと雖も、余、又豈に黄村の游説《ゆうぜい》に惑わんや、余は自ら余たり、両人に与《あずか》らず」というものであった。

幕臣たちの勝に対する悪感情

一方、栗本鋤雲は山口泉處からこの話を聞き非常に憤って、「何ぞ勝房（勝安房守）の知ったことであろうか。人が折角好事を思い立ったのに怪しからぬ奴だ。それなら君等と会を結んで、月に数回相集まり飲酒閑談して各人の話を集めれば「徳川氏実録」を草する位のことに何の難しいことがあろう」と言い、山口も賛成したが、この時は平山が病気になったので、結局明治十七年における「徳川氏実録」の話は立ち消えになってしまった。しかしこのような気運を止めることはできず、この後、幕府側から見た優れた幕末史が書かれたのは本節の冒頭に述べた通りである。なお、平山省斎は念願の歴史書を書かずに死んだが、その子成信は大正初期に雑誌『江戸』を刊行して父や謹一郎たちの事蹟を明らかにした。

謹一郎は向山から話を聞いた時点では中立的であったようだが、山口などから勝や向山の妨害工作を聞くに及んで勝に対する嫌悪の情を掻き立てられた。元来謹一郎は、幕末に官軍と戦わなかったことで徳川慶喜や勝海舟に対して憤懣を抱き、その上、勝が明治期に政府の高官となったことに怪訝《かいが》の念をもっていた。勝に対する幕臣の悪感情は、福澤諭吉が明治二十四年に書いた『瘠我慢《やせがまん》の説』に代表される。栗本鋤雲は福澤が『瘠我慢の説』を示した際、非常に喜んだというが、勝に対する幕臣たちの不快感には前述の「実録」事件も油を注いだであろう。徳川慶喜や中村正直は「実録」事件とは無関係であるが、勝海舟に関連して晩年の謹一郎が嫌った人物であるので、ここに一括して日記中のこの人たちに関する記述を挙げておく。

慶喜、勝への嫌悪、中村との疎隔

三月頃、吉田賢輔の話として「近日豚公頻々走人力車入都、主勝房家、看花郊游等、房獨陪行、常呼勝先生、衆言屢見豚公于路上、不知公何意旨」という一文があるが、「豚公《とんこう》」は徳川慶喜の事である。島崎藤村の『夜明け前』によると「豚公」の語源は慶喜が豚肉を食したことから来たらしいが、筆者は、慶喜が鳥羽伏見の戦の後敵前遁走をしたことに掛けて謹一郎が使っているのではないかと想像している。右の文は、慶喜が静岡から時々東京に出て、勝の家に泊り名所に遊んで、勝の事を「勝先生」と呼んだことを記している。慶喜は後に東京に住むようになったが、明治十七年頃から時折東京に来ていたものらしい。この他に、勝と中村正直、慶喜の関係では、吉田の話として「勝の長文は則ち中村の代作、短編は則ち自撰、往々句讀《くとう》を下し難き處あり」、「この頃中村敬宇、林伊太郎の名をもって豚公に上書して（曰く）、宜しく伏見に遷都すべし（都は衍字か）。京の地に近からざれば、万事不便と。迎意貢諛《げいいこうゆ》、甚だしと謂うべき也」などの軽侮の言がある。なお勝と中村は、安政二年に勝が海軍伝習のため長崎に行く前から、蘭学を通して師弟のような関係にあったのである。

中村は謹一郎が死ぬ六日前に謹一郎宅に見舞いに訪れたが、そそくさと帰ってしまった。謹一郎は形ばかりに来たのだ、と思って立腹した。中村と謹一郎は明治二、三年頃は静岡で親しく交わった仲であったのに、謹一郎が中村を快く思わなくなったのは、彼がキリスト教になったこと、勝や慶喜と良かったこと、就中《なかんづく》、勝や中村、或いは加藤弘之などは明治政府に組み込まれた形で羽振りが良かったことにあるのではなかろうか。中村もそれに気付いていたから、東京に戻ってからは謹一郎の所に顔出ししなかったのだろう。どちらが悪いという問題ではなく、人生には有り勝ちなことである。

2　人物あれこれ

慶應から明治にかわって十七年経ち、幕府時代に活躍した人々もだんだんと凋落していった。いろいろな人が明治初期をどのように生きたか、謹一郎の日記から彼等の一瞬の面影を切り取ってみる。

蕃書調所の人々

謹一郎と今も交わりがあるのはやはり蕃書調所関係の人が多かった。二月初めには林欽次が杉田玄端、市川兼恭（齋宮）、杉亭二と謹一郎父子を呼んでシナ料理を振舞ってくれた。杉田以下の三人はいずれも謹一郎より少し年少で、蕃書調所や開成所の教授を務めた人たちである。杉田は医学、市川は理学、杉は統計学の草分けであり、三人とも東京学士院の会員であった。謹一郎は食いしん坊だったから「案（卓）上十六品、異供多し。燕窩（燕の巣）、魚翅（鱶の鰭）、海參、火腿、猪蹄、甲魚、煨鰻、全鴨、索麪等、皆温供なり。毎品案に上るや、物質を問い、吃法《きっぽう》（料理法）を問う。座客、珍と称し、妙と言わざるはなし。主人（林欽次）談諧《だんかい》（面白いことを言う）、往々客をして腹を捧《かか》えて笑わしむ」という状況に楽しい一夜を過ごした。謹一郎はこの時始めてシナ料理を食べたという。主人林欽次は蕃書調所のフランス語教授手伝だった林正十郎で、明治期にはフランス語の学校を開いていた。彼は始め村上英俊にフランス語を学んだが訳あって破門され、後に市川兼恭の恩顧を受けた人物である。村上英俊はこの年七十三歳であったが老いてなお健康であった。彼は日本初の仏蘭英三カ国対照辞書を上梓した化学者で、蕃書調所教授であったが、この頃は王子稲荷付近に住んでなお訳業に励んでいたという。そして林欽次の談として、村上は「吾輩の教えを受けて、現政府に登用されている者(羽振りの良い者)は宜しく自分に納税すべし(御礼を持って来るべきだ)」と放言しているから、自分(林)は恐れて近づかないことにしている、という一項がある。村上はおかしな人物だったのだろう。

高畠眉山(五郎)は謹一郎より十歳年少であるが彼は謹一郎と同じ明治十七年に死んだ。高畠は謹一郎の最も気の合った弟子であって、明治期には海軍省に勤めた。二人の間は死ぬまで親善で、八月二十日には高畠が暑中見舞に訪れ、長茄子、南瓜、球形の白甜瓜《まくわうり》などを呉れた。ところがその二週間後の九月四日に彼は突然脳溢血で死んでしまった。その頃謹一郎も死病となった胃部の不調に苦しんでいたから、高畠の死には強い衝撃を受けた。謹一郎は日記に「愕然愴然《そうぜん》、三十八、九年の旧知、憐むべし。我、寄役(長崎、下田行き)同往の人、及び洋校(蕃書調所)開剏《かいそう》(開始)商議の者、眉山の外、存者なし、ああ、愍《あわれ》むべし」と書き、自分たちの世代が過ぎ去りつつあることを実感した。

儒学者とその子孫

蕃書調所以外の旧幕臣や儒学者たちの明治十七年の動静には時代の流れを感じさせるものが多い。二月二十日に勝のために遊説に来た向山黄村から謹一郎は、増島濤太郎が一人で海釣りに出て溺死し、その蔵書は皆散佚し、黄村も浅草の書店朝倉屋で藍園先生の『惜分居劄記《さっき》』の原本を入手したこと、昌平黌で謹一郎の同僚だった杉原心齋の子は今、紙屑商であるが、心齋の旧居に住み、家蔵の書籍を守っていること、乙骨《おっこつ》の子、太郎乙《たろおと》は一家をなしていること、などを聞いた。藍園先生は謹一郎の師であり、藍園の子が濤太郎信近であると思われる。濤太郎の死によって増島家の蔵書は古本屋に売られ、またひとつ漢籍の個人蔵書は散逸したのである。乙骨太郎乙は漢詩人乙骨耐軒の子で、英学を修め開成所教授手伝並出役であったが、維新後は大蔵省翻訳局に勤めた。太郎乙は田口卯吉の保護者であり、上田敏の叔父である。また、八月末に宮本小一が『西使續記』を借用に来た際、自分は安積艮斎《あさかごんさい》の碑を建てようと計画しているが、艮斎の遺族が窮乏しているので、今のところ建碑より遺族の賑恤《しんじゅつ》の方が先だ、と語った。

昌平黌の祭酒だった林家の当主林學齋は群馬県師範学校で教え、月給四十円、夫人もまたその女子校で教えて月給十五円を貰っていた。その学校は森鉢太郎という人物の経営だったが、森は蕃書調所ができた頃の書物御用出役という軽い身分の者だったから、謹一郎は変われば変わる世の中と思った。その時の群馬縣令は楫取《かとり》という長州人で、彼は昔、昌平黌の安積艮斎門であったから、今も時に學齋の宅を訪れることがあった。そして楫取が来た時、學齋は彼の書を床の間に掛けたという。これを聞き、謹一郎は情けなく思ったのだろう、日記に「學公掛楫書于牀壁、以呈媚。亦不得已之事。使森鉢為令、公又為掛幅乎」と書き記した。時代が移ればやむを得ないとはいえ、もし森鉢太郎が縣令ならその軸を掛けるだろうかという皮肉である。謹一郎は、そうまでしなくていい自分に安堵《あんど》したのである。

大沼枕山など

幕末有数の漢詩人大沼枕山について山口泉處が次のような話をした、「枕山は老いて聾《つんぼ》になったが、依然健康である。毎月十七日には景福寺の後から東照宮廟を拝している。遠くから拝廟する訳を聞かれると、『東台廟は身分のある布衣《ほい》以上の人の拝む所である、自分如き者が行く所ではない』と答えたそうだ。このように枕山は今になっても舊法を墨守している」。枕山のことは永井荷風が『下谷叢話』に鷲津毅堂との比較のような形で書いている。荷風は毅堂の外孫であるが、明治政府に仕えた毅堂より枕山の方にずっと同情があり、『叢話』は滅び行く江戸文化への傾倒を示した作品である。荷風が山口泉處の話を聞いたら『叢話』中に引用したかもしれない。『叢話』の中にある信夫恕軒《しのぶじょけん》の伝によれば、枕山は「晩年尤も道徳を重んず。人と談論するに経史に非ざれば言わず。最も忠孝節義の事を喜」んだそうで、又「終日盃を手にし、詩集を繙く。尚お古人を友とす。看花玩月の外、復た門を出でず。貌《かお》は痩せて長し。首髪種々《しゅはつしゅしゅ》たるも猶能く髻《まげ》を結ぶ。一見して舊幕府の逸民たるを知る」という様子だったという。謹一郎の生活に非常によく似ている。

幕臣、或いはその遺族が零落《れいらく》した話は日記中に幾つかあるが、右の枕山の話とやや似たものもある。九月七日に神保町に買い物に出た謹一郎は路上で偶然島主馬之助に遇った。島は慶應の頃の開成所の蘭学句読教授出役であったが、その後「不幸が連続して落魄《らくはく》し、飢えと寒さに苦しんだ。長く病んで入院し免職となってしまい、只、妻の縫い物と、自分の頼まれ翻訳で僅かに口に糊してきた云々」と語り、続けて「某《それがし》、公の墨蹟を藏せず。一揮《いっき》を請う」と謹一郎に一軸を乞うた。「零落中、此の雅事を吐く。風韻《ふういん》愛すべし。是、窮せざるを得ざる也」という謹一郎の感想が附されている。貧乏の裡にあって風流韻事を忘れぬ幕臣たちは窮せざるを得なかったのである。島は約束通り、二週間後に謹一郎の書を受け取った。

島の話からも分るようにように明治の初めまではまだ漢詩の掛軸が持て囃されたので、少し著名人になると小使い銭を稼ぐことができた。謹一郎は吉田賢輔の話をきいて次のように書いている、「塩谷甲蔵の孫、祖父の作文を称して、一篇の潤筆《じゅんぴつ》七圓を得るを以って極となす、而して今、重野（安繹、成斎）、中邨（中村正直）、川田（剛、甕江）等、十五圓廿圓を取るを恒例とす。…（中略）…餘は類推すべし。瀆貨《とくか》、極れり」。塩谷甲蔵は宕陰で幕末の昌平黌儒官である。塩谷家は宕陰の後を弟簣山《きざん》が継ぎ、その子が青山で、右文中の甲蔵の孫（実は甥）は即ち青山である。青山は後に第一高等学校の漢学教授となった。謹一郎は宕陰のような大儒が七円で自分の弟子の重野らがその倍以上であることを聞き、彼等程度の学問、作詩術でそんな大枚の潤筆料を取るのは僭越至極《せんえつしごく》と思ったのだろう。この時代の貨幣価値を現代に直すのは難しいが、一円は現在の数万円の感覚だろうか。

田邊太一と上杉茂憲公

田邊太一についてはその子がロンドンに留学したこと、墨田川沿いの植半原楼で酒を飲んでいる時に高価な時計を盗まれたこと、などが記されているが、その田邊が後に『幕末外交談』中で自分を顕彰してくれるとは謹一郎も思わなかっただろう。田邊太一は蓮舟と号し、謹一郎より十六歳の年少で、昌平黌出身の俊才であった。彼は安政六年（一八五九）に甲府徽典館教授から、幕府の外国方に召し出され、以後外国奉行配下で活躍した。若い頃書記を勤め、外国公使と幕府役人との談判の速記録などを作成した際、彼の報告書はほとんど訂正の必要がないほど完璧なものであったという。維新後も外務省に出仕し、明治外交に貢献する所があった。田邊の娘龍子（花圃《かほ》）は樋口一葉の友で、三宅雪嶺に嫁した。

謹一郎の弟子だった数人の殿様のうち、上杉公だけは明治になっても師弟の礼を尽し、四月下旬に謹一郎を邸に招待して歓待してくれた。この招待は毎年恒例だったようである。この日は中條政恒、小田切盛徳、平田東助の三氏が陪席し、床の間には謹一郎の連幅が掛けてあって、謹一郎は頗る忸怩《じくじ》たるものがあった。平田は後に明治政府の顕官となった伯爵平田東助で、幕末期には謹一郎の門下であった。中條と小田切も門下生だったのではなかろうか。ちなみに中條本人はそれほど有名ではないが、その子精一郎は東大建築科を卒業し、ケンブリッジ大に留学した秀才で、日本で有数の建築家になり、その娘百合子は小説家で、後の共産党書記長、宮本顕治の妻となった。上杉家での招待の坐上、公は宋板の史記や前後漢書を示したが、この本の首本には直江山城守の書き入れがあった。この他、信長が謙信に贈った金屛風、太閤秀吉が景勝に贈った金屛風、物（荻生）徂徠の一行書の屛風など珍品を見せてもらった。なお、上杉公は謹一郎が死ぬ直前の十月末にも見舞いに訪れ、中條も何くれとなく世話をしてくれている。謹一郎は「上杉茂憲公、我病を来問す。少しく攸贈《ゆうぞう》（贈り物、お金だろう）有り。舊華族舊門中、時に枉顧《おうこ》を賜う者、公有る而已《のみ》。感荷《かんか》之至」と感謝している。

3　江戸年中行事詩と世態の変遷

山口泉處の「江戸年中行事詩」

山口泉處は江戸幕府の一面の歴史を漢詩の形で残そうと「江戸年中行事詩」を作って、謹一郎に序文を乞うた。「江戸年中行事詩」は江戸幕府の儀式や行事を正月からほぼ季節を逐って、漢詩にしたものである。山口泉處は元、武川五郎二郎と言い、後に山口氏を継いだ。昌平黌を出て甲府徽典館や昌平黌で教官を勤めた後、三十歳頃から外交方面の役職に任じ、神奈川奉行、目付、外国奉行、大目付、会計総裁など重要な役職を歴任した。『旧事諮問録』第三編は明治二十四年、歴史学者の質問に応じて山口が、目付、町奉行および外交のことを語った速記録で、彼の口振りが分って面白い。

さて序文を頼まれた謹一郎は一カ月以上かかって草したが、我ながら不出来と感じ、日記には「一文之苦如此、吾衰矣」などの嘆きが何度も記されている。「吾衰矣」は実感であったろう、確かにその序文は壮年期の文に比べ精彩を欠くようであるが、謹一郎の最後の文章なので簡単に紹介する。

謹一郎はまず、ある王朝（や覇業）の風習はその創立者の考えによって大体決定されることをシナや日本の歴史を引いて論じ、我が徳川氏は、烈祖家康公の節倹の家風が後に伝わり、全てが簡略であったと述べた。例えば、建築は絵画や彫刻が少なくて素材のままが多く、政令も簡易直截で言葉を費やすことがない。また、儀式、服裳、礼儀もざっとしたもので、行列や遊猟なども皆そうであり、これは時代が下っても創業時とそうは違わなかった。だから今日から見れば美麗でなくむしろ拙陋《せつろう》とさえ言えるであろう。このように述べた後、謹一郎は次のように言った。「これを愚と謂わば則ち愚なり。然れども節倹の効、一代の間収斂《しゅうれん》無く、苛政《かせい》無く、朝令暮改の乱法無し。無用の土木を起さず、不急の虚飾に財を費やさず。仁弱不振以って踵《つ》いで亡ぶと雖も海内蒼生《かいだいそうせい》（人民）の賜《し》を受くること良《まこと》に深し。その美、胡《なん》ぞ没すべけんや、云々」。

『西使日記』や『卮言日出』の中で幕府の旧態依然を口を極めて罵った謹一郎であったが、幕府が亡んだ今となっては、幕府に苛斂誅求がなく、法律が穏当で、日本国民が恩義を受けたことを感謝して、徳川氏のために鎮魂の頌詞《しょうし》を捧げたのである。家康を尊敬した謹一郎の本心でもあったろう。

鉄造りの浅草橋と風呂屋になった医学館

昔の浅草橋（木下龍也編『明治東京名所絵　井上安治画』角川書店，1981年）

日記には変り行く東京の姿があちこちに書かれている。謹一郎は合理主義者であったから、西洋近代技術による文明開化を喜んだ。鉄造りの浅草橋が開通したのはこの年の一月二十九日であって、謹一郎は子供のように、年の初めから何度もその工事の進捗《しんちょく》状況を見に行っている。二十九日の開橋日には、孫の阿力《おりき》の手を引いて見物人雑沓の中を浅草橋を渡り、両国橋まで行き、振り返って鉄橋を眺め、再び雑沓の中を戻って来た。謹一郎が日記に書き留めた報知新聞の記事では、橋の長さは二十五米、幅は十一米位で半分が車道、左右の歩道の幅が三米弱で、一年余りで竣工したらしい。諸経費は二万五千三百七十八圓九十二銭八厘だったそうである。このほかにも東京市内の鉄道馬車線路の増設や、甲武鉄道馬車会社の設立など鉄道に関する記述は多い。安政元年暮、下田でアメリカ使節の一人ロブサイドから地図を借り、各国の鉄道が着々と整備されていることを知った謹一郎は「嗚呼、我が邦は即ち海国、火船且つ未だ成らず、何ぞ況んや火車をや」と『西使續記』に記したが、それから三十年経って日本にも鉄道馬車や蒸気鉄道が走るようになった。そして謹一郎は三十年後の明治十七年になっても鉄道好きだったのである。

謹一郎は世の中の有為転変《ういてんぺん》を自分の目で確かめることを好み参拝や買物に出かけた次いでに、意識して東京の変化の有様を観察した。建物の変遷には次のようなものがある。「美倉橋通り新柳湯開業、昨今頗る雑踏す。此の混堂《こんどう》（銭湯）もと医学館本屋に係る。余、東還（東京に戻った明治六年）の時、男童兒小学校たり。已《すで》にして校（学校）猿屋町に遷る。所は化して某人製業所となる。今又變じて浴店となる。愈《いよい》よ改って愈よ下る。愈よ俗に近づき愈よ利を獲《う》。以って世態を見るべし、噫《ああ》」。江戸末期には医学館だった建物が、小学校となり、製業所となり、風呂屋となったのである。「愈改愈下、愈近俗愈獲利」は言い得て妙である。なお、医学館は幕府漢方医の学校で、後に大学東校（東大医学部の前身）となった洋医の学校は医学所といい、下谷和泉橋通にあった。

茨城の暴動と清仏戦争

三宅雪嶺の『同時代史』によれば、明治十七年における日本国内の大事件は、自由党過激分子の政府転覆運動であった。謹一郎は九月二十七日には郵便報知新聞記事から「茨城の暴動は、三條などが栃木縣廳落成式に臨む日に、彼等を爆殺しようと謀ったものだが、仲間が裏切って密告した。駿台で一人逮捕され、一人は逃げた」という事実を転写しているが特に感想はなく、「是亦西習東漸乎」と暴動は西洋の影響と見ている程度である。ただ後日、吉田賢輔から「茨城暴徒中、老公之孫あり」ということを聞き、「今、坎人《かんじん》は皆、人に畏悪《いあく》せらるる也」という感想を記している。老公は水戸斉昭で、炊人は水戸人である。この伝聞が正しいとすれば京都と関東における昔の攘夷の旗頭、三條実美と水戸烈公（の孫）との乖離《かいり》は笑止千万である。謹一郎もそう感じたからわざわざ書き留めたのであろう。

国際問題ではフランスのベトナム植民地化から端を発して、清仏が交戦するという事件があった。謹一郎は西力東漸の勢からアジアを防衛するという立場に立っていたから、「清国の禍害、如何に結局するや、殷鑑《いんかん》遠からず」と清国の被害を思い、同轍《どうてつ》を踏まぬよう日本の将来を心配している。結局この戦争は清国が負けたのであるが、謹一郎は「後来の清の形勢いかん、我が形勢いかん、嘆息、流涕《りゅうてい》、長大息するのみ」と悲しんだ。清国と日本が唇歯《しんし》の関係にあると感じていたのである。実際は、既にこの頃から明治政府は東洋対西洋という意識から脱却し、日本は東アジアの覇権を巡って清国と対立する時代になりつつあったのだが、謹一郎は古い図式から抜け出せなかったように思われる。謹一郎のような人でも当事者でないと外交問題では時代遅れになることを物語っている。

4　祭事、交際、遊楽、家計

忠孝両全

謹一郎は毎月十七日には上野の東照宮廟を拝した。雨の時はその翌日や翌々日に詣った。これは病が重くなった九月まで欠かさず行われている。侗庵、謹一郎の親子二代は初めから幕臣であるから、家康は主家の祖という意味での参拝でもあったろうが、しかしもし徳川家が政

上野の東照宮廟

権を保つか、保たないまでも有力諸侯として残っていれば謹一郎は詣らなかったかもしれない。三百年の平和を齎した徳川氏が賊軍とされたことへの憤懣が謹一郎に拝廟させる動機となったのではなかろうか。尊王を旗印にした明治政府に対して「前朝の遺臣」という反骨の心があったに違いない。

また謹一郎は儒教の教えを守り、先祖の祭を几帳面に遂行した。先祖の忌日には必ず大塚の墓、即ち現在の大塚先儒墓所に詣った。一月三十日は先考《せんこう》（父）倜庵、三月一日は二月六日に泥濘のため生きそびれた先妣《せんぴ》（母）鈴木孺人《じゅじん》、三月二十九日は祖母光増孺人、五月五日は三日に行くはずだった祖父精里のために詣り、八月十九日にも展墓を行っている。謹一郎の向柳原の家から大塚の墓所まではかなりの距離があるが、謹一郎は妻と一緒の時でさえ往復を歩いた。道順は二つあり、北路は今の春日通りを元浅草から上野、小石川、大塚と歩くもので約六、七キロ、南路は大塚から護国寺の方に出て今の音羽通りの方を通って赤城明神から神楽坂に出、牛込から小川町を抜けるもので、北路に比べかなり遠回りである。ただ南路は平坦であるが北路には湯島坂、東富坂、本富坂の三坂があり、やや苦しいと謹一郎は書いている。

明治時代の謹一郎が幾分晴れがましい席に連なったのは、明治十三年の春、その頃東京書籍館という名になっていた湯島の聖堂が解放された時くらいではなかろうか。その時、昔の学士たち百余人が招待されたが、その筆頭は「三代の鴻儒」古賀翁であった。向山黄村、川田甕江、重野成斎などの博士、福地櫻痴、成島柳北、依田学海などの壮年者、松平春嶽公など知名人の出席を得て、雅楽の演奏と酒肴《しゅこう》の設けがあり盛会であったという。しかし公的交際は謹一郎が意識的に避けたのではほとんどなかった。謹一郎本人も自分の閉じ籠った牡蠣的生活態度を笑わざるを得なかった。「作名帖、予不訪人、所懐名帖只三四葉、不得已時通名、累年之後、皆生毛、且始盡、乃倣補、思咲」は、名刺（名帖）は作ったものの、人を訪ねないし訪ねても滅多に出さないので最初に作ったものにカビが生えた、そして今度漸くなくなったので補充を作った、と自ら失笑したものである。謹一郎は本来、人と付き合わないで済むなら付き合いたくなかったのだろう。だから明治十七年のような生活を、落魄《らくはく》したとは思ってもそれなりに気楽に過ごしたように見え、怨念や憤懣はほとんど感じられない。

カビが生えた名刺

明治十七年の日記と元治の頃に書かれた『巵言日出』巻二とを比較すると、同一人とは思えないように気分が違っている。年齢の違いも大きい要因だろうが、それよりも幕府の瓦解が謹一郎の怨念を消してしまったのではなかろうか。幕府という忠誠の相手があってこそ小人の跋扈《ばっこ》や幕閣の無気力に立腹し、開国の必然と攘夷の無責任を糾弾する気にもなったが、将軍も幕閣も小人も一切が消えてしまった今となっては自己の信念は間違っていなかったとは思っても、全ては蝸牛角上《かぎゅうかくじょう》の争いであったような、夢から醒めたような気分になったとしても不思議ではない。明治政府が攘夷を実行して我が国が大敗するような事でも起れば怒罵を続けたかもしれないが、政府は謹一郎が言い続けたことを予想以上の速度で実行に移したから、謹一郎は肩透かしを喰ったような気がしただろう。徳川幕府に殉じて新政府とは一切交渉を持たないという人生の美学は貫いたが、政府や社会に対しては淡々とした態度で向き合ったように見える。筆者としては謹一郎の晩年が平穏であったことを祝したい気分である。

看花玩月と火事場見物

江戸時代を生きて来た教養人の身近の楽しみは、看花玩月であったことは、前述の大沼枕山においても見た所である。謹一郎も同様で春は花、夏は月を賞した。二月二十七日には隅田川に沿って両国から吾妻橋まで探梅に出かけ、二日後の二十九日には夫婦連れで、厩橋を渡り亀戸天神近くの梅屋敷に臥龍梅を見に行ったが、早すぎて開花は三、四樹のみであった。それでも遊客は多く、路上で山口泉處と朝比奈閑水に出会った。梅見の客は満開の花を見るのではなく、花のはしりを見て春寒料峭のなかに春の気分を味わうところに妙味があるのだろう。三月十三日にも老妻と出かけた。日記中の文「河水《かすい》漫々《まんまん》、遠山蒼々《えんざんそうそう》、鳥語開々《ちょうごかいかい》、殆んど仙境と同じ」に、広重の版画に見るようなその頃の墨堤の有様が忍ばれる。

四月には四日から二十五日までの間に七回も上野の山や隅田川に花見に出かけている。九日の上野は治春《ちしゅん》の士女が多く「四時尤好《もっともよし》春三月」という名句通りであった。しかし十二日の上野は花は七八分咲きで絶好だったが、茶店の小女が客を引張り込もうと騒ぎまわるのが目障りだった。酒価が高いのを嫌って客が寄り付かないので茶店が客引きをさせたのである。「醜態極まる。なんぞ王安石の新法権酤《かくこ》（政府による酒の専売）に似るや」と謹一郎は日記に書き留めた。流石に儒学者で、こういう所にも「王安石の新法権酤」が自然に現れて来るのが面白い。この頃松方正義の緊縮財政下で酒税ができたのである。この後も浅草で牡丹を見、亀戸で藤を楽しみ、六月から九月までは風呂帰りに両国橋で月を眺めた後、氷を食べて帰るというのが日課のようになっていた。なおこの時代の東京の住居の常として、家に内風呂はなく、謹一郎はほとんど毎日近くの銭湯に行った。雨が降ると「冒雨冒泥出浴《ぼううぼうでいしゅつよく》（雨を冒し、泥を冒して出浴）」であった。

謹一郎には江戸っ子らしい趣味がもう一つあった。それは火事場見物である。この頃の東京は大火は少なくなっていたが、中火、小火は頻繁にあり、日記には十件以上の火災の記事がある。火事が起きる度に、翌日謹一郎はわざわざ実地見聞に出かけ、その火元や被害の状況を調べている。三月の日本橋の火事は、報知新聞では「日本橋區通二丁目八番地の飲食店倉田から出火、東中通から平松町まで焼け、十時十分撲滅。凡そ二百七十餘戸を焼く」ということであったが、五日に日本橋焼跡を見聞に行って路人に聞くと「火は一空屋に起る、是れ前日の藝妓の居に係る」ということで、「前説と異る」と謹一郎は怪んでいる。「正確」は謹一郎のもっとも重んじる所で、老年になってもその癖は変わっていない。

落魄と旧門弟たちの人情

謹一郎は裕福ではなかった。明治十七年の同居家族は、謹一郎の妻小林氏、娘の鶴、鶴の夫で養子の鋭、男孫の深と泰、女孫の力と清の、大人四人子供四人の八人家族で、他に女中お兼《かね》と飯炊きが居たらしい。これに対し収入は下級軍人だった鋭の給金だけだったから家計は苦しかった。日記には貧窮、落魄を歎く謹一郎の感慨が各所に見られる。例えば、妻と大丸で衣類を買う際、その僅かの出費に苦しんだこと、畳替の金がないのを嘆いたこと、神保町の旧居の前に鰻屋ができたのを見て、昔なら頻繁に食べに行って家計に累をなしたろうが今は落魄《らくはく》して別地に住んでいるから歎くだけで済むと苦笑したことなどである。謹一郎が窮迫していることを知った昔の弟子たちは、時々、寄付金を募って持って来てくれた。明治十七年には三度ある。四月には「深江、金田の両人が起居金《ききょきん》を届けてくれた。今回から上杉公が加わって、全部で十六人である。貧窮しているので辞することもできない、心苦しい限りである」のように謹一郎は「起居金」を断われない辛さを書いている。謹一郎の二君に仕えずという生き方は見上げたものであるが、それは旧門弟たちの義理と人情とに支えられたものだったのである。

5　家常茶飯事

買物、豚肉、手作業、読書

最後に謹一郎の真の家常茶飯事を一瞥する。この時代の男としては多分珍しい方であろうが、謹一郎は買物好きであった。三、四日に一度は買物に出かけ、豚肉、醬油、砂糖、茶、飴、佛手柑《ぶっしゅかん》のような食べ物、手袋、ハンカチ、足袋、髪油のような小物、漏斗のような荒物、筆や紙のような文房具、孫のための鼠の玩具や唐子人形など色々なものを買っている。豚肉を買った時は「買豚肉等食物」と書いているから、豚肉を買うことに意義を認めていたことが分かる。現在「東洋文庫」に所蔵されている『書笏編』の同帙《ちつ》中には、もう一冊『西易牙選本《すぺいん》』二巻が収められているが、これはヨーロッパ人のハンセップ夫人が書いた豚肉料理法の本で、豚の解体法、料理法、炙、塩漬け、トンカツ、パテ、ハム、アンチョビーと一緒に漬ける方法などが書いてある。豚肉が大好物だった謹一郎はこのような本まで訳して、その料理法の一部は自ら実行したのではなかろうか。

死ぬ一カ月前の九月二十七日に「午前出行して小川町で豚肉と醤油を買い、直ちに帰る。午近く、天すでに熱く、流汗淋漓《りんり》であった。只、悔しく残念だったのは豚肉売りは明日からで、今日までは氷売りだったことである。だから今日は暴利を貪る店で買わざるを得なかった」という記事がある。明治には、夏に氷を売り冬に豚肉を売る店があったのである。謹一郎は昔、蕃書調所の経営に全力で当ったように、今は安い豚肉を買うのに全力を尽している。両者の社会的価値は別として、個人的達成感は似たようなものだろう。個人的幸福はむしろ明治十七年にあったかもしれない。

謹一郎はできることは何でもやってみる人で、餡や砂糖水を造ったり白紙を束ねて帳面を作ったり、庖丁を研いだり、蠟燭《ろうそく》を作ったりしている。蠟燭作りは明治十五年から始まったらしく、その年は月に百本ずつも作ったが、十七年は五月に二十本、八月に十本のみである。『西使續記』には退屈しのぎに竹匙や竹箸を作った記事があるから、手先の工作は謹一郎の趣味だったのだろう。しかし貧に迫られて已むを得ず、という面もあり、貴重な時間を和装本の補修という工人の仕事に費やさなければならないことを歎き「傷ましいかな貧や」と自ら弔してもいる。

夜は読書に費やされたが、読んだほとんどの本は漢籍で、洋書は一冊も見ていない。謹一郎は根本的に儒者だったのであり、現世に求める所がないなら、自分の好きな本を読もうと思ったのであろう。明治十七年は、明史稿《みんし》、後漢書、兪樾《ゆえつ》集、李白集、杜詩集註、将軍家譜、夷堅《いけん》志、塵塚譚、晋書、聊齋志異、宋書、正傳記、千代見草などを読んでいる。

親類付き合いと吉田賢輔

戦前までの日本には親類付合いや主従関係が色濃く残っていた。まして明治の初め頃はそのような人間関係は非常に強いものであって謹一郎にもその種の付き合いが屢々《しばしば》あった。父方古賀家の親戚の古賀明詮（謹一郎の従兄弟の子だろう）や池田弥一（従兄弟）、母方の親戚の鈴木成虎、姉の嫁ぎ先飯河氏で甥に当る芥舟やその親族、妻の姉妹の嫁ぎ先濱田氏、および養子鋭の実家である深沢孝作など、合計六家の親戚の誰彼が入れ代わり立ち代わり日記には現れて来る。これらの交際の中にも謹一郎の人間性が現れている所があるが、あまりに私事にわたるので本書では割愛する。

謹一郎の社会に対する窓として、唯一最大の功労者は吉田賢輔である。賢輔の公的生涯は第六章第5節の末尾に簡単に述べた通りであるが、明治十七年の日記を読むと、賢輔とその妻がいかに親身になって謹一郎の話し相手となり、俗事の交渉係りを務めたかが分かる。色々な人の噂や社会の変遷を話してくれるのも、父侗庵の書物が紛失したのを捜してくれたのも、もめ事の交渉役になってくれたのも、全て賢輔であった。また謹一郎の病が篤くなった九月には、近ごろ手に入り難くなったシナ産の干しナマコ料理（海参）を贈ってくれたりもした。

妻　小林氏

最後に家族について書く。明治十七年には、妻の小林氏はよく謹一郎に同伴して、墓参や花見あるいは買物や風呂帰りの月見にと出かけている。小林氏の逸話などは日記に書かれていないが、謹一郎との仲はよかったのであろう。安政元年（一八五四）に下田で書かれた『西使續記』に一首だけ憶妻という七律がある。

○我是賃舂梁伯鸞　好操井臼退羅紈　食貧半生牛衣臥　虚度良宵鴛枕寒
難抑汍瀾兒女涙　祇承菽水老親歡　寄書不是回文錦　也使征人帯咲看
（我は是れ賃舂《ちんしょう》の梁伯鸞。好んで井臼《せいきゅう》を操り〔肉体労働〕、羅紈《らがん》〔上等の衣服〕を退く。

食は貧にして半生牛衣に臥し〔蒲団がなく牛皮中で寝たという故事〕、虚《むな》しく良宵を度《わた》り鴛枕《えんちん》寒し。

抑え難し汍瀾《がんらん》〔涙の流れる様〕兒女の涙。ただ菽水《しゅくすい》をもって老親の歡を承《う》く。

寄書《きしょ》は是れ回文の錦ならず。也《また》征人をして咲《わら》いを帯びて看せしむ）

第一句の梁伯鸞は漢の人、梁鴻で、妻とともに山中で耕織を事とし、世に出て仕えることをしなかったという。謹一郎は自分が貧しく質素（食貧、退羅紈）な上、今出張中（鴛枕寒）で妻が淋しいだろう、と同情したのである。小林氏は台所仕事（菽水）を厭わない働き者で、舅や姑にはよく尽した（老親歡）のだろう。そして才走った文章（回文）など書けない人で、謹一郎は彼女の手紙を読んで笑わずにいられなかった（帯咲看）とみえる。回文というのは上から読んでも下から読んでも同じ文、例えば「なかきよのとをのねふりのみなめざめなみのりふねのをとのよきかな」のようものを指す（元来は漢詩である）。

小林氏は阿琴の外に阿婉《おえん》という女の子を産んだが、この子は二カ月で死んだ。阿琴は天保十二年（一八四二）に生まれて両親の愛を一身にあつめ、弱いながらも鋭と結婚し二十八歳まで生きたが子供は産まなかった。明治元年（一八六八）の阿琴の死は小林氏にとっても生涯で最も悲しいことであったろう（第八章第2節）。小林氏は謹一郎の死後二年の明治十九年九月に、多分七十歳少し前で歿した。

弟培、養子鋭、および娘鶴

謹一郎の弟、徳二郎は諱を培と云い、謹一郎の四歳年少であった。十八歳の頃、狂を発して遂に正気に戻らず、謹一郎の邸の中の小室に住んで龍蛇《りょうだ》のような怪奇な字を書き続けていた。狂人になった弟に対して、謹一郎はかえって憐れむ情が強くなったのだろう、ここには引かないが『西使續記』の十一月に、憶弟という漢詩二首がある。徳二郎は明治九年に五十七歳で死んだ。その命日に当る日の明治十七年の日記に「弟は失心以来喜びも悲しみもあまり感じなくなったが、年を取るとやはり同胞の楽があった。その弟も死んで久しい、悲しいことである」という記述がある。

深沢家から阿琴の婿となった鋭《えい》は明治になって陸軍に入り、明治八年には陸軍省九等出仕で、陸軍大尉に任官している。鋭は謹直な人であったが、身体がそれほど丈夫ではなく明治十四年に依願免官となった。その後伊香保に湯治に行ったりしているが、謹一郎の死の翌年、明治十八年の暮に、多分五十歳に満たずに死んだ。

謹一郎には正妻小林氏以外に妾《しょう》高橋氏があった。小林氏に最早子供は望めないというので謹一郎は妾を容れたのだろう。高橋氏は三人の女児を産んだが、一番上の阿鶴《おつる》のみが長じた。高橋氏は明治十七年の日記に現れないから前に亡くなったのだろう。

阿鶴は安政三年（一八五六）二月十六日に生まれ、明治五年、十七歳のころ鋭の後妻となったらしい。彼女は謹一郎の子にしてはそそっかしい人で、謹一郎には批判があった。例えば、阿鶴が近所の子供を庭に入れて藤の花を切らせたので謹一郎が叱った所、ちっとも謝らなかったり、また鶴娘が転んで怪我をしたとか、赤ん坊を取り落としたなどの日記の記事もある。阿鶴の子で育ったのは男子三人、深《しん》、泰《たい》、涓《けん》と女子二人、阿力《おりき》と阿清《おきよ》の五人である。謹一郎の生前は、深、泰、力、清の四人で、涓は謹一郎の死の翌年明治十八年に生まれ、この人によって古賀家の後が続いた。

孫たち

孫たちは可愛がっている。阿力を連れて浅草橋見物に行ったり、玩具を買って来たりしたことは既に書いた。日記に現れる孫たちはよく病気や怪我をして、その度に謹一郎は心配し、直ると喜んでいる。特に阿清はやっと歩ける程度であったので、躓《つまず》いて転んだり、羽虱に全身を喰われたりと始終謹一郎を心配させた。

嫡孫の深は身体が弱く、よく病気で学校を休んだが、何といっても嫡孫であったから謹一郎はその学業や性向にも気をつけ、孫の中で最も可愛がった。お祭り見物に連れて行ったり、帯や着物を買ってやったり、また九歳の深が少し遠くまで出かけるようになると「知識やや開け、體力やや健なり。

よく愛するに足る。全く零落《れいらく》の餘波《よは》、不幸中の幸なり」と、零落したため、かえって深に独立心や体力がついたことを喜んだりしている。七月の日記には、「二日前に深が雨の中を上野の濱田の旧居に往ったのに濱田が既に引っ越していたので空しく帰って来た、ところが娘の阿鶴（深の母）は今日、深は連れずに女の子二人だけを連れて濱田の新居を訪問した、これでは深が可哀想である。だから深が学校から帰るのを待って、自分（謹一郎）が、濱田に連れて行った」という記事もある。男親らしい考え方であり、深に対する同情がある。死ぬ三日前の日記が謹一郎の絶筆だったが、それが「深孫泰孫得校褒《こうほう》」で終っているのも象徴的で、孫に期待をかけた謹一郎の気持が読み取れる。

以上のように明治十七年の謹一郎の身辺は決して寂寞ではなく、毎日はむしろ多忙であった。社会の傍観者であった謹一郎の個人生活は必ずしも不幸ではなかったと言えるだろう。

6 病気と終焉

生物が死を憎むは当然

謹一郎は明治十七年の前半は、まず健康であった。栗本鋤雲によれば謹一郎は静岡に居た五十代後半に風痺《ふうひ》（中風）の兆しを覚えたので、父侗庵の轍を踏むことを恐れ、断然禁酒したという。そのせいもあってか以後は矍鑠《かくしゃく》としていたらしいが、この年六月二十五日の夜に、死病となった胃管狭窄の最初の徴候が現れた。それは風呂帰りの胃痙攣であって、その後一週間ほど軽い痙攣が時折起った。七月末からまた胃の悪い状態が時々起きるようになり、九月には不用意に食べ物を飲込むとそれが閊《つか》えて胃に降りて行かない嚥下困難の状態に陥った。謹一郎も大患になるのではないかと心配になり、医者に行った。

謹一郎がかかった医者は高松凌雲《りょううん》で、明治十七年には四十八歳であった。高松は幕末明治の著名な医学者で、筑後国御原郡（現在の小郡市）出身である。緒方洪庵の適塾や幕府英学所で学び、慶應二年には徳川慶喜の侍医となり、翌三年には徳川民部公子昭武についてパリに渡っている。戊辰の役では函館に渡り、榎本軍、官軍の区別なく戦傷者の治療に当った。明治十一年に上野に鶯渓病院を開き、同時に同愛会を組織して貧民のために東京近辺に六十カ所の慈善診療所を経営したが、これは我が国の社会事業の嚆矢《こうし》であった由である。謹一郎は九月末に高松の診療に行った時、「これまでの治療法、則ち芥子泥を塗る方法では良くならない。不用意に多く飲み込むと、必ず食道が硬くなって飲み込めなくなる」と話した。高松は専ら柔滑物、例えば牛乳やスープ類を食べるよう勧め、芥子泥の代りにカセイデ油を貰って帰った。この後、十月上旬には「胃管消息」を用いて食道を探ったり、下旬には電気治療という療法を受けたが病状は悪化するばかりであった。

十月六日には「胃症甚だ軽からず、少しく留意せざれば則ち噎《えつ》す。アア終局如何、大息、大涕なり」と書き、十六日からは午後も起きることができなくなり、夜は毎日のように「夜、困苦、安眠せずして旦（朝）に至る」という状態であった。謹一郎は神仏を信じず、「悟る」とか、「天に召される」などのような宗教的解脱は全て迷妄に過ぎず、「生物が死を憎むは当然の事」（『度日閑言』巻十六、フランツ・ハルス傳の評語）という唯物的信念を有していたから、自分が死ぬ時も死を恐れ、ただひたすらに苦しんだ。十月下旬には中條政恒から、ケリーという鳥の肉を食べると胃管狭窄が奇跡的に直るという話を聞き、吉田賢輔が安針町や横浜の鳥屋を捜してくれたが結局それを食べることもなかった。このように謹一郎は死に面しても、精神的救いではなく、科学的処方（少なくとも、物質的な解決法）によってそれを乗り越えようと苦闘した。

そして二十六日には胃部の膨張によって非常な苦痛を覚え、遂に明治十七年十月三十一日に死んだ。最後の日記は二十八日に書かれた、「廿八日晴　○朝小水快通、全坐薬効○隣翁朝来問病○常彦感冒大治云○本月全伏枕、只一電二浴、僅得行歩、回家直臥。奈昨日来、動身困難、一味伏枕。今日午食、又減十二日来之半、僅吃得鰻両片、多日衰弱、究竟如何、大嘆息○山荊（一字不明）其套表○深孫泰孫得校褒」。自分の病勢を直叙し、強がりも悟りもなくただ憂い、鰻二切れを食べ、孫の事を思って死んだのである。

死亡通知と報道

謹一郎の死は十一月一日の郵便報知新聞広告欄に義子鋭の名をもって次のように公示された、「父古賀茶渓、病気の處、療養不相叶《あいかなわず》、今午前五時死去仕り候に付、来二日正午出棺、大塚坂下町十七番墓地へ埋葬仕り候。浅草向柳原町二丁目一番地。古賀鋭」。謹一郎の死は社会にほとんど感動を与えなかった。報知新聞には十一月四日に次の記事を見い出すのみである、「○茶渓翁　去る三十一日物故されし古賀茶渓翁（侗庵先生の子）は臨終の際病褥《びょうじょく》の側に在りし人に筆を求めて左の一絶を賦せられしと云、

○六尺幻形到底空　一朝神去工相同　楊王孫達吾一服　不怕兒孫葬水中
（六尺の幻形到底空なり。一朝、神（魂）去れば工相い同じ（誰でも単なる屍）。
楊王孫、吾に一服を達す。怕《おそ》れず、兒孫水中に葬るを）

第三句の「楊王孫」は漢の人で黄老の学を治め、臨終の時、子に命じて裸葬させたという。謹一郎は、彼から秘伝を受けたから葬式はどんなに貧弱でも構わないとおどけたのである。第一、二句に謹一郎の唯物思想（マルクスの唯物論ではなく、フランス革命以前の物質主義）が詠《よ》まれている。

三宅雪嶺の評価「克く忠、克く孝」

後世の歴史書で謹一郎を高く評価してくれたのは三宅雪嶺である。雪嶺は日本主義を標榜し、『日本および日本人』の主筆として文明評論に健筆を揮ったが、彼は田邊太一の女婿《じょせい》だったから岳父太一から謹一郎の事を聞いていたのかもしれない。雪嶺は『同時代史』明治十七年の末尾に、謹一郎に関して次のような論評を下した。

「（十月）三十一日、古賀茶渓没す（六十九歳）。通称謹一郎、謹堂とも号す。幕府の儒官は前に林父子を以って顕《あら》はれ、後に古賀父子を以って顕はる。精里在世中、子なる侗庵が儒官に召出され、侗庵の在世中、子なる茶渓が儒官に召出さる。茶渓は漢学より蘭学に移り、双方に通じ、文久二年四月、一橋門外に洋学校の新築成るや、人に語りて曰ふ、『八年前、本校を創立せし時、洋籍僅かに十六巻、今は此《かく》の如し』と。されど攘夷の説熾《さか》んにして、朝幕共に施政に惑い、徹底的の開国主義なる茶渓の意に反すること多し。明治元年、前将軍に随ひて駿河に移り、同三年三月、朝廷が召すも辞し、五月、再び召すも、再び辞し、六年、東京に移り、図書を左右にし、殆ど世を忘るるが如く、毎朝、祖先の神主を拝し、祖父母及び父母の忌日には必ず墓を掃《はら》ひ、毎月十七日、必ず上野に往きて東照宮を拝す。識見及び学才に至りては、当時第一と称すべく、而して伝統の教訓を守り、克《よ》く忠、克く孝、何等他に求めざる所、洋学者に珍とすべきは勿論、漢学者にも珍とすべく、広く俗間に知られざるは、人格の高く秀でたるよりす」。

人物評において、淡々とした中にも言うべきことは言う人であった雪嶺が「識見及び学才に至りては、当時第一」と言い、「克く忠、克く孝、何等他に求めざる所、漢学者にも珍」と言い、「広く俗間に知られざるは、人格の高く秀でたるよりす」と賞讃していることは、当時の識者に謹一郎が尊敬されていたことを示すものである。

7 子孫と蔵書

計画倒れに終った侗庵文集刊行

謹一郎が死んだ明治十七年（一八八四）、古賀家には妻の小林氏、義子の鋭、鋭の妻の鶴、および四人の孫が残り、翌年には涓《けん》が生まれた。しかし古賀家は不幸が続き、涓誕生の年の暮に当主の鋭が死に、その翌年の秋には小林氏が亡くなり、残されたのは三十歳の寡婦、鶴と幼い子供たちのみになった。これより先、謹一郎が歿した直後に旧門弟たちが集まって古賀家の後と一万巻に上る蔵書、及び謹一郎畢生《ひっせい》の念願であった侗庵文集の版行について、鋭も含めて相談があったらしい。以下に述べる事柄は慶應大学図書館所蔵の「(合本)古賀家家事始末」に依る。なお「家事始末」の筆者は川田剛(甕江《おうこう》)であると思われる。

謹一郎は死ぬ頃、父侗庵の著作の内、その識見学力が現れたものは「侗庵新論」「劉子」「侗庵文集」であると言って、これらが版になっていないのを嘆いた。また嗣子鋭は書を好むの念が薄いから、家蔵の本の保存を旧門弟たちに委嘱したという。安政の頃には「わが家の一万五千巻の図書は天下のどこかにあるならそれでいい」(『巵言日出』)と達観した謹一郎であったが、年を取ると散逸を嘆く気持が強くなったのだろうか。そこで謹一郎の死後、門弟の箕作秋坪、川田、吉田賢輔、世良太一などが相談して、一、『侗庵新論』に傍点を附し出版する、二、蔵書は、川田の宅地の側に一軒を買いここに納める、三、起居金(義援金)は毎月十円を集めてこれまで通り続ける、という三項目を決めた。しかしこのような美挙は人の心が感動しているうちは行われるが、去るものは日々に疎く、その上嗣子鋭と妻小林氏が亡くなると益々維持し難くなるのは無理もないことであった。

まず第一点の『侗庵新論』の出版は版木まで竣工したが、愈々印刷の段階になって売れる見込がほとんどないということになり、出版されないことになった。その結果、明治二十七年には川田の家に古賀家から寄託された版木二百五十八枚が空しく残った。第二、第三の蔵書の管理と起居金についても謹一郎の死後三、四年経つと脱会者が多く、資金不足になって来た。それで世良や川田はこれまでの計画を抜本的に変改して、蔵書の処分を考えなければならなくなった。しかし明治半ばには漢籍を買って読む人はほとんどいなくなり、古賀家の蔵書の処分についてもこのことが問題になった。図書館に寄贈するとお金にならず、古書店での分売も意外に廉価であることが判明したのである。

宮内省に献納された古賀家蔵書

そこで川田は寺島伯（蕃書調所時代は松木弘安）に頼み、宮内省に献納願いを出すことにした。御下賜金という形である程度まとまった額を皇室から戴き、古賀家の経済を救おうとしたのである。川田らが宮内省に提出した願書は、まず精里、侗庵、謹一郎の古賀家三代の教育、学術上の功績を述べ、次いで謹一郎は維新後、大学大博士の恩命を受け、また文部省学士会員設置の際、真っ先に学士に推選せられたが、いずれも老懶《ろうらい》のため辞した、と記している。続けて、現在の家族の窮境を述べ、最後は「右三世、文学を以て育英達材、国家の文化を賛助し、且つ夙《つと》に内外の形勢を洞見し、救時の要務を論究計画いたし候功績を御追録成し下され、格別の御論議を以て献納御許可相成《あいな》り、遺族救恤《きゅうじゅつ》の特典を蒙《こうむ》り候はば、聖徳優渥枯骨《せいとくゆうあくここつ》に及び、感戴《かんたい》の至に御座候。依て私共、故舊門人《こきゅうもんじん》の縁故を以て別紙目録相添《あいそ》え、此の段願い奉り候」と結んでいる。この願書は明治二十二年一月に、宮内大臣土方久元宛に、世良太一、深江順暢、川田剛、重野安繹、中村正直、伯爵上杉茂憲、西周、細川潤次郎、津田真道、子爵佐野常民、伯爵寺島宗則の十一名連名で出されている。これらの人々はほとんどが謹一郎の昌平黌時代の門弟、或いは蕃書調所時代の下僚であった。献納が聴許されるには難しい問題もあったようだが、寺島らの周旋で三千円の御下賜金が下った。川田は『新論』の発行中止によって古賀家に五百十円の負債を負わせたことが心に重くのしかかっていたから、蔵書が散逸せず、その上多額の恩賜金を頂けたことによって「功過相償《あいつぐな》う」とほっとしたようである。謹一郎はあくまで徳川の遺臣で、逆賊薩長とそれに阿附《あふ》した旧幕臣を軽蔑したが、その謹一郎の遺族の救恤は、皇室という独特の制度と明治政府に仕え高官になった人たちによって行われた。明治維新という革命の不思議さ、論理と心情が複雑に絡み合った日本人独特の問題解決法の一例を見る思いがする。

但し、宮内省に献上し現在宮内庁書陵部の蔵書となっているのは漢籍や侗庵文集などで、謹一郎の日記のような個人的メモは古賀家に残されたらしい。そのうち『西使日記』と『西使續記』のみは世良太一が保管していたものが後に刊本になった。その後、古賀家の文書の幾分かは慶應大学図書館に入ったが、貴重な謹一郎の日記などは多分湮滅《いんめつ》したのだろう。

なお、世良太一は日本の統計学の創始者の一人だったようで、その死後、『統計学雑誌』や『統計集誌』に追悼録が出ている。また、謹一郎の死後、中心となって遺族の面倒を見てくれた川田甕江は、幕末には備中松山藩主で老中だった板倉勝静に仕え、儒者兼相談役として政治的にも活躍した人物である。特に戊辰戦争後、朝敵となった板倉家のために奔走したという。明治期には修史局など文学方面で政府に仕え、後には東宮（後の大正天皇）の侍読《じどく》になった。川田は明治政府で立身した後も謹一郎には礼を尽したらしく、明治十七年の日記にも、川田が年始に訪れた記事がある。

子孫たち

古賀家の子孫のうち、深は病弱だったので家督を継がず、妻帯もせず、明治四十四年に本家涓から分家して本郷区根津八重垣町二十三番地に遷ったが、その後の事は分からない。泰は大井家の養子となり「ます」と結婚したが、彼についても以後のことは不明である。謹一郎が死んだ時乳飲み子だった阿清も短命で、明治二十八年に十二、三歳で死んだ。もう一人の女児阿力も明治三十三年に二十代前半の若さで死んだ。結局、古賀家は明治十八年に生まれた涓によって後が続いたが、謹一郎の子孫は全体として薄命であった。

明治中期に、川田や世良の世話になった阿鶴と子供たちは、その後下谷竹町に住んだ。この頃は川田に寄託された財産から毎月十四、五円の利子を受けていたようである。涓が一人前になったのは日露戦争の後で、明治四十四年には小石川区大塚坂下町五十一番地で酒商を営んでいた。この地は古賀家の墓地、大塚先儒墓所のすぐ近くである。涓はこの少し前に結婚し一男二女を挙げたが、昭和三年に四十四歳という若さで亡くなった。涓の母の阿鶴は昭和三年までは生存していたが、その歿年は不明である。涓の只一人の男子が古賀正秀氏で、謹一郎の曾孫に当る。氏は平成十六年に九十一歳で物故されたが、湯島聖堂にある財団法人斯文《しぶん》会の雑誌『斯文』第九十六号に「大塚先儒墓所と古賀家」という一文を物しておられる。涓のことなど、筆者はこの文によって知ることを得た。正秀氏には二人の男子があり、長男精一氏は日大の、次男正志氏は東大の工学部を卒業し、エンジニアになられた。日本の工学部の生みの親とも言うべき謹一郎の子孫が科学技術者になられたことを筆者は嬉しく思っている。

あとがき

私が子供の頃はすでに終戦後であったが、鞍馬天狗は善玉、新撰組は悪玉で、私もなんとなくそう感じてきた。しかし開国か攘夷かという日本の進路については子供の頃から善玉悪玉という割り切った考えができなかった。尊王攘夷の志士と思われていた人たちが明治維新後一転して西洋崇拝へと変ったのなら、井伊大老の方が正しかったのではないかと思われたからである。その後成年に達してから徳富蘇峰の『近世日本国民史』を読んで、私は初めて「古賀謹一郎」の名前を知り、我が国の進路として正しかった開国説は、幕府側の人々によって、公明正大な言葉で主張されていたことを知った。そしてこのような人の名前が一般に知られていないのを残念に感じた。しかし私は大学の工学部に勤めていた関係上、本格的に歴史の研究をする暇がなかったが、定年も間近になった頃、謹一郎の伝記を書いてみようと思い立った。謹一郎も漢学の研究から出て工学的蘭学を修めたのだから、方向は逆とはいえ、工学士の私が伝記を書いても謹一郎は許してくれるだろうと思う。

還暦近くになってこのような本を書く気になったのは、文科系の学問がいつも私に喜びを与えてくれたためである。だからこの本の最後にあたって「学恩」を受けた方々に個人的な謝意を表したいと思う。まず既に故人であるが、田邊太一氏と森銑三氏に感謝したい。田邊氏は既に本文で述べたように、謹一郎の上書を後世に残してくれた人であり、氏の『幕末外交談』は幕末歴史書中の白眉であると思う。森銑三氏は浩瀚な『森銑三著作集』で著名な方であるが、私は森氏によって江戸後期の人物研究が非常に面白いことを教えて頂いた。本書でも第一章の多くの部分は氏の研究に負っている。氏はその人物研究を通して、多くの「見ぬ世の友」を現在の世に出されたが、筆者のこの小著も「見ぬ世の友」である泉下の森氏に喜んで頂けることを祈っている。

次に感謝を捧げたいのは東京大学教養学部、比較文学比較文化の諸先生方（現在、故人か名誉教授）である。島田謹二先生の『ロシヤにおける広瀬武夫』、富士川英郎先生の『江戸後期の詩人たち』、芳賀徹先生の『明治維新と日本人』などによって私は歴史や文学に対する新しい見方を教えられた。もう一人の比較文化の教授、平川祐弘先生には特に感謝する。先生の諸著作、『西のオレンジ東の橘』『進歩がまだ希望であった頃』などは私の愛読したものである。そしてあるきっかけから先生とお近づきになり、『西国立志編』の謹一郎の序文を教えて頂いた上、ミネルヴァ書房に紹介までして下さった。この本が出版される運びになったのはひとえに先生と芳賀徹先生のお陰である。

謹一郎の後裔に当る古賀精一氏と筆者の出合いは幸運な偶然であった。筆者は平成十六年の三月末に謹一郎の墓を大塚先儒墓所に拝したが、その時管理事務所の見学者名簿に、数日前古賀姓の方が数人で見えたことが記されていた。先儒墓所に家族で来る人は滅多にいないから、筆者はこれは謹一郎の縁者に違いないと直感した。名簿には住所も書いてあったので、早速手紙を出し、謹一郎の子孫であることが確かめられたのである。精一氏のお陰で古賀家の現在までを辿ることができ、『神田文化史』に掲載されていた謹一郎の肖像画を貸して頂くことができた。巻末に付記して謝意を表したい。
また早稲田大学名誉教授村山吉廣先生には原稿を読んで激励して頂き、慶應義塾大学図書館三田メディアセンターの筒井さんには古賀家関係の書類を捜して頂いた。ミネルヴァ書房の堀川健太郎氏は、漢文や文語文を減らすよう助言し、また本書の校正に際し、細かいところまで丁寧に目を通してくれた。そのお陰で本書は現代の読者にとって読み易くなったと思う。最後に母に感謝したい。母は八十七歳であるが、本書の草稿を読んで感想を述べてくれた。筆者が文学的興味を抱くようになったのは、幼少期からの母の教育があったからである。

平成十八年三月十七日

小野寺龍太

参考文献

赤松則良『赤松則良半生談』平凡社東洋文庫、一九八七年。

伊藤整『日本文壇史』3、一九九五年、一九二頁。

岩波書店『国書総目録』一九八九～一九九一年
『江戸』江戸舊事采訪會、大正五～十一年。

大久保利謙『日本の大学』日本図書センター、復刻版、一九八一年（初版昭和十八年）。

大槻如電『新撰洋学年表』柏林社書店、再版、一九六三年。

緒方富雄『緒方洪庵』岩波書店、昭和十七年。

小川恭一編『寛政譜以降旗本家百科事典』東洋書林、一九九七年。

勝海舟『氷川清話』角川文庫、一九七二年。

川路聖謨『長崎日記・下田日記』藤井貞文、川田貞夫校注、平凡社東洋文庫、一九六八年。

　川路聖謨が自ら綴ったプチャーチンとの交渉の一部始終である。交渉経過など外交史としては物足りないが、初めてみる外国人や外国製品に対する感想は新鮮で面白く、川路の外交術にも敬服させられる。道中記にも川路の人間性があらわに出ている。また校注は非常に詳細である。

旧事諮問会編『旧事諮問録』岩波文庫、一九八六年。

『旧幕府』原書房、復刻版、一九七一年。

栗本鋤雲『匏庵遺稿』裳華房、明治三十八年。

呉秀三『箕作阮甫』大日本図書、大正三年。

古賀正秀「大塚先儒墓所と古賀家」『斯文』九六号、斯文会、一九八八年、二三頁。

五弓雪窓『事実文編』関西大学出版・広報部、一九七九～一九八一年。

ゴンチャロフ『日本渡航記』井上満訳、岩波文庫、昭和十六年。

佐藤昌介『洋学史の研究』中央公論社、一九八〇年。

芝哲夫「開成所の科学者たち」『学士会会報』八四一号、二〇〇三年。

志良以静子『古賀茶渓、文学遺跡巡礼・英学編44』学苑一〇ノ九、昭和十八年（昭和女子大）。

次郎吉口述・憂天生手録『蕃談』室賀信夫・矢守一彦訳、平凡社東洋文庫、一九六五年。

船乗り次郎吉の談を謹一郎がまとめたもので、日本人漂流記中の最も優れたものの一つである。記述は整然としており、内容も人間生活万般に亘り、挿絵も豊富である。流寓地がハワイやカムチャッカなど辺境であるのが残念だが、民俗学的には興味深い。室賀らの解説も行き届いている。

鈴木三八男『昌平黌物語』斯文會、一九九三年。

大日本古文書『幕末外国関係文書』之附録一の四、五。

「露西亜応接掛古賀謹一郎増西使日記および續記」東大史料編纂所、大正二年（昭和四十八年、東大出版会から覆刻版が出ている）。

高橋昌郎『中村敬宇』吉川弘文館、一九六六年。

滝川幸次郎『（東洋史上より見た）日本人の歴史』赤坂書院、一九八三年。

竹林貫一編『漢学者伝記集成』名著刊行会、一九七八年
田邊太一『幕末外交談』冨山房、明治三十一年、二一、五〇、九三、五一五頁（平凡社東洋文庫に現代語訳で再発行されている）。

ペリー来航以来明治維新まで、幕府が対処しなければならなかった対外問題を詳細に説明し、その対応策の当否、折衝にあたった人々の見解や苦労をエピソードも交えて記述した好著である。内政問題は省筆されているが、開国派から見た幕末の混乱した状況が的確な表現で描かれている。

ダンネマン『大自然科学史』安田徳太郎、加藤正訳、三省堂、昭和十八年。

徳富蘇峰『近世日本国民史』時事通信社、昭和三十五〜四十六年（民友社本も参考にした）（一部は講談社学術文庫から発行されている）。

織田信長から西南戦争までの通史を百巻にまとめた畢生の大作である。手紙や上書など一次資料が多く、信頼するに足り、蘇峰一流の名文によってそれぞれの人物に躍動感がある。尊皇攘夷側にやや甘いのと、長過ぎるのが欠点であるが、一人の手で書かれただけに記述に一貫性があり読みやすい。

中村薫『神田文化史』秀峰閣、昭和十年。

日蘭学会編『洋学史事典』雄松堂出版、一九八四年。

沼田次郎『幕末洋学史』刀江文庫、一九五一年。

芳賀徹『明治維新と日本人』講談社学術文庫、一九八〇年。

ペリー来航から鹿鳴館時代までを文明史として捉えた清新な歴史書である。記述にバランスが取れており、政治に偏らず社会体制、学問、文明の急激な変化を過不足なく描いている。西洋の衝撃を受けた日本人の心の動きが、開国派と攘夷派のどちら側についても生き生きと迫ってくる。

原平三「蕃書調所の創設」『歴史学研究』第百三号、昭和十七年、八二一〜八六二頁。

原平三『蕃書調所の科学及び技術部門について』帝国学士院紀事二—三、昭和十八年、四三七〜四七一頁。

福沢諭吉『福沢諭吉全集』第六巻、岩波書店、一九五九年。

富士川英郎『江戸後期の詩人たち』筑摩叢書、一九七三年。

堀孝彦・遠藤智夫『『英和対訳袖珍辞書』の遍歴――目で見る現存初版15本』辞游社、一九九九年。

松岡英夫『岩瀬忠震』中公新書、一九八一年。

松田清『洋学の書誌的研究』臨川書店、一九九八年。

三宅雪嶺『同時代史』第二巻、岩波書店、一九五〇年。

宮崎ふみ子「蕃書調所＝開成所に於ける陪臣使用問題」家近良樹編『幕政改革』幕末維新論集3、吉川弘文館、二〇〇一年。

森潤三郎『紅葉山文庫と書物奉行』昭和書房、昭和八年。

森銑三『森銑三著作集』正編、続編（各編の索引参照）一九八八年～一九九五年、中央公論社。

江戸時代の武士、町人、儒者、実学者、法師、画家、その他、あらゆる人たちの挿話を、信頼できる資料に基づいて品格のある文章で紹介した、江戸時代の人物研究の必読書である。全部で三十巻ほどあるが、巻末の索引で引けば、各人物の真の姿が髣髴と浮かび上がってくる。

文部省『日本教育史資料七』巻十九、冨山房、明治三十七年。

吉田賢輔「茶渓古賀先生行略」（『日本教育史資料七』巻十九、冨山房、明治三十七年、の中の儒員小傳　五八二頁）。

吉田松陰『吉田松陰全集』第八巻、岩波書店。

吉野眞保『嘉永明治年間録』復刻版、巖南堂、一九六八年、六六、二五一頁。

渡辺修二郎『阿部正弘事蹟』私家版、明治四十三年、一六二、三五一頁。

附録一　資料一覧

古賀謹一郎に関する資料は少ない。それぞれの方面でまとまったものは、
吉田賢輔『茶渓古賀先生行略』。

田邊太一（蓮舟）『幕末外交談』。

原平三『蕃書調所の創設』。

の三種にとどまる（文献リスト）。最初の『茶渓古賀先生行略』は漢文の墓碑銘のようなもので、謹一郎の一生が述べられている。『幕末外交談』は優れた幕末外交史で幕府滅亡史として読むこともできるが、この中に謹一郎の上書の二つが掲載されている。明快な開国説を主張した経世家、先覚者として謹一郎の名が残ったのはこの書による。『蕃書調所の創設』では、謹一郎の洋学者としての公的側面が明らかにされている。その他に、謹一郎の小伝としては、志良以静子『文学遺跡巡礼・英学編76、古賀茶渓』、干河岸貫一『続近世百傑伝』などがある。後者は未見であるが、前者は十頁ほどの小冊子で謹一郎の事が要領よくまとめてある。筆者はこれによって古賀家の蔵書が宮内庁に入ったことを知った。


その他、断片的あるいは零細な記事が、森銑三『森銑三著作集』正編と続編、渡辺修二郎『阿部正弘事蹟』、川路聖謨『長崎日記・下田日記』、栗本鋤雲『匏庵遺稿』、雑誌『江戸』などに散見する。

他方、謹一郎の著述はかなり残っており、岩波書店版の『国書総目録・著者別索引』には次のものが掲載されている。A『蕈説』、B『謹堂日誌鈔之一』、C『巵言日出』、D『書笏編』、E『西使續記』、F『西使同解』、G『西使日記』、H『先考侗庵君行述』、I『度日閑言』、J『蕃談』(『流蕃通書』と同本)、K『百笑百妙』、L『勇蹟紀事』、M『跋先府君書帖後』。以上はほとんど版(木版)になっておらず、肉筆のまま、あるいは写本で伝わっている。ただ『蕃談』と『西使日記』などは明治以後に活字本として発行された。

この他、慶應義塾大学図書館(メディアセンター)に謹一郎墓の拓本、謹一郎の女阿琴の墓の拓本、また、主に肉筆で書かれた古賀家の文書、書翰、漢詩、親類書および彼の没した明治十七年の日記などが保管されている。この明治十七年の日記は謹一郎の肉筆である。巻頭に謹堂日誌巻三十五と書かれているから謹一郎は嘉永の頃から毎年日記をつけていたことは確実で、栗本鋤雲も『匏庵遺稿』の五九六頁にこの日記に言及しているが、十七年のものを除いてそれらは全て湮滅したらしい。僅かに門人の筆写にかかる抄録が前記Bの『謹堂日誌鈔之一』で、それは断続的に嘉永から安政にかけての約十年に亘っている。

附録二　謹一郎が読んだ漢籍一覧（弘化四年から安政三年）

書名	著者など	分類　内閣文庫漢籍分類目録（内閣文庫、一九七一）による
い		
異域志	元・周致中	史・地理類（外紀）
頤道堂詩鈔	清・陳文述	集・別集
夷匪犯境録	清・	阿片戦争関係文書
伊犁総説事略		史・地理類（方志）
う		
雨窓記所記	清・謝堃	叢・家叢、春草堂集中
雲南通志	清・呉自粛	史・地理類（方志）
え		
瀛舟筆談	清・阮亨	子・雑家類（雑説）
易		経
粤草	明・郭子章	集・別集
淵雅堂集	清・王芑孫	集・別集
豔史	明・斉東野人	集・戯曲小説類（通俗小説）
弇州読書後	明・王世貞	集・別集類
お		
王梅渓全集		集・別集類
王遵岩文集	明・王慎中	集・総集類
王氏存笥稿	明・王維楨	集・別集類
王百穀集	明・王穉登	集・別集類
甌北集	清・趙翼	叢・家叢
か		
夏桂州奏儀		
画墨新話		
解春集文鈔	清・馮景	叢・雑叢、抱經堂叢書中

海録　明・葉益蕃　子・類書類
海島逸誌　清・王大海　史・地理類（外紀）
海国圖志　清・魏源　史・地理類（外紀）
鶴林玉露　宋・羅大經　子・雑家類（雑説）
学海類編　清・曹溶編　叢・雑叢
学蔀通弁　明・陳建　子・儒家類
韓文　唐・韓愈　集
漢書　漢・班固　史・正史類
広東新語　清・屈大均　史・地理類（雑記）
寒夜録　明・陳宏緒　叢・雑叢、学海類編中

き

畸人十篇　明・イタリー利瑪竇　子・釋家類（耶蘇教）
熈朝新語　清・余金編　子・小説家類（雑事）
旧唐書　晉・劉昫　史・正史類
漁幢小品
今古奇観　明・抱甕老人　集・戯曲小説類（通俗小説）
金川瑣記　清・李心衡　叢・雑叢、藝海珠塵中
金陵瑣事　明・周暉　史・地理類（雑記）
金史　元・脱脱　史・正史類

く

虞道園集　明・虞淳熙　集・別集類

け

藝海珠塵　清・呉省蘭編　叢・雑叢
元史　明・宋濂　史・正史類
元詩選　清・顧嗣立編　集・総集類
元文類　元・蘇天爵　集・総集類
乾隆上諭
景瓦編
景物略

こ

古今説海　明・陸楫編　叢・雑叢（蒙古韃靼）
湖海文傳　清・王昶編　集・総集類
五雑俎　明・謝肇淛　子・雑家類（雑説）
唐堂集　清・黄之雋　集・別集類

呉錫騏四六　→有正味齋詩集
呉門画舫録　清・西渓山人　史・地理類(雑記)
後漢書　宋・范曄　史・正史類
黄漳浦集　明・黄道周　集・別集類
黄石齋集　明・黄道周　集・別集類
(黄石先生詩艸)
黄陶庵集
高厚蒙求　清・徐朝俊　子・天文算法類
廣治平略　清・蔡方　史・政書類
庚申外史　元・権衡　叢・雑叢、陳眉公家蔵中
香祖筆記　清・王士禛　子・雑家類(雑説)
曠園雑志　清・呉陳琰　叢・雑叢　説鈴中
弘簡録　明・邵經邦　史・別史類

さ

左傳　史・正史
査浦輯聞　清・査嗣瑮　子・雑家類(雑説)
西域聞見録　清・七十一撰　史・地理類(雑記)
三才正蒙
三蔵傳　子・釋家類(史伝)
(大唐大慈恩寺三蔵傳)
三魚堂文集　清・陸隴其　子・集

し

仕学規範　宋・張鎡編　子・雑家類(雑纂)
四友齋叢説　明・何良俊　子・雑家類(雑説)
四庫総目　清・紀昀　史・目録類(書目)
四庫提要　史・目録類(書目)
史通　唐・劉知幾　史・史評類
咫聞録　清・慵訥居士　子・小説家類(雑事)
詩人徴略
邇語　清・熊賜履　叢・雑叢、説鈴中
七克　明・イタリー艾儒略　子・釋家類(耶蘇教)
七修類稿　明・郎瑛　子・雑家類(雑説)
釈法顕佛国記晉・法顕　叢・雑叢
周礼　経
守汴日誌
朱文公文鈔　宋・朱熹　集・別集類

秋間戯鋏　明・厳乗など　子・芸術類(篆刻)
諸蕃誌　宋・趙汝适　叢・雑叢
徐霞客遊記　明・徐宏祖　史・地理類(邉防)
笑林廣記　清・遊戯主人編　子・小説家類(伝奇小説)
小蘇文　宋・蘇轍
職方外記　明・イタリー艾儒略　史・地理類(外紀)
蜀草　→　粤(エツ)草
真西山文抄　宋・真徳秀　叢・雑叢、正誼堂全書中
神笑譜
人海記　清・査慎行　子・小説家類(雑事)

す

吹影編(吹景集か)　明・董斯張　子・雑家類(雑説)
水曹清暇録　清・汪啓淑　子・雑家類(雑説)
隋書　唐・魏徴　史・正史類
随園食単　清・袁枚　叢・家叢、随園廿八種中

せ

西学凡　明・イタリー艾儒略　子・雑家類(西学)
(西洋)朝貢典録
西清古鑑　清・梁詩正　子・譜録類(器物)
西青散記　清・史震林　子・小説家類(雑事)
西藏記　清　叢・雑叢、龍威秘書中
星槎勝覧　明・費信　叢・雑叢、古今説海中
省心襍言　宋・李邦獻　子・儒家類
青藤山人路史　明・徐渭　子・雑家類(雑説)
清異録　宋・陶穀　子・小説家類(瑣語)
清嘉録　清・顧禄　史・職官類(官制)
聖武記　清・魏源　史・紀事本末類
惜抱軒文　清・姚鼐　叢・家叢、惜抱軒十種中
尺牘双魚　明・熊寅幾　集・尺牘類(文例)
説郛　元・陶宗儀編　叢・雑叢
説鈴(辺境地誌多し)　叢・雑叢
切問齋文鈔　清・陸燿　集・別集類
宣和画譜　宋・米芾　叢・雑叢、津逮秘書中
銭穀秘書　(銭穀……なる書多し)

剪燈新話　明・瞿佑　子・小説家類（傳記小説）

そ

蘇欒城文　宋・蘇轍　集・別集類、欒城集中
曽南豊文　宋・曽鞏　集・別集類、元豊類藁中
草韵彙編　清・陶南望　経・小学類（字書）
総訓齋語
孫月峰評戦国策　明・孫鑛　集・別集類、居業次編中
孫月峰評荘子　明・孫鑛　集・別集類、居業次編中
孫子十家註　宋・吉天保編　子・兵家類

た

大学　経
大清會典　清・伊桑阿等　史・政書類（通制）
大義覚謎録　史・紀事本末類
大蘇文　宋・蘇ショク（車式）　集・尺牘類（別集）
大唐西域記（大唐西域求法高僧傳）　唐・義浄　子・釋家類（史伝）
卓吾十書　李卓吾か
檀几叢書　清・王晫編　叢・雑叢

ち

知新録　清・王棠　経・雑家類（雑考）
遂昌雑録
雕菰集　清・焦循　叢・雑叢、文選樓叢書中
陳龍川文　宋・陳亮　集・別集類
陳止斎論俎

つ

通鑑（資治通鑑）　宋・司馬光編　史・編年類

て

程董二先生学則　宋・饒魯　叢・雑叢、学海類編中
帝京景物略　明・劉侗　史・地理類（雑記）
輟畊録　元・陶宗儀　叢・雑叢

天主実義　明・イタリー利瑪竇　子・釋家類（耶蘇教）
天工開物　明・宋應星　子・雑家類（雑品）
滇南雑誌　清・曹樹翹　史・地理類（雑記）
田府壽談成

と

杜騙新書　明・張應兪　子・小説家類（瑣語）
唐書　宋・欧陽脩　史・正史類
唐書諸蕃志　唐書中か
唐人絶句
唐荊州文集　明・唐順之　集・別集
棠陰比事　宋・桂萬榮　子・法家類
東坡志林　宋・蘇軾　叢・雑叢、学津討原中
東坡詩鈔　宋・蘇軾　集・総集類、宋詩鈔中
島居随録　清・盧若騰　子・小説家類（異聞）
陶説　清・朱琰　叢・雑叢、龍威秘書中
童蒙須知　宋・朱熹　子・儒家類
読朱随筆　清・陸隴其　子・儒家類
読礼志疑　清・陸隴其　叢・雑叢
鈍吟集　清・馮班　集・別集類

な

南史　唐・李延寿　史・正史類
南懐仁輿圖　地図
南雷文定　清・黄宗義　集・別集類

に

二餘堂叢書（詩稿）　清・師範　集・別集類
廿七松堂文集　明・廖燕　集・別集類
廿二史劄記　清・趙翼　史・正史類
日知録　清・顧炎武　子・雑家類（雑考）
忍庵文集　清・黄與堅　集・別集

は

梅花渡異林　明・支允堅　子・雑家類（雑説）
白牙集　明・銭良佐　集・総集類
八家文鈔（八家集）　明　史・雑史類

ひ

百家文集　百家評林、百家類纂などあり

ふ

扶輪集　明・黄傳祖編　集・総集類
武備誌　明・茅元儀　子・兵家類
福恵全書　清・黄六鴻　史・職官類（官箴）
文献通考　宋・馬端臨　史・職官類（官箴）
文文山集　宋・文天祥　集・別集類

へ

敝帚軒剰語　明・沈徳符　叢・雑叢、学海類編中

ほ

北魏書（北魏纂）　史・南北史纂中

ま

萬宝全書　明・艾南英　子・類書類
満漢名臣傳　清・国子監編　史・伝記類（総録）

み

明史藁　清・王鴻緒　史・別史類
明朝記事本末　清・谷應泰　史・紀事本末類

め

名臣傳　↓満漢名臣傳
名山記　明・慎蒙　史・地理類（遊記）
明斎小識　清・諸聯　子・小説家類（雑事）

も

孟子　経
文選楼叢書　清・阮元　叢・雑叢

や

野獲編　明・沈徳符　子・小説家類（雑事）

ゆ

右編　明・唐順之　史・目録
有正味齋集　清・呉錫麒　集・別集類

よ

楊州画舫録　清・李斗　史・地理類(雑記)
養小録　清・顧仲　叢・雑叢、学海類編中
葉水心文集

り

李忠定公集(李綱集)　宋・李綱　集・別集類
李昱堂文
李青蓮詩　唐・李白　集・別集類
律賦揀金録　清・朱一飛編　集・総集類
柳文　唐・柳宗元　集・別集類
龍威秘書　清・馬俊良編　叢・雑叢、神仙及び諸蛮誌
梁書　唐・姚思廉　史・正史類
留青日札　明・田藝蘅　子・雑貨類(雑説)

れ

嶺南雑記　清・呉震方　叢・雑叢、説鈴中
隷辨　清・顧藹吉　経・小学類(字書)

ろ

路史　宋・羅泌　史・紀事本末類
老学庵筆記　宋・陸游　叢・雑叢

(判読不可能なもの十数種は省略した)

附録三　謹一郎が読んだ和書、翻訳書一覧（弘化四年から安政三年）

書名	著者	分類、注釈
	訳者（訳）	（洋）は洋学関
	訳と著述（述）	係を意味する
あ		
海士の焼藻の記	森山孝盛	随筆
い		
英吉利紀略「海外新話」部分	嶺田楓江（洋）	英国小史と阿片戦争
暎咭唎紀略「海国図志」部分	陳逢衡著（洋）荒木謇訳	
醫原枢要	高野長英述（洋）	医学
異城録		
逸経網羅	古賀侗庵	
一夕話（著作堂一夕話だろう）	滝沢馬琴	随筆
印度志「ゼオガラヒー」部分	山村昌永訳（洋）	インド地誌
え		
詠史楽府	自著	
衛生撮要	古賀侗庵	医学
英刻の輿圖	（洋）	外国地図
英人性情志	（洋）	
蝦夷雑記		
エルンストの画	オランダ圖（洋）	
遠西火攻精撰→火攻精撰		
お		
鸚鵡詞（婆心録、他）	筒井政憲など	政治
和蘭記略	渋川六藏訳（洋）	歴史年表
和蘭人行作	（洋）	風俗
賀蘭譚（紅毛咄）（聞書き）	高橋景保編（洋）	ナポレオン伝
阿蘭陀風説書（聞書き）	長崎通詞訳（洋）	世界情勢聞書

喎蘭密報 ↓ 阿蘭陀風説書
俄羅斯情形臆度　古賀侗庵　（洋）　ロシア研究書
俄羅斯紀聞　古賀侗庵編　（洋）　ロシア関係文献総輯
鄂羅斯志　（洋）

か

芥子園畫傳　漢籍　柏木如亭など訳　絵画
海上砲術全書　カルテン　（洋）　火薬、砲術
　杉田立卿など訳
解体新書　キュルムス　（洋）　解剖学
　杉田玄白など訳
海防策　古賀侗庵か　海防
海防問答　平山剛蔵　海防
学易細閲　古賀侗庵か
火攻精撰　ゼセレル　（洋）　火薬、銃弾
　名村元義訳
各国兵制　（洋）
　「欧邏巴州人員兵勢略説」
鷲毛筆餘　箕作阮甫　（洋）　海防

川路日記　川路聖謨　外交
　（魯使応接日記）
環海異聞　津太夫　（洋）　ロシア見聞録
　大槻玄沢

き

気海観瀾広義　ボイス　（洋）　物理学
　川本幸民訳
騎操問答（規範）　牧天穆訳　（洋）　騎兵教導書
吉道編
吉光片羽集　古賀侗庵　漢詩
泣血録　古賀侗庵　日記
窮理通　帆足万里述　（洋）　天文、物理

く

クルセンステル　クルーゼンシュテルン
　青地林宗訳　（洋）　世界周航記

け

形勢略乗↓坤輿形勢略乗

鴃舌小記（或問）　渡辺崋山　（洋）　政治外交、医学
（蘭人との対話書）
建元彙編　古賀侗庵　有職故実
兼山麗澤秘策　室鳩巣　雑記、書簡
硯北紺珠　古賀侗庵　漢学
硯北漫抄　古賀侗庵　随筆
鈐林必携　上田亮章　（洋）　砲術、火薬

こ

行軍図解　（洋）　兵法
厚生新編　ショメール（洋）　日用百科事典
大槻玄沢など訳
降魔小言
紅毛俗話（雑話）　森島中良　（洋）　地誌、医学
コウランツ　ヒュブネル（洋）　小項目百科事典
トルコ　山村才助など訳
古心堂詩稿　古賀侗庵　漢詩
古文所見集
坤輿形勢略乗　（洋）　地理
坤輿新誌　杉田玄端訳（洋）　地誌
坤輿圖識　箕作省吾述（洋）　外国地誌
コンパス量地速成　藤岡有貞　（洋）　測量法

さ

西遊雑記　松浦武四郎
采覧異言　新井白石　（洋）　世界地理書
佐渡紀行　松浦武四郎
三兵活法　ブラント　（洋）　西洋戦術
「三兵タクチーキ」　ミュルケン蘭訳
鈴木春三あるいは高野長英訳

し

四十二国人物志　西川如見　（洋）　世界民族図譜
詩朱傳質疑　古賀侗庵　漢学
七金譯説→泰西七金譯説
七種軍艦造法論　ル・ハンスウィンドレゲト
（洋）　造船
実学明驗　地誌
尺度考　杉田成卿　（洋）
「遠西秤量尺度考」か

十二宮真圖　（洋）天文
勝概録　幕府学問所編　地誌
蒸気船訳　ヘルダム　（洋）造船、機械
箕作阮甫訳
硝石製造書　馬場貞由か　火術
「硝石製造集説」か
諸蕃往来抄
新和蘭志　（洋）
「新訳和蘭国全図」（鷹見泉石）か
慎機論　渡辺崋山　（洋）世界情勢、政治
人身舎密　（洋）医学
新輿圖　箕作省吾　（洋）地図
「新製輿地全圖」か
新話
「剪燈新話」（漢籍）か

す

崇程　古賀侗庵　漢学

せ

ゼーアル（セーアルテルレリー）→海上砲術全書
西史外傳　箕作阮甫訳（洋）西洋伝記
西史略　ボスシカ　（洋）西洋通史
蟠泥散山訳
西説内科撰要　ゴルテル　（洋）医学・内科
宇田川玄随訳
舎密全書　スマルレンビュルフ（洋）化学
緒方洪庵訳
西洋朝貢典録　漢籍か
接鮮瘖語　松崎某
ゼヲカラヒー　ヒュブネル　（洋）輿地誌略、印度志等の原本
「完全地理学」　翻訳多種
全体新論　ホブソン　（洋）解剖学
（上海刊）

そ

創世傳（旧約聖書創世記か）　（洋）

た

代奕雑抄　自著か
泰西七金譯説　馬場貞由訳　（洋）金属、製薬
「厚生新編」部分

泰西輿地図説　朽木昌綱訳（洋）　地図
「ゼオガラヒー」部分
太西雷説地震説　（洋）　理学
對遊記　高津平藏
高秋帆上言　高島秋帆
（ペリー来航時の上書か）
談助　石川安貞　随筆

ち

築城沿革編　（築城書別名多し）
築城訳説　（洋）
地誌類名物考補遺
中亜細亜圖　（洋）　地図
朝貢典録→西洋朝貢典録

て

鍈熕全書　ヒュゲニン（洋）　大砲鋳造書
伊東玄朴など訳
天地両毬　（洋）　地球、天球儀

と

東西紀行　ニュウホフ（洋）　南米東洋旅行記
山村才助訳
東西洋考　（洋）
東洋紀行　池田洞雲読（洋）
動身規範

な

内科撰要→「西説内科撰要」

に

二国會盟録　ゲルヒルロン（洋）　外交
志筑忠雄訳　露清交渉記事
日本記事鈔訳　ケンペル（洋）　日本記事
高橋景保訳
ニューヱン　ニューエンホイス
訳書多し（洋）　技術・学芸一般
辞典。八紘や坤
輿圖識通志など
の底本

の

野掛の教

は

柏葉奇

破邪気　古賀侗庵か

馬術叢説　ショメールか（洋）馬術、馬医学

「西洋馬術叢説」堀好謙訳

婆心録　松平定信　海防

八紘通志　箕作阮甫述（洋）欧州歴史地理

ハルシヤ馬術書　（洋）馬術

萬国圖説　ブラウ（洋）世界地誌

「新製地毬万国図説」桂川甫周訳

萬国圖説　（洋）世界地誌

「新製万国輿地図説」

坤輿圖識や八紘通志の海賊版。

謹一郎が見た萬国圖説は多分この本

蟠齋叢話

蕃談　次郎吉談（洋）漂流記

謹一郎編

ひ

尾薩漂民記　藤隆則　漂流記

ヒスセル　フィッセル（洋）日本見聞記

「日本風俗備考」杉田成卿など訳

百馬里傳信通　（洋か）

漂流記事　漂流記多種あり

ふ

武功紀（武功記）源忠恒　戦記

佛国馬具圖　（洋）

佛人止百里記行　（洋）

佛朗西の譯草　（洋）

へ

邊要分界圖考　近藤重藏　日本北辺地理文献資料大成

辨学遺牘

ヘンチーの圖　（洋）オランダの自然科学教科書

ほ

奉使紀行↓クルセンステル

砲術全書↓海上砲術全書

北際漂譚　川上親信　漂流記

ボナバル略記　リンデン（洋）ナポレオン伝

「ボナバル傳」小関三英訳　漢訳多種

梵辞

ま

マガセイン（洋）オランダの啓蒙

「ネーデルランツセ　マガセイン」「度日閑言」原本

茉鏡

み

明會典　荻生徂徠　法制

「明会典六部尚書考」

む

ム・ヌール・ショメール↓厚生新編

室町記略　村山芝塢　雑史

め

迷復記　菊荘翁編　漂流記

名物考　宇田川榛齋など述（洋）薬物書、図譜

「遠西医方名物考」

も

蒙古源流　外国史

ゆ

游居柹録

よ

ヨーセフ傳　黒田麹廬訳（洋）旧約聖書の一部

欧羅巴交易原始（洋）

豫讃漂民記聞　漂流記

輿地誌略　青地林宗訳（洋）外国地誌

「ゼオガラヒー」部分

輿地実測録　伊能忠敬　測量

ら

頼子成画跋　自著

羅叉志→魯西亜志

り

履軒書跋　自著

リュスランド→魯西亜志

る

呂宋紀略

呂宋漂流記　大槻清崇編　漂流記

れ

暦象新書　ケール（洋）天文、物理
　リュフロス蘭訳
　志筑忠雄訳

レサノット航海圖→クルセンステルの附録図録

歴戦捷録

ろ

狼疐録　三宅尚齋　漢学

魯西亜（国）志や羅叉志など（洋）
　ロシア志はゼオガラヒーからの桂川甫周訳、ベシケレイヒング・ハン・ルユスランドからの前野良沢訳など、山村昌永訳の魯西亜国志など多数あり

ロシア国史　中山武徳（洋）ロシア地方誌
　小野寺将順訳

ロビンソン日記　デフォー（洋）「漂荒紀事」の原本
　黒田麹廬訳

わ

和彙併有地志

蠖堂詩稿　漢詩

和睦約条　杉田成卿訳（洋）外交
　英清条約書など

古賀謹一郎略年譜

和暦	西暦	齢	関係事項	一般事項
文化十三	一八一六	1	11・11江戸昌平黌官舎に生まれる。父は古賀侗庵、母は松（鈴木氏）。家学を承け、十七歳で二十一史に通じる。	
天保 七	一八三六	21	12・21大番入りし、切米二百俵を受ける。	
八	一八三七	22	この頃勤番で京都に住む。	モリソン号が浦賀に接近する。
一〇	一八三九	24	この頃小林氏と結婚。	蛮社の獄が起る。
十二	一八四一	26	9・15長女阿琴誕生。12・26書院番入りで足高百俵を受け、計三百俵となる。著書　**書笏編、記孝子乙藏復仇事**。	
十三	一八四二	27		アヘン戦争で南京条約が結ばれる。この頃、天保の改革。
弘化 元	一八四四	29		オランダ国王の開国意見書。
二	一八四五	30		阿部正弘老中首座となる。
三	一八四六	31	12・10昌平黌儒者見習となる。	

四	一八四七	32	1・30父侗庵死去。3・28昌平黌儒者となり、十五人扶持を受ける。この頃から西洋事情を研究する。著書　**謹堂日誌鈔之一**（弘化四年から安政三年まで）。	
嘉永　元	一八四八	33	次郎吉の漂流談を聞く。著書　**蕃談**。この頃儒者としての平穏な生活を送る。	
五	一八五二	37		オランダからペリー来航予告が来る。
六	一八五三	38	9・17安積艮斎とともにプチャーチンへの国書を草する。**遠洋航海とロシア使節召し寄せ**の二通の上書をする（湮滅）。10・8筒井、川路、荒尾とともにロシア交渉応接掛を拝命し、布衣の位に上がり、御役料百俵を加えられる。10・30長崎に向けて出発。12・9長崎到着。以後十回程応接使の一員としてプチャーチンとの日露交渉に当る。著書　**西使日記**。	6月アメリカ使節ペリーが浦賀に、7月にロシア使節プチャーチンが長崎に来航する。
安政　元	一八五四	39	1・14長崎オランダ館で種々の科学実験を見る。1・18長崎を発って途中佐賀藩の大砲製作所などを視察し、2・23江戸に戻る。**8月洋学所取り立て**の上書をする（湮滅）。10・17再びロシア交渉応接掛となり、10・19下田に向けて出発する。11・4下田で大津波に遭う。この後、プチャーチンとの日露和	3月日米和親条約が締結され、その後、各国と和親条約が結ばれる。

			親条約の締結に立ち会い、その後、日米和親条約批准のため来日したアダムスとの交渉にも参加する。著書　西使續記。	
安政　二	一八五五	40	1・11江戸に戻る。1月に領事館設置の、5月に近海測量許可の上書を阿部正弘に提出する。6月再び洋学所取り立て（後の蕃書調所）の具体案を上書し（湮滅）、8・30二丸留守居兼洋学所頭取を拝命する。9月蕃書調書の実行案の伺書を提出する。12・22昌平黌官舎から復原棲に移居し、その後神保町の役宅に移る。	この頃から阿部正弘の幕政改革が本格化し、外国方に筒井政憲、川路聖謨、水野忠徳、岩瀬忠震、永井尚志、大久保忠寛、堀利熙などが登用され、講武所に高島秋帆、海軍伝習所に勝麟太郎や矢田堀景蔵、蕃書調所に古賀謹一郎が起用される。
三	一八五六	41	12・16三十人扶持を給される。著書　卮言日出巻一。	
四	一八五七	42	この頃蕃書調所の経営に尽瘁し、1月蕃書調所が正式に開かれる。	6月阿部正弘死去。10月堀田正睦が老中首座となる。アロー号事件で天津条約が結ばれる。
五	一八五八	43		4月井伊直弼が大老となる。開港の勅許が出ないまま6月日米通商条約が調印される。7月将軍家定が薨じ、家茂が紀州家から入って十四代将軍となる。9月以後安政の大獄が起り、水戸

	六	一八五九	44	井伊直弼の復古政策で謹一郎は洋学の前途に不安を感じる。	藩士や橋本左内、吉田松陰が死罪となり、一橋慶喜派の大名や、川路聖謨、岩瀬忠震なども逼塞させられる。
萬延	元	一八六〇	45	12・29御留守居番次席となり、足高千俵を加えられる。この頃から蕃書調所研究部門が設置され始める。	3月井伊大老が水戸藩士に暗殺される。12月アメリカ公使館の通訳ヒュースケンが水戸藩士に殺される。
文久	元	一八六一	46		5月東禅寺のイギリス公使館を水戸の浪士が襲撃する。
	二	一八六二	47	5・15御留守居番になるが、蕃書調所の御用は全て免除となり、失職する。6・30三十人扶持そのまま据え置かれる。	8月薩摩藩士が生麦で英国人を殺傷する。
	三	一八六三	48	著書　卮言日出巻二。	7月鹿児島で薩英戦争が起る。8・18薩摩藩と会津藩のクーデタが成功し、尊攘派の毛利藩士、浪士、公家が京都を追われる。
元治	一	一八六四	49	8・13大坂町奉行に任じられるが、病を以て辞退す	7月禁門の変で毛利藩が敗北し

年号	西暦	年齢	事項	一般事項
			る。	朝敵となる。8月英仏米蘭四国艦隊が下関を攻撃し、毛利藩敗北する。12月第一次長州征伐で毛利藩謝罪する。
慶應二	一八六六	51	12・29製鉄所奉行になる。著書 **度日閑言**。	6月第二次長州征伐で幕府軍敗北する。7月将軍家茂が薨じ、一橋慶喜が十五代将軍となる。
三	一八六七	52	3・1目付となる。4・17諸大夫となり筑後守を称する。朝鮮使節の目付となったが実行されず。碑文 **緒方洪庵の墓碑銘**。	
明治元	一八六八	53	4・3娘の阿琴が死ぬ（二十八歳）。10・28一家を挙げて静岡に移居し、大岩村に住む。	1月鳥羽伏見の戦で幕府軍敗れる。将軍慶喜江戸に戻り恭順の意を表し、政権は明治新政府に移る。5月彰義隊が敗滅する。
二	一八六九	54	共著詩 **百笑百妙**。	6月招魂社に官軍戦死者を祭る。
三	一八七〇	55	明治新政府から大学大博士として招聘されるが拒絶する。初夏、静岡の長谷に移居する。翻訳書 **蕈説**。西国立志編の**序文**を書く。	
四	一八七一	56	翻訳書 **勇蹟紀事**。	7月廃藩置県が行われる。10月岩倉使節団が欧米回覧に出発す

五	一八七二	57		岩倉使節団が欧米回覧に出発する。2月新橋品川間の鉄道が開通する。
六	一八七三	58	東京に戻り、向柳原二丁目に居住する。	
九	一八七六	61	狂弟、培が死ぬ。碑文　**林鴬溪墓誌銘**。	
一〇	一八七七	62		西南戦争が起る。
十二	一八七九	64	2月母の松（鈴木氏）が死去する。5月東京学士会院会員に推薦されるが辞退する。	
明治十三	一八八〇	65	碑文　**戦死舊一關藩士碑**。	
十七	一八八四	69	10・31胃管狭窄のため死去。著書　**明治十七年の日記**。	8月ベトナムに関する戦争で清国がフランスに敗れる。9月加波山事件が起る。

人名索引

あ行

か行

さ 行

た 行

な 行

は　行

ま　行

や　行

ら　行

事項索引

さ　行

た　行

な 行

は 行

ま　行

や　行

《著者紹介》

小野寺龍太（おのでら・りゅうた）

1945年　生まれ。

1963年　福岡県立修猷館高等学校卒業。

1967年　九州大学工学部鉄鋼冶金学科卒業。

1973年　九州大学大学院工学研究科博士後期課程単位修得退学。

九州大学工学部材料工学科教授を経て，

現　在　九州大学名誉教授（工学博士）。

日本近代史，特に幕末期の幕臣の事跡を調べている。

ミネルヴァ日本評伝選

古賀謹一郎《こがきんいちろう》

——万民の為，有益の芸事御開——

2006年５月10日　初版第１刷発行　〈検印省略〉

定価はカバーに
表示しています

著　者　小野寺　龍　太

発行者　杉　田　啓　三

印刷者　江　戸　宏　介

発行所　株式会社　ミネルヴァ書房

607-8494　京都市山科区日ノ岡堤谷町１

電話（075）581-5191（代表）

振替口座　01020-0-8076番

共同印刷工業・新生製本

ISBN4-623-04648-6

Printed in Japan

刊行のことば

歴史を動かすものは人間であり、興趣に富んだ人間の動きを通じて、世の移り変わりを考えるのは、歴史に接する醍醐味である。

しかし過去の歴史学を顧みるとき、人間不在という批判さえ見られたように、歴史における人間のすがたが、必ずしも十分に描かれてきたとはいえない。二十一世紀を迎えた今、歴史の中の人物像を蘇生させようとの要請はいよいよ強く、またそのための条件もしだいに熟してきている。

この「ミネルヴァ日本評伝選」は、正確な史実に基づいて書かれるのはいうまでもないが、単に経歴の羅列にとどまらず、歴史を動かしてきたすぐれた個性をいきいきとよみがえらせたいと考える。そのためには、対象とした人物とじっくりと対話し、ときにはきびしく対決していくことも必要になるだろう。

今日の歴史学が直面している困難の一つに、研究の過度の細分化、瑣末化が挙げられる。それは緻密さを求めるが故に陥った弊害といえるが、その結果として、歴史の大きな見通しが失われ、歴史学を通しての社会への働きかけの途が閉ざされ、人々の歴史への関心を弱める危険性がある。今こそ歴史が何のためにあるのかという、基本的な課題に応える必要があろう。評伝という興味ある方法を通じて、解決の手がかりを見出せないだろうかというのも、この企画の一つのねらいである。

狭義の歴史学の研究者だけでなく、多くの分野ですぐれた業績をあげている著者たちを迎えて、従来見られなかった規模の大きな人物史の叢書として、「ミネルヴァ日本評伝選」の刊行を開始したい。

平成十五年（二〇〇三）九月

ミネルヴァ書房

ミネルヴァ日本評伝選

企画推薦
梅原　猛
ドナルド・キーン
佐伯彰一
角田文衞

監修委員
上横手雅敬
芳賀　徹

編集委員
石川九楊
伊藤之雄
猪木武徳
今谷　明
今橋映子
熊倉功夫
佐伯順子
坂本多加雄
武田佐知子
竹西寛子
西口順子
兵藤裕己
御厨　貴

上代

俾弥呼　古田武彦
日本武尊　西宮秀紀
雄略天皇　吉村武彦
＊蘇我氏四代　遠山美都男
推古天皇　義江明子
聖徳太子　仁藤敦史
斉明天皇　武田佐知子
天武天皇　新川登亀男
持統天皇　丸山裕美子
阿倍比羅夫　熊田亮介
柿本人麻呂　古橋信孝
元明・元正天皇　渡部育子
聖武天皇　本郷真紹
光明皇后　寺崎保広
孝謙天皇　勝浦令子
藤原不比等　荒木敏夫
吉備真備　今津勝紀
道　鏡　吉川真司
大伴家持　和田　萃
行　基　吉田靖雄

平安

桓武天皇　井上満郎
嵯峨天皇　西別府元日
宇多天皇　古藤真平
醍醐天皇　石上英一
村上天皇　京樂真帆子
花山天皇　上島　享
三条天皇　倉本一宏
後白河天皇　美川　圭
小野小町　錦　仁
藤原良房・基経　滝浪貞子
菅原道真　竹居明男
紀貫之　神田龍身
源高明　所　功
慶滋保胤　平林盛得
＊安倍晴明　斎藤英喜
藤原道長　朧谷　寿
清少納言　後藤祥子
紫式部　竹西寛子
和泉式部　ツベタナ・クリステワ
大江匡房　小峯和明
式子内親王　奥野陽子
建礼門院　生形貴重
阿弖流為　樋口知志
坂上田村麻呂　熊谷公男
＊源満仲・頼光　元木泰雄
平将門　西山良平
平清盛　田中文英
藤原秀衡　入間田宣夫
空　海　頼富本宏
最　澄　吉田一彦
奝　然　上川通夫
＊源　信　小原　仁
守覚法親王　阿部泰郎

鎌倉

源頼朝　川合　康
＊源義経　近藤好和
後鳥羽天皇　五味文彦
九条兼実　村井康彦
北条時政　野口　実
熊谷直実　佐伯真一
＊北条政子　関　幸彦
北条義時　岡田清一
曾我十郎・五郎　杉橋隆夫
北条時宗　近藤成一
安達泰盛　山陰加春夫
平頼綱　細川重男
竹崎季長　堀本一繁
西　行　光田和伸
藤原定家　赤瀬信吾
＊京極為兼　今谷　明
＊兼　好　島内裕子
重　源　横内裕人
運　慶　根立研介

法然 今堀太逸
慈円 大隅和雄
明恵 西山厚
親鸞 末木文美士
恵信尼・覚信尼 西口順子
道元 船岡誠
叡尊 細川涼一
*忍性 松尾剛次
*日蓮 佐藤弘夫
一遍 蒲池勢至
夢窓疎石 田中博美
宗峰妙超 竹貫元勝

南北朝・室町

後醍醐天皇 上横手雅敬
護良親王 新井孝重
北畠親房 岡野友彦
楠正成 兵藤裕己
*新田義貞 山本隆志
足利尊氏 市沢哲
佐々木道誉 下坂守
円観・文観 田中貴子
足利義満 川嶋將生
足利義教 横井清
大内義弘 平瀬直樹
日野富子 脇田晴子
世阿弥 西野春雄
雪舟等楊 河合正朝
雪村周継 赤澤英二
宗祇 鶴崎裕雄
*満済 森茂暁
一休宗純 原田正俊

戦国・織豊

北条早雲 家永遵嗣
毛利元就 岸田裕之
*今川義元 小和田哲男
*武田信玄 笹本正治
三好長慶 仁木宏
*上杉謙信 矢田俊文
吉田兼倶 西山克
山科言継 松薗斉
織田信長 三鬼清一郎
豊臣秀吉 藤井讓治
前田利家 東四柳史明
蒲生氏郷 藤田達生
伊達政宗 伊藤喜良
支倉常長 田中英道
北政所おね 田端泰子
淀殿 福田千鶴
ルイス・フロイス エンゲルベルト・ヨリッセン
*長谷川等伯 宮島新一
顕如 神田千里

江戸

徳川家康 笠谷和比古
徳川吉宗 横田冬彦
後水尾天皇 久保貴子
光格天皇 藤田覚
崇伝 杣田善雄
春日局 福田千鶴
池田光政 倉地克直
シャクシャイン 岩崎奈緒子
田沼意次 藤田覚
末次平蔵 岡美穂子
林羅山 鈴木健一
中江藤樹 辻本雅史
山崎闇斎 澤井啓一
*北村季吟 島内景二
貝原益軒 辻本雅史
ケンペル ボダルト・ベイリー
荻生徂徠 柴田純
雨森芳洲 上田正昭
前野良沢 松田清
平賀源内 石上敏
杉田玄白 吉田忠
上田秋成 佐藤深雪
木村蒹葭堂 有坂道子
大田南畝 沓掛良彦
菅江真澄 赤坂憲雄
*鶴屋南北 諏訪春雄
良寛 阿部龍一
滝沢馬琴 高田衛
山東京伝 佐藤至子
平田篤胤 川喜田八潮
シーボルト 宮坂正英
本阿弥光悦 岡佳子
小堀遠州 中村利則
尾形光琳・乾山 河野元昭
*二代目市川團十郎 田口章子
与謝蕪村 佐々木丞平
伊藤若冲 狩野博幸
鈴木春信 小林忠
円山応挙 佐々木正子
*佐竹曙山 成瀬不二雄
葛飾北斎 岸文和
酒井抱一 玉蟲敏子
オールコック 佐野真由子
*月性 海原徹
西郷隆盛 草森紳一
*吉田松陰 海原徹

徳川慶喜 大庭邦彦
和宮 辻ミチ子

近代

明治天皇 伊藤之雄
大正天皇 フレッド・ディキンソン
大久保利通 三谷太一郎
山県有朋 鳥海 靖
木戸孝允 落合弘樹
*松方正義 室山義正
北垣国道 小林丈広
大隈重信 五百旗頭薫
伊藤博文 坂本一登
井上 毅 大石 眞
桂 太郎 小林道彦
林 董 君塚直隆
高宗・閔妃 木村 幹
山本権兵衛 室山義正
高橋是清 鈴木俊夫
小村寿太郎 簑原俊洋

犬養 毅 小林惟司
加藤高明 櫻井良樹
田中義一 黒沢文貴
平沼騏一郎 堀田慎一郎
宮崎滔天 榎本泰子
浜口雄幸 川田 稔
幣原喜重郎 西田敏宏
関 一 玉井金五
広田弘毅 井上寿一
安重根 上垣外憲一
グルー 廣部 泉
東條英機 牛村 圭
蔣介石 劉 岸偉
木戸幸一 波多野澄雄
*乃木希典 佐々木英昭
加藤友三郎・寛治 麻田貞雄
宇垣一成 北岡伸一
石原莞爾 山室信一
五代友厚 田付茉莉子
安田善次郎 由井常彦

渋沢栄一 武田晴人
山辺丈夫 宮本又郎
武藤山治 阿部武司・桑原哲也
小林一三 橋爪紳也
大倉恒吉 石川健次郎
大原孫三郎 猪木武徳
河竹黙阿弥 今尾哲也
イザベラ・バード 加納孝代
林 忠正 木々康子
森 鷗外 小堀桂一郎
二葉亭四迷 ヨコタ村上孝之
巌谷小波 千葉信胤
樋口一葉 佐伯順子
島崎藤村 十川信介
泉 鏡花 東郷克美
有島武郎 亀井俊介
永井荷風 川本三郎
北原白秋 平石典子
菊池 寛 山本芳明

宮澤賢治 千葉一幹
正岡子規 夏石番矢
P・クローデル 内藤 高
高浜虚子 坪内稔典
与謝野晶子 佐伯順子
種田山頭火 村上 護
斎藤茂吉 品田悦一
*高村光太郎 湯原かの子
萩原朔太郎 エリス俊子
原阿佐緒 秋山佐和子
*狩野芳崖・高橋由一 古田 亮
竹内栖鳳 北澤憲昭
黒田清輝 高階秀爾
中村不折 石川九楊
横山大観 高階秀爾
橋本関雪 西原大輔
小出楢重 芳賀 徹
土田麦僊 天野一夫

岸田劉生 北澤憲昭
松旭斎天勝 川添 裕
中山みき 鎌田東二
ニコライ 中村健之介
出口なお・王仁三郎 川村邦光
島地黙雷 阪本是丸
*新島 襄 太田雄三
澤柳政太郎 新田義之
河口慧海 高山龍三
大谷光瑞 白須淨眞
*古賀謹一郎 小野寺龍太
久米邦武 高田誠二
フェノロサ 伊藤 豊
内村鑑三 新保祐司
*岡倉天心 木下長宏
徳富蘇峰 杉原志啓
内藤湖南・桑原隲蔵 礪波 護
岩村 透 今橋映子
西田幾多郎 大橋良介

喜田貞吉 中村生雄
上田 敏 及川 茂
柳田国男 鶴見太郎
厨川白村 張 競
九鬼周造 粕谷一希
辰野 隆 金沢公子
シュタイン 瀧井一博
福澤諭吉 平山 洋
福地桜痴 山田俊治
中江兆民 田島正樹
田口卯吉 鈴木栄樹
陸 羯南 松田宏一郎
竹越與三郎 西田 毅
宮武外骨 山口昌男
吉野作造 田澤晴子
野間清治 佐藤卓己
北 一輝 岡本幸治
杉 亨二 速水 融
北里柴三郎 福田眞人
田辺朔郎 秋元せき
南方熊楠 飯倉照平
寺田寅彦 金森 修
石原 純 金子 務
J・コンドル 鈴木博之
小川治兵衛 尼崎博正

現代

昭和天皇 御厨 貴
高松宮宣仁親王 後藤致人
吉田 茂 中西 寛
マッカーサー 柴山 太
重光 葵 武田知己
池田勇人 中村隆英
和田博雄 庄司俊作
朴正熙 木村 幹
竹下 登 真渕 勝
＊松永安左エ門 橘川武郎
鮎川義介 井口治夫
松下幸之助 米倉誠一郎
渋沢敬三 井上 潤
本田宗一郎 伊丹敬之
井深 大 武田 徹
幸田家の人々 金井景子
＊正宗白鳥 大嶋 仁
＊川端康成 大久保喬樹
薩摩治郎八 小林 茂
松本清張 杉原志啓
安部公房 成田龍一
R・H・ブライス 菅原克也
金素雲 林 容澤
柳 宗悦 熊倉功夫
バーナード・リーチ 鈴木禎宏
イサム・ノグチ 酒井忠康
川端龍子 岡部昌幸
藤田嗣治 林 洋子
＊井上有一 海上雅臣
手塚治虫 竹内オサム
山田耕筰 後藤暢子
武満 徹 船山 隆
力道山 岡村正史
美空ひばり 朝倉喬司
植村直巳 湯川 豊
西田天香 宮田昌明
安倍能成 中根隆行
李方子 小田部雄次
G・サンソム 牧野陽子
和辻哲郎 小坂国継
青木正児 井波律子
矢代幸雄 稲賀繁美
石田幹之助 岡本さえ
矢内原忠雄 等松春夫
＊平泉 澄 若井敏明
前嶋信次 杉田英明
竹山道雄 平川祐弘
保田與重郎 谷崎昭男
佐々木惣一 松尾尊兊
＊瀧川幸辰 伊藤孝夫
福本和夫 伊藤 晃
フランク・ロイド・ライト 大久保美春
大宅壮一 有馬 学
清水幾太郎 竹内 洋

＊は既刊

二〇〇六年五月現在